KB069957

특권과 억압 그리고 사회정의

Privilege, Power, and Difference, Third Edition
by Allan G. Johnson

Original edition copyright ⓒ 2018 by McGraw-Hill Education

Korean edition copyright ⓒ 2022 by Hakjisa Publisher, Inc.
The Korean edition rights published by arrangement with
McGraw-Hill LLC.

All rights reserved.

본 저작물의 한국어판 저작권은
McGraw-Hill LLC와의 독점계약으로 (주)학지사가 소유합니다.
저작권법에 의해 한국 내에서 보호를 받는 저작물이므로
무단 전재와 무단 복제를 금합니다.

Allan G. Johnson 저 | 최가희 역

특권과 억압
그리고 사회정의

PRIVILEGE, POWER, AND DIFFERENCE (THIRD EDITION)

학지사

역자 서문

역자가 『Privilege, Power, and Difference』를 처음 접한 것은 박사과정 중에 수강했던 사회정의상담 수업에서였다. 매주 수백 장의 글과 씨름해야 했던 박사과정 학생이 수업을 준비하며 접하는 모든 자료를 제대로 소화하기란 쉽지 않은 것이었음에도, 앨런 존슨(Allan Johnson)의 이 책에는 유독 마음을 뜨겁게 하는 무엇인가가 있었다. 당시에는 그 이유를 잘 알지 못했지만, 돌이켜 보면 다문화상담과 사회정의상담이라는 새롭고 흥분되지만 때로는 손에 잡히지 않는 세계가 이 책을 읽으면서 보다 구체화되고 방향성을 갖게 되었기 때문이 아닐까 생각해 본다.

이 책을 다시 펼쳐 본 것은 몇 년 전 역자가 한국으로 돌아와 한국의 상황에 다문화상담과 사회정의상담을 어떻게 적용할 수 있을까 고민하던 때였다. 다문화상담 및 사회정의상담은 주로 미국에서 발전된 것이라서 지금 생각하면 당연히 한국 사회에 그대로 적용될 수 있는 것이 아님에도, 당시 역자는 한국 사회에 다시 적응하며 한국 사회가 경험하고 있는 독특한 문화적 변화에 적잖은 충격을 받고 있었다. 그 시기에 이 책은 특권과 억압이라는 동전의 양면이 다양한 문화에 보편적으로 적용될 수 있음을 상기시켜 주었으며, 예상과 달랐던 한국 사회의 면면에 압도되기보다는 특권과 억압이라는 개념을 적용하여 한국 사회의 변화를 처음부터 살펴보도록 도움을 주었다. 이러한 개인적인 경험에 힘입어 역자는 이 책이 다문화상담 및 사회정의상담에 관심을 가진 다른 이들에게도 도움이 될 것이라고 생각하고 번역을 결심하게 되었다.

이 책을 소개하면서 역자는 독자들에게 몇 가지 사항을 언급하고자 한다. 첫째, 앨런 존슨은 사회학자로서 본질적으로 한 사회에서 발생하는 불평등을 사회구조적 관점으로 접근하며 그 중심으로 특권과 억압의 구조를 논의하고 있다. 이에 이 책은 불공정한 사회구조에 관심을 가진 모든 이에게 도움이 될 것이다. 다만, 역자는 다문화상담과 사회정의상담에 대해 연구하고 있는 상담심리학자로서 내담자의 어려움에 미치는 사회구조의 영향에 대해 상담자들이 인식하고 있어야 한다고 믿는다. 내담자의 어려움은 개인내적/대인관계적 측면에 국한되지 않으며 사회구조의 영향을 받을 수 있기 때문이다. 이 책의 내용은 관련된 총체적인 정보를 제시하고 있다. 둘째, 『Privilege, Power, and Difference』는 2018년에 미국에서 발행된 것으로, 대다수의 예가 미국 사회에서 일어난 사건들에 대한 것이다. 사건의 종류에 따라 공감이 쉬울 수도 있고 잘 수긍이 되지 않을 수도 있으나, 한국 사회에서 유사한 사건이 있었다면 어떤 반응들이 있었을지, 독자들의 개인적인 반응은 어떠할지 상상해 보면서 읽으면 도움이 될 것이다. 더불어, 책의 내용 중 2010년대 중반에 미국 사회에서 일어난 사건들은 원저에는 현재형으로 기술되어 있으나 번역 시에는 과거형으로 변경했다는 점을 밝힌다.

이 책의 저자인 앨런 존슨은 세 번째 판의 서문에 다양한 독자의 반응을 기술했다. 미국의 독자들과 마찬가지로 한국의 독자들 또한 후련함, 죄책감, 거부감, 의아함 등 다양한 반응을 경험하지 않을까 예상해 본다. 특권과 억압의 구조는 각자의 입장에 따라 상이

하기에 독자 모두는 자신의 사회적 정체성과 입장에 따라 저마다 다른 경험을 할 것이다. 독자의 경험이 무엇이든, 이 책을 읽으면서 특권과 억압이 존재하지 않는다고 무효화하기보다는 사회구조가 자신을 포함한 다양한 사람에게 어떠한 영향을 주고 있는지 개방적으로 이해할 수 있었으면 하는 바람이다.

　또한 역자는 많은 독자가 이 책에서 격려를 발견할 수 있기를 바란다. 사회정의상담에 관심을 가진 상담자들은 내담자의 주호소에 영향을 미치는 사회환경적 맥락에 관심을 가지지만, 동시에 이 거대한 사회에 대항해 무엇을 할 수 있을지 무력감을 경험할 수 있다. 제9장에서 저자가 설파하고 있듯이, 이 책은 각자가 혼자서 무력감 속에 남겨지지 않는 것의 중요성을 강조한다. 저자가 주장했듯이 우리는 혼자가 아니며, 혼자라고 생각했던 사람들이 연대와 동맹을 맺고 함께하는 것은 중요하다. 역자에게 이 책이 격려와 지지로 다가왔던 것처럼, 이 책이 변화에 대해 무력감을 느끼고 엄두도 내지 못하는 많은 이에게 도움이 되기를 바란다.

저자 서문

내가 세상을 이렇게 만든 것이 아니다. 세상은 이렇게 내게 주어졌다.

−로레인 핸즈베리(Lorraine Hansberry),

『태양 아래 건포도(A Raisin in the Sun)』[1]

특권, 권력, 차이에 근거해서 성, 인종, 성적 지향 및 성 정체성, 장애, 사회계층 등의 문제를 설명하려는 시도는 새로운 것이 아니다. 이러한 문제들은 불평등, 분노, 혼란, 고통 등과 상당히 관련되어 있으며, 몇 세대에 걸친 노력에도 불구하고 지속되고 있어, 우리 사회는 상당히 무기력한 상태에 봉착해 있다.

우리 각자는 우리 사회에서 지속되고 있는 문제의 일부분이다. 우리 각자가 사회 속에 도사리고 있는 문제에 적극적으로 가담하고 있는 것은 아닐지라도 문제가 유지되는 데에는 나름대로 기여했다는 것이다. 그러나 같은 이유로, 적절한 해결 방법만 잘 찾는다면 우리는 문제 해결의 참여자가 될 수도 있다. 지역을 불문하고 우리 모두는 선택권을 가지고 있다. 다만, 우리의 선택이 어떤 식으로 작용될 것인지, 효과적일 것인지 가늠하기 어렵다. 우리 각자는 남성, 여성, 유색인, 백인, 노동자, 혹은 중산층 등 정체성이나 경험의 영향을 받아 선택을 하게 된다. 그러나 이러한 차이를 넘어 이 세상을 현재보다 더 나은 방향으로 이끌어 가기 위해서는 스스로의 정체성 및 경험뿐 아니라 타인의 정체성 및 경험과 연결될 수 있어야 한다.

나는 우리가 이러한 문제에서 벗어나는 데 도움이 되고자 이 책을 썼다. 이러한 문제에서 벗어나기 위해서는 특권과 억압에 대해서 개념적·이론적으로 이해하면서도 동시에 특권이나 억압이 일상생활에서 어떻게 반영되는지 논의해야 한다. 이러한 과정을 통해 우리는 어려움이 어디에서부터 왔는지, 우리가 서로 차이를 넘어 어떻게 연대할 수 있을지 알게 될 뿐 아니라, 변화를 만들 수 있는 우리의 잠재력을 살펴볼 수 있게 된다.

우리가 서로 연관되어 있다는 말을 하면 사람들은 흔히 야단맞는 것과 같은 반응을 한다. 이런 반응은 주로 남성과 백인에게서 더 흔히 발견되지만, 여성과 유색인 또한 자신이 경험한 억압에 대해 비난받는 것처럼 느끼는 경우가 있다. 이러한 반응은 방어적인 성격을 가진 것으로, 우리의 문제가 계속 유지되게 한다.

나는 백인, 남성, 이성애자, 비장애인, 시스젠더(cisgender), 중상류층, 전문직이라는 정체성을 가진 사람으로서, 때로 방어적이 되기도 한다. 그러나 사회학자로서는 방어와 부인으로 반응하기보다 서로의 공통점에 기반하여 세상을 이해하고 변화의 과정을 함께 이끄는 것 또한 가능하다고 믿는다. 이 책을 쓰는 나의 목적 역시 세상을 보다 명확하고 설득력 있으면서도 유용한 방식으로 이해하도록 돕는 것이다.

이 책의 주요 목적은 특권에 대한 사고의 변화에 있으므로 모든 형태의 특권에 대해서 기술하거나 특권과 관련된 부정적 측면을 기술하는 데 초점을 두기보다는, 나의 전문 영역인 성별, 인종, 사회계층, 장애, 성적 지향에 거의 전적으로 집중할 것이다. 이러한 주제들은 다수의 사람에게 상당히 해악을 끼치는 영역이기도 하다.

두 번째 판에는 장애 주제가 추가되었다. 장애가 초판에 포함되지 않았던 이유를 곰곰이 생각해 보면, 비장애인으로서 나는 장애를 가진 사람의 현실을 특권의 관점에서 볼 수 없었기 때문인 것 같다. 첫 번째 판의 출판 이후, 몇몇 독자가 나에게 연락을 해 왔다. 워싱턴 주립대학교에서 장애에 대해 연구하고 있는 마샬 미첼(Marshall Mitchell) 교수도 그중 하나로, 그는 내 책에서 장애를 주요 주제로 다루어야 한다고 강력하게 권유했다. 그 후 나는 장애에 전문적인 지식을 가진 이들의 말을 경청하고 공부해야 했으며, 장애와 관련하여 미처 인식하지 못했던 특권을 받아들여야 했다. 다른 사람들이 특권에 대해 더 잘 이해하도록 이 책을 썼듯이, 나 스스로도 책을 쓰면서 상당한 변화를 경험했던 것이다.

장애가 없는 사람들은 비장애인으로서 자신이 가진 특권을 마주하기 어려워하고, 장애인이 자신의 장애 때문에 경험하는 억압을 직면하지 못한다. 그러나 성별이나 인종, 성적 지향과 달리 장애 상태는 사는 동안 변화하는 것이다. 거의 모든 사람이 사는 동안 어떤 종류로든 장애를 경험할 수 있다. 장애인을 보며 사람들은 장애가 누구에게나 생길 수 있는 현실이라는 것을 깨닫게 되고, 특히 인간이 얼마나 취약하며 인생에서 스스로 통제할 수 없는 것들이 얼마나 많은가를 끊임없이 깨닫게 된다. 이 때문에 비장애인들은 장애에 대해서 두려움을 느낀 채 깊이 생각하지 않는다. 장애를 가진 사람들이 존재하지 않는 것처럼 구는 것, 장애인이 존재하지 않는 것처럼 건물을 설계하는 것, 장애를 가진 사람이 열등하거나 비정상적이라고 보는 것, 심지어 인간 이하라고 보는 이 모든 억압적인 관습은 비장애인들이 보여 주는 기본적인 인간조건에 대한 부정이다.

자율성, 독립성, 젊음, 강인함, 다른 사람의 도움을 필요로 하지 않는 것을 이상적으로 보는 미국 문화에서는 이러한 인간조건의 한계를 수용하는 것이 더 도전적인 것일 수 있다. 그러나 사회학을 공부하는 사람이라면 누구나 인식하고 있듯이 이러한 믿음은 환상에 기반한 것이다. 태어나는 순간부터 죽음을 맞이하는 순간까지 우리 모두는 그 존재 자체로 다른 사람에게 의존적이다. 자율성, 독립성, 강인함이 환상이라는 것을 받아들이는 것은 나에게도 그리 수월한 것이 아니었고, 그러한 이유로 초판에는 장애 부분이 포함되지 않았을지도 모르겠다.

장애를 가지지 않은 사람들을 '비장애인(nondisabled)'이라고 지칭하는 것에 대해서 독자들은 의문스러워할지도 모르겠다. "'Abled'라는 표현이 더 단순하고 직접적이지 않을까?"라고 생각할 수도 있다. 그러나 이러한 표현은 장애가 이 책에 포함되어야 하는 논거를 흐리는 것이다.

만약 내가 두 눈을 가지고 사물을 볼 수 있는데 여러분은 볼 수가 없다면, 나는 능력을 가지고 있고 여러분은 능력을 가지고 있지 않다고 말하는 것은 타당하다. 다른 말로, 두 눈으로 세상을 볼 수 있을 때 나는 '정상인'이고 여러분은 '장애인'이라고 표현되기도 한다. 여러분이 보지 못하는 상태로 인해서 오히려 내가 가지기 어려운 경험과 통찰, 민감성을 가지고 있다고 반격하고 여러분과 내가 사물을 보는 방식이 다를 뿐이며 여러분 스스로는 장애를 가지고 있다고 생각하지 않는다고 말하더라도, 볼 수 있다는 나의 상태는 어떤 식으로든 이점을 가져다주는 것이 사실이다. 따라서 이때 '정상인'과 '장애인'은 여러분과 나 사이의 객관적 차이를 합당하게 설명해 주는 용어라고 인식될 수도 있을 것이다.

그러나 특권의 관점에서 보면 눈으로 사물을 볼 수 없다는 이유로 여러분이 시각 자체를 넘어 다양한 불이익을 경험할 수 있다는 것은 문제가 된다. 예를 들어, 볼 수 없는 상태로 인하여 여러분은 시각장애인으로 분류되고, 무력하고 손상되고 열등한 사람으로 인식되어 괜찮은 직업을 가지기 어려워지거나 스스로 결정권이 없는 것처럼 치부될 수 있다. 볼 수 없는 상태는 지적이지 않거나 열등함을 의미하는 것이 아니라 단지 볼 수 없다는 상태를 의미할 뿐이지만, 장애를 가진 사람들은 볼 수 없다는 이유로 차별적인 대우를 받게 된다. 반면에, 시각적 능력이 있어 장애인으로 인식되지 않는 사람들은 차별의 대상이 되지 않는 이점을 누리게 된다.

이와 관련하여, '비장애 특권'은 이 사회에서 장애라는 정체성을 가지고 있을 때 수반되는 낙인을 경험하지 않는 것, '을'로 살지 않아도 되는 특권을 가진 것을 의미한다. '비장애 특권'이라는 말이 다소 어색하게 들릴 수도 있지만, 현실에서 일어나는 일들에 정확한 이름을 붙이는 일이 늘 쉬운 것은 아니듯이 특권의 체계와 관련해서도 현실을 정확하게 묘사하는 용어는 찾기 어렵다.[2]

여러분은 이 책에서 특권, 권력, 차이의 주요 예로서 사회계층이 포함되지 않은 것을 알아챘을지도 모르겠다. 사회계층이 중요하지 않아서라기보다는 사회계층의 특성과 역동이 내 작업의 범위를 넘어서기 때문이다. 이 책에서 나는 차이가 어떻게 특권과 억압의 기반이 되는지에 초점을 맞추고자 한다.

이러한 현상은 인종에서 가장 뚜렷하게 드러난다. 우리가 흔히 인종적 차이로 생각하는 피부색은 실제로는 생물학적인 구분과는 관계가 없다. 오히려 피부색은 사회적으로 정의된 개념이다.[3] 인류 역사에서 피부색의 차이는 유럽인이 영토 지배와 경제적 이득을 위해서 토착 원주민을 착취하기 전까지는 사회적으로 중요한 것이 아니었다. 유럽인들은 자신들의 착취 행위를 정당화하기 위한 방안으로 자신들이 인종적으로 우월하다는 주장을 내세우기 시작했다. 이때부터 피부색 차이가 특권을 생성하고 정당화하고 강요하기 위해 중요하게 간주되기 시작한 것이다.[4]

　사회계층은 인류의 삶에 지대한 영향을 미치지만, 앞서 논의한 현상과 관련성이 적다. 오히려 사회계층의 차이는 특권과 더 본질적으로 관련되어 있으며, 특히 오늘날 사회계층을 양산하는 자본주의 시스템을 논의하는 데 있어서도 그 중요성이 있으므로 이 책은 사회계층에 대해 논의하는 데 한 장(chapter) 전체를 할애할 것이다. 오늘날 인종차별주의는 주로 백인들과 관련된 문제임에도 백인들의 삶에서 인종차별주의가 발현되는 과정은 사회계층의 영향을 받는다. 상류층 백인들의 특권은 유색인종 여성을 집안일을 위해서 고용하는 형태로 나타날 수 있으며, 저렴한 노동력을 위해 유색인들을 고용하는 산업구조에 투자해서 이윤을 얻는 형태로 반영될 수도 있다. 반대로 노동자 계층에게 백인 특권은 사무직 취업이나 빠른 승진, 금융 대출 지원 시 경험하는 수월성, 경찰 권력에 덜 영향을 받는 것 등 사회에서 더 선호되는 대상이 되는 형태로 나타날 수 있다.

　유색인종에게도 인종과 사회계층은 교차되어 나타난다. 예를 들어, 버락 오바마(Barack Obama), 소니아 소토마요르(Sonia Sotomayor), 벤 카슨(Ben Carson)처럼 권력과 부를 쟁취한 흑인이나 라틴계의 경우, 명백하고 극심한 형태의 인종차별주의로부터 안전할 것이다. 아이비리그 대학에 다니는 엘리트 흑인 가족의 자녀 또한 극단적인 형태의 인종차별적 폭력이나 차별 경험으로부터는 자유로울 수 있다. 그러나 이들은 여전히 미묘한 차별(microaggression)로부터는 자유롭지 않다.⁵ 이러한 교차성의 패턴을 고려하지 않은 채, 삶에 다층적인 영향을 미치는 백인 특권이 무엇인지 논하는 것은 어렵다.

이 책은 백인, 이성애자, 시스젠더, 비장애인, 중상류층 남성으로서 내가 가진 사회적 지위와 그로 인한 개인적 견해로부터 자유로울 수 없다. 그러나 나의 개인적 경험은 거의 모든 독자의 삶과 일정 부분 연결될 것이다. 내가 직접적으로 여성, 유색인종, LGBT의 삶을 경험한 것은 아니지만, 백인 여성이나 노동자 계층 백인 남성 등 백인들이 경험하는 백인 특권에 대해 이해할 때에는 백인으로서의 내 경험을 빌려 올 수 있다. 마찬가지로 동성애 남성이나 유색인종 남성들이 경험하는 성차별주의나 남성 특권과 관련하여서는 남성으로서의 나의 경험을 빌려 올 수 있으며, 성별, 인종, 계층에 관계없이 이성애자나 비장애인이 직면하는 경험에 대해서도 내 관점과 경험이 제시될 수 있을 것이다.

직접적인 경험으로는 알 수 없는 것을 이해하기 위해서 나는 다른 사람들의 경험, 연구, 글들을 공부하고 보충하려고 노력했다. 사회학자로서 나는 계층이나 자본주의, 성의 사회학 및 여성주의 이론 등에 대해 강의했으며, 미국 내의 인종 문제에 대해서 흑인 여성 동료와 함께 강의한 바 있다. 또한 남성 특권과 성 불평등에 대한 책(『The Gender Knot』)을 썼고, 여성에 대한 남성의 폭력에 반대하는 운동에 적극적으로 가담했으며, 미국 내의 성과 인종에 대한 강연을 다수 했다.

나는 사회학자이자 작가일 뿐 아니라 우리가 사는 세상과 그에 영향을 미치는 다양한 힘을 이해하고자 노력하는 사람으로 살았다. 이 책에서 개진하는 나의 의견들이 이견을 달 수 없는 결론이라고 말하는 것은 아니다. 내가 이 책을 기획하면서 의도했던 것들이 잘 전달되었는지는 독자들의 판단에 달려 있다. 내 의도가 잘 전달된다면, 사회 속 어려운 이슈들에 대응하고 사회를 더 좋은 곳으로 변화시키고자 하는 이들에게 이 책은 어떤 식으로든 제 역할을 할 것이다. 그럼에도 이 시점에 여러분이 이 책을 좋아할 것 같지 않다는 예감이 든다면, 제1장으로 가기 전에 에필로그를 먼저 읽어 보는 것이 도움이 될 수도 있을 것이다.

차례

제1장 **우리는 어려움에 처해 있다** **21**

제2장 **특권, 억압 그리고 차이** **39**

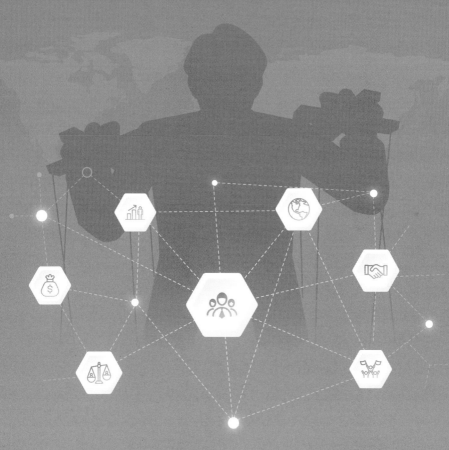

제1장

우리는 어려움에 처해 있다

1991년, 로드니 킹(Rodney King)이라는 흑인 운전자가 로스앤젤레스 경찰에게 심한 구타를 당했다. 가해자가 무죄선고를 받은 후 인종차별주의에 항거하는 폭동이 일어났을 때, 킹은 미국 사회에 뿌리박힌 인종차별주의에 대해 단순하지만 분노에 찬 항변을 내놓았다. 그것은 바로 "우리 모두는 더불어 살 수 있을까요?"라는 질문이었다.

25년 전, 무장하지 않은 흑인이었던 킹에 대한 경찰의 사격에 대항하여 대중이 항거했던 그때[1] 던져진 킹의 질문은 W. E. B. 두 부아(W. E. B. Du Bois)가 100년도 전에 '피부색 경계의 문제'[2]라고 표현했던 인종적 딜레마와 관련하여 오늘날 여전히 공감을 받고 있다. 이는 남북전쟁으로 노예제가 종결된 이후에도 우리를 괴롭혀온 것으로, 여전히 진지하게 고려되어야 한다.

21세기 버락 오바마(Barack Obama)가 대통령으로 재임했지만, 로드니 킹의 질문에 대한 답은 여전히 '아니다'이다.[3] 서로 더불어 살 수가 없든 잘 지낼 마음이 없는 것이든, 우리가 더불어서 잘 살지 못하고 있다는 사실은 명확하다. 경찰의 폭력 외에도 유색인종은 백인에 비해서 체포, 기소 및 처벌될 가능성이 높다. 예를 들어, 불법약물 사용자의 경우, 백인이 흑인에 비해 5:1 정도의 비율로 수적으로 다수임에도 불구하고 실제 위반으로 투옥되는 사람의 60%는 흑인이다.[4] 주거 지역이나 학교에서 백인과 흑인의 분리는 여전히 만연해 있으며, 여러 나라에서 오히려 증가하고 있는 추세이다.[5] 백인 가족의 평균 순자산은 흑인의 20배에 달하며, 이러한 차이는 2008년 금융위기로 인하여 더욱 심화되었다.[6] 같은 교육 수준이라고 하더라도 백인이 빈곤선 이하의 급여를 받거나 실업을 경험할 확률은 흑인이나 라틴계에 비해 반 정도로 낮다. 1년 동안 전일제로 근무하는 백인의 평균 연소득은 전일제로 근무하는 흑인에 비해 45% 높으며 라틴계와 비교했을 때는 60% 높다. 백인들이 경험하는 급여상의 이점은 모든 교육 수준에서 동일하며, 교육 수준이 높을수록 그 이점은 더 증가하게 된다.[7]

일상생활에서 인종차별주의로 인해 발생하는 피해는 도처에 존재한다. 특히 학교에 가고 열심히 일하고 의미 있는 일을 하면 인종이 더 이상 문제가 되지 않을 거라고 믿었던 중산층 흑인에게는 더 그러하다. 중산층 흑인들은 매일의 삶 속에서 자신들이 인종차별에서 약자이며 그로부터 벗어날 수 없다는 것을 점차 깨닫게 된다.[8]

나는 몇몇 독자, 특히 백인들 또는 계층적 특권을 누리지 않고 있는 사람들이 '특권' '인종차별주의' '백인' '백인 특권' '백인인종차별주의'와 같은 용어에 거부감을 느낀다는 것을 알고 있다. 거부감을 피하려면 이러한 말들을 사용하지 않으면 될 것이지만, 이러한 단어들을 사용하지 않고서 현실에서 일어나고 있는 현상들이 우리의 삶과 어떻게 관련되는지, 무엇이 문제인지, 그 문제를 풀어 나가는 과정에서 우리가 어떤 역할을 작게라도 할 수 있을지에 대해 논의하는 것은 불가능하다.

이 시점에서 이 책을 계속 읽어야 하나 고민하고 있는 독자에게 명확하게 말하고 싶은 점은, 세상은 보이는 것과 다르다는 것이다. 이와 같은 용어를 접했을 때 지배집단의 구성원들이 경험하는 방어와 불편함 및 화는 대개 오해 때문이다. 이 책의 제2장에서는 그러한 오해로 점철된 특권의 개념을 분명하게 설명하고 바로잡게 될 것이다.

특권과 억압의 현실은 복잡한 양상을 띠므로, 이 책은 특권이 어떻게 작동하는지, 또한 특권이 우리와 어떻게 관련되는지 논의하는 데 상당 부분을 할애할 것이다. 이러한 접근은 우리 사회에서 널리 인식되는 것이 아니며 낯선 사고방식이므로, 끝까지 인내심과 의구심을 가지고 읽는 것이 도움이 될 것이다.

지각과 방어에 관련된 문제는 인종뿐 아니라 서로 연결되어 있는 다양한 종류의 사회적 차이에도 적용되어 사회적인 어려움의 근원이 된다. 두 부아는 인종이 20세기를 관통하는 이슈가 될 것이라고 언급했지만, 사실 '더불어 잘 지내는 문제'는 인종에 국한되지 않는다. 차이와 관련된 문제는 성별, 성 정체성, 성적 지향, 장애뿐 아니라 그 외의 다양한 영역에서 중요한 주제가 되고 있다.[1]

1990년 이래 힐러리 클린턴(Hilary Clinton)이 상당히 유능한 대통령 후보로 나서게 된 이후에도 성 평등의 진보는 거의 없었다. 전일제로 근무하는 남성의 평균소득은 여성의 평균소득에 비해 거의 30% 정도 높으며, 대부분의 대졸 여성은 낮은 지위와 낮은 임금 수준 등의 한계를 여전히 경험하고 있다. 또한 과거에는 남성지배적인 직업군이었던 의학계나 법조계로 진입할 수 있었던 여성들도 남성에 비해 낮게 평가되며 남성에 비해 낮은 소득을 받곤 한다. 반면, 간호사나 초등학교 교사와 같은 직업군으로 진입하는 남성들은 동일한 경력의 여성에 비해 더 많은 임금을 받으며 더 쉽게 관리자 직급으로 진급한다. 대학에서 과학계통 교수들은 자신의 성별이 무엇이든지 간에 여학생들이 남학생들에 비해 덜 유능하다고 평가하여 여성을 채용할 가능성이 낮다. 만약 여성을 고용하더라

---

[1] 학생, 여성, 부모, 백인과 같이 사회 관계를 통해서 사람들이 서로 연결되는 지위 혹은 특징을 표현하기 위해서 이 책에서는 '지위'라는 단어를 사용할 것이다.

도 남성과 동등한 수준의 월급을 줄 가능성은 매우 낮을 것이다. 정치 분야에서 여성들은 미 의회의 19% 이하를 차지하며 주 입법부 의석의 1/4 미만을 차지하고 있다. 또한 맞벌이하는 여성들은 남성과 비교했을 때 두 배 이상의 집안일과 육아를 담당한다.[9]

전쟁, 테러리즘, 집단 살인, 인신매매, 강간 및 여성을 대상으로 한 폭력 등을 포함해서 남성들의 폭력성은 전 세계적으로 퍼지고 있다.[10] 폭력의 가해자가 주로 남성이라는 사실에도 불구하고 우리가 이러한 폭력을 어떻게 이해해야 할지, 폭력에 어떻게 개입해야 할지에 대해서는 공식적인 논의가 별로 이루어지지 않고 있다. 전 세계적으로 30% 정도의 여성이 파트너로부터 성적·신체적 폭력을 경험하며, 여성은 암이나 자동차 사고, 전쟁, 대마초 등을 모두 합한 것보다 강간과 가정폭력의 희생자가 될 확률이 훨씬 높다.[11] 미국의 여자 대학생은 다섯 명 중 한 명의 비율로 대학생활 동안 성폭력을 경험하며 성폭력은 군대에서도 자행되고 있어서, 군에서 여성들은 군복무로 인한 위협보다는 남성 동료들의 성학대라는 위험을 경험할 가능성이 더 높다.[12] 더불어 LGBT❷에 대한 사회적 포용력이 높아지고 동성결혼 합헌 등의 정책 변화에도 불구하고

---

❷ LGBT는 레즈비언(Lesbian), 게이(Gay), 양성애자(Bisexual), 트랜스젠더 (Transgender)의 약어이다. LGBT는 Q(퀴어)를 넣어 확장되기도 하는데, 퀴어는 성, 성 정체성, 성적 지향 및 성 표현에서 문화적으로 정상이라고 간주되는 것을 거부하거나, 시험해 보거나, 가로지르고자 하는 사람들을 지칭하는 용어이다. 퀴어는 LGBT를 아우르는 개념으로 사용되기도 하며, LGBT에 대한 모욕적인 표현으로 여겨지기도 한다. 시스젠더(cisgender)는 출생 시 할당된 성과 자신이 동일시하는 성이 일치하는 사람을 일컫는 것으로, 출생 시 여성의 신체를 가지고 태어났고 자신을 여성이라고 동일시하는 사람들이 대표적인 예이다.

LGBT를 향한 학대 및 차별, 폭력은 여전히 공공연하게 이루어지고 있다. 고용, 주거, 공공 편의시설 이용 등에서 LGBT를 향한 차별은 미국 대부분의 주에서 아직 합법이다.

성별, 인종, 성적 지향 이외에도 미국의 5,400만 장애인은 가정 안팎에서 학대에 취약한 것으로 나타났다. 장애를 가진 사람들은 손상되고, 무력하고, 열등하며, 지능이 부족하다는 고정관념의 영향으로 자신의 능력을 온전히 발달시킬 기회 또한 박탈당한다. 장애인 친화적인 간판의 부재부터 빌딩, 버스, 비행기 출입의 어려움에 이르기까지, 장애를 가진 사람들에게 필요한 배려가 이미 이루어졌더라면 전혀 문제가 되지 않았을 일들이 여전히 장애물이 되고 있다. 그만큼 물리적 환경이 빈약하다. 이러한 조건들 때문에 장애를 가진 사람들은 고등학교나 대학교를 졸업하기가 어렵고, 결과적으로 취직의 가능성도 낮아진다. 설사 취직에 성공한다 하더라도 최저시급보다 낮은 급여를 받을 가능성이 높다. 이렇듯 사회생활을 영위하기 위해 필요한 고용이나 주거, 교통수단, 정보, 기타 기본적인 서비스를 이용하기 어려운 구조로 인하여 장애를 가진 사람들은 착취, 결핍, 가난, 고립 등을 경험하게 된다.[13]

이와 같이 다양한 차원의 차이를 살펴보면 우리는 확실히 더불어 잘 지내지 못하고 있다. 왜 이런 것일까? 많은 사람이 인간의 본성이라고 대답할지도 모른다. 사람들은 낯선 것을 두려워할 수밖에 없으며, 남성과 여성은 너무나 달라서 마치 다른 행성에서 온 것처럼 경험될 때가 있다. 따라서 우리가 더불어 잘 지내는 것은 기적 같은 일인지도 모른다. 많은 사람이 이성애만이 자연스러운 성적 지향이라 생각하며, 사람들은 태어날 때 부여된 성별에 문화적으로 적응해야 하고 그렇지 않은 사람들은 자연스럽지 않다고 생각한다. 따라서 성소수자들이 정체성을 외부로 드러냈을 때 혼란과 갈등이 일어나는 것은 당연한 일인 것이다. 또한 장애를 가지지 않은 사람들은 그렇지 않은 사람보다 더 많은 것을 가지고, 앞으로도 계속 그럴 것이다. 세상은 결국 누군가가 더 상위에 있도록 설계되어 있다.

이러한 논점들은 꽤 대중적으로 받아들여지는 것으로, 사람들은 역사, 심리학, 인류학, 사회학, 생물학 등에서 인간에 대해 밝힌 많은 사실을 무시한 채 살아가고 있다. 우리는 무기력하게 자연법칙에 따라 서로 끊임없이 싸워야 하는 죄수가 아니다. 우리는 죄수처럼 얽매여 있을 수도 있지만, 사실 생각보다 창조자에 가깝다.

우리가 처한 어려움

매일 아침 나는 우리 집 개들과 함께 집 뒤의 숲을 산책한다. 이 숲은 꽤 조용하고 평화로운 곳으로 계절이 어떻게 오고 가는지 느낄 수 있는 곳이다. 나는 고독을 통해 삶과 세상에 대해 생각해 볼 기회를 갖고 사물을 보다 명료하게 바라보게 되므로 이 시간을 즐긴다. 산책할 때 개들이 전날 밤 지났던 동물의 흔적을 발견하거나 서로 게임을 하듯이 쫓아다니는 것, 멀리 갔다가 내가 여전히 같이 있는지 확인하려고 다시 돌아오는 모습을 보는 것은 즐거운 일이다.

나의 시각에서 보면 개들에게는 모든 것이 단순한 것 같다. 개들은 주변의 모든 것과 관계할 때 본연의 성질로부터 크게 벗어나지 않고 그 자체로 충분해 보인다. 이에 비해 사람들은 늘 어려움을 경험하는 것처럼 보여서, 도대체 왜 그런 것인지 의구심을 갖지 않을 수가 없다. 나는 사회학자로서 사물의 복잡성을 이해하도록 훈련받았지만, 인간 또한 단순한 존재일 수 있다고 생각해서 우리가 늘 복잡할 필요는 없다는 신념이 있다.

예를 들어, 뼛속 깊은 곳부터 인간은 사회적 존재이고, 이런 사실에서 피할 수는 없다. 어렸을 때는 스스로 생존할 수 없으며, 커서도 혼자 생존하는 것은 쉽지 않다. 우리는 지역사회 공동체이든 전체 사회이든 개인보다 큰 규모의 조직에 소속되어야 한다고 느낀다. 우리는 타인을 통해 자신이 가치 있고, 중요한 사람이고, 괜찮은 사람이라는 것을 확인받고자 한다. 우리는 창조적이고, 관대하고, 사랑할 줄 알고, 이야기를 만들어 내고, 음악과 예술을 창조하고, 아이들이 성인이 되도록 돕고, 서로를 구원하기도 하며, 사랑하는 사람들이 죽음을 앞두고 있을 때 편안할 수 있도록 배려하기도 한다. 우리는 커다란 뇌와 유용한 엄지손가락을 가지고 있으며, 뇌와 손가락을 영리하게 사용한다. 사람이 유머감각을 가진 유일한 종인지는 잘 모르겠다. 나는 웃을 줄 아는 개를 본 적이 있지만, 대부분 그러한 모습은 사람에 의해 조성된 것이다. 인간은 상당히 적응적이고 어떠한 조건하에서도 살 수 있어서 낯설고 이상한 곳에서도 지낼 수 있으며, 새로운 언어이든 이웃 마을로 가는 버스에 같이 탄 낯선 사람이든 간에 그러한 낯섦을 이해하고 포용하는 방법을 배울 수 있다.

이 모든 잠재력으로 인하여 사람들은 더불어 잘 살 수 있다고 생각할 수 있다. 이때 더불어 잘 산다는 것이 이상적으로 서로를 사랑하는 것을 말하는 것은 아니다. 협력하거나 공간을 공유할 때 서로 사랑하거나 좋아할 필요는 없다. 또한 인내심 같은 최소한의 것을 의미하는 것도 아니다. 더불어 잘 산다는 것은 서로를 예의 있게 존중하며 우리 안에 있는 최선의 것을 인식하면서 서로를 대하는 것을 의미한다.

예를 들어, 학교에서 집으로 가는 길에 경찰의 총격을 피하기 위해서 무엇을 해야 하는지 혹은 데이트 폭력을 피하기 위해서 무엇을 해야 하는지 자녀들을 코치하지 않아도 되는 마을을 상상하는 것이 이상한 일은 아닐 것이다. 또한 다양한 사람이 편안한 마음으로 올 수 있는 직장, 매 순간 자신을 방어할 필요가 없고, 최선을 다하도록 격려받으며 인정받는 그런 직장 또한 상상해 볼 수 있다. 우리는 이런 직장에서 수용되고 가치롭게 여겨지고 지지받으며 인정받고 존중받고 소속감을 느끼고 싶어 한다. 그래서 맛있는 것들이 깔린 길에서 먹이를 쫓아가는 강아지처럼 자연스럽게 좋아하는 것을 쫓아갈 것이라고 사람들은 흔히 생각할 것이다.

그러나 현실에는 그 길을 가지 못하도록 강력하게 방해하는 것이 존재한다. 세상에는 차이를 둘러싼 어려움들이 존재해서, 그 속에서 스스로를 편안하게 드러내고 자신과 타인을 긍정적으로 경험하는 것이 쉽지 않은 경우가 있고, 이러한 문제를 뛰어넘어 판단하기 어려운 경우가 있다. 또한 우리는 아직 이러한 어려움에 대해 어떻게 대화할 수 있을지 알지 못하고 딴 세상 이야기처럼 여기기도 한다.

이런 생각을 하다 보니 내가 흑인 동료와 식당에서 같이 대화를 나누었던 일이 떠오른다. 우리는 인종과 성별에 대해 함께 가르칠 예정이었기에 학생들이 무엇을 배우고 생각했으면 하는지 함께 이야기를 나누고 있었는데, 나는 순간 인종과 성별에 대해 논의하는 것이 얼마나 어려운 것인지 느끼게 되었다. 그 순간 인종차별주의와 성차별주의가 우리에게 너무나 다른 방식으로 영향을 미치고 있다는 것, 특히 백인 남성으로서 나의 정체성으로 인해 나는 특권의 위치에 놓이고 흑인 여성인 내 동료보다 더 유리하다는 것을 느꼈기 때문이다.

간단한 예를 들면, 우리가 쇼핑을 할 때 나는 그녀보다 더 빨리 안내받을 것이고, 문화적 정체성으로 인해 나는 물건을 훔칠 것으로 의심받거나 감시의 대상이 되지 않을 것이다. 점원은 내 수표나 신용카드를 받으면서 세 개 이상의 신분증을 요구하지 않을 것이다. 나는 백인이기 때문에 불편함을 겪지 않을 가능성이 높지만, 내 동료는 이러한 불편함을 일상적으로 경험한다. 이러한 경멸적인 대우는 그녀가 옷을 어떻게 입건, 어떻게 행동하건, 대기업의 간부이건, 어떤 사회적 지위를 갖고 있건 상관이 없다. 인종차별적인 사회에서는 그녀가 흑인이고 점원은 백인이라는 것만이 중요하기 때문이다.[14]

또한 내 동료는 밤에 혼자 산책을 나가기 위해서 나보다 안전에 대해 훨씬 더 많이 생각해야 할 것이다. 남성이 선의가 아닌 다른 의도를 가지고 접근할 경우에 무엇을 어떻게 해야 할지 미리 계획을 세워야 하기 때문이다. 그녀는 다정하게 웃으면서 인사를 할 때 상대방이 어떻게 생각할지, 반대로 그녀가 다정하게 그를 대하지 않거나 인사를 하지 않을 때 상대방이 어떻게 생각할지 고민해야 한다. 그녀는 안전을 위해 자신의 차를 어디에 세워야 할지 결정해야 한다. 그녀는 차에 가까이 왔을 때 열쇠를 꺼내야 하며, 차에 탈 때에는 반드시 뒷좌석을 점검해야 한다. 즉, 나의 동료는 나는 한 번도 해 본 적 없는 방식으로 자신의 삶에 한계를 두어야 하는데, 그 이유는 그녀가 여성이기 때문이다.[15]

이러한 생각들로 마음이 가득 차자, 이 모든 현실 속에서 이 동료와 어떻게 이야기하고 점심을 먹을지 고민이 되었다. 나는 "우리에 대해서 이야기해 볼까요?"라고 물어보고 싶었지만, 너무 위험하게 느껴져서 그러지 않았다. 이것은 한쪽이 외도 중이고 두 사람 모두 이를 알고 있지만 이 사실을 입 밖으로 말하는 순간 더 이상 아무 일도 없었다는 듯 행동할 수 없기 때문에 둘 다 그저 침묵으로 일관하는 커플이 된 것 같은 그런 경험이었다.

그녀가 흑인이고 여성이기 때문에 내가 그녀에 대해서 좋지 않은 생각을 했거나 그녀를 부당하게 대했다는 말이 아니다. 문제는 이 세상에서 인종과 성별이 너무나 극단적으로 그녀에게 부정적인 영향을 끼치고 있다는 데 있었다. 이러한 현실은 나는 피할 수 있었지만 내 친구는 피할 수가 없었던 우연한 사고와는 다르다. 토네이도가 우리 집은 지나치고 그녀의 집으로 향해 돌진해 가는 그런 사건도 아니다. 나는 그녀의 불운이 나의 행운과 관련되어 있다고 느끼게 되었다. 그녀는 매일매일 일상에서 인종차별주의와 성차별주의를 경험하는데 나는 그렇지 않다는 현실이 문제였다. 내가 그녀의 어려움을 만든 것은 아니지만, 그 동료 또한 그러한 어려움을 경험할 만한 행동을 하지 않았다는 것은 마찬가지였다. 그럼에도 현실은 바뀌기 힘든 일이어서 상황은 지속될 뿐이다.

이 모든 것은 코끼리를 보지 않는 척하는 이야기와 같다. '코끼리'는 사회와 그 속의 사람들이며, 모든 사람이 최선을 다해 충실히 임하는 우수하고 생산적인 사회를 만드는 것은 쉽지 않은 것이다. 그러한 사회 속에서 강력한 어려움이 지속적으로 유지되고 점점 더 나빠지는 것 같다.

우리가 경험하는 어려움은 다른 이의 희생으로 어떤 집단이 특권을 누리고 있다는 점에 있다. 이는 소득, 부, 안전, 존엄, 건강, 삶의 질 등에서 해결하기 어려운 분리를 만들어 낸다. 이러한 분리는 공포, 의심, 차별, 분노, 학대, 폭력 등을 악화시키고 사람들이 서로 반목하게 만든다. 이러한 난관으로 인하여 대다수의 여성, 남성, 아동의 일상생활에 억압이라는 위해가 영향을 미치게 된다. 또한 이러한 악순환은 거의 전 세대를 망칠 잠재력을 가지게 되어, 장기적인 관점에서 보면 모두가 함께 악화일로를 걸을 수밖에 없게 만든다.

이러한 곤경은 도처에 존재하며 대부분의 사람에게 다양한 방식으로 영향을 미친다. 아무리 열심히 부정한다고 해도 어려움으로부터 도피할 곳은 없어서, 사람들은 다른 사람들이 자신과 다르다고 느끼게 되고, 가정, 이웃, 학교, 교회, 정부, 법원, 대학, 직장 등 도처에서 이 사회가 만들어 내는 차이로부터 벗어날 수 없게 된다.

인정하기 어렵지만 단순한 사실은 우리 모두가 이러한 어려움을 경험하고 있다는 사실이다. 바꾸어 말하면, 이러한 구조로부터 빠져나오기 위해서는 우리 모두가 함께 빠져나와야 한다는 것이다. 백인들은 인종차별주의가 유색인종에게만 해당되는 문제라며 자기편의적으로 생각하곤 하지만, 이러한 사고방식은 아래 없이 위를 이야기할 수 있다거나 너나 그들의 존재 없이 나 혹은 우리가 존재한다고 믿는 것과 같은 것이다.

차별의 문제가 한 집단만을 포함하는 법은 없다. 인종 문제는 흑인, 아시아인, 아랍인, 수(Sioux)족, 라틴계에만 해당하는 것이 아니다. 미국 원주민이 경험한 삶의 어려움은 백인이 아니기 때문에 겪게 되는 문제와 별개의 것이 아니다. 이러한 관점에서 생각하면, 백인이 아니기 때문에 겪는 문제는 백인으로 사는 것으로부터 분리할 수 없는 것이다. 이는 특권이 항상 그것을 가지지 못한 자와 가진 자 모두의 문제라는 것을 의미한다. 특권은 항상 타인과 관련하여 존재하기 때문이다. 특권은 항상 누군가의 희생으로부터 나오는 것이며 치러야 할 대가가 있다. 특권을 받거나 유지하기 위해 행해진 모든 것은 수동적이거나 무의식적이었다고 하더라도 누군가의 고통과 결핍의 결과이다.

우리 사회에서 특권은 사회계층과 상관없이 다양한 특성과 관련된다. 내가 특권이라는 문제에 어떤 식으로 기여하는지 알지 못한다면, 나 자신이 어떻게 해결책의 일부분이 될 수 있을지 알 수가 없다. 특권을 가진 집단이 해결책을 위한 노력에 참여하지 않는다면, 특권의 문제는 결국 여성과 아시아인, 라틴계, 흑인, 미국 원주민, LGBT 집단 구성원, 장애를 가진 사람들, 낮은 사회계층이나 노동자 계층이 스스로 해결해야만 하는 것으로 남겨진다. 이들은 자신의 삶의 조건에 변화를 줄 수 있을 만큼 힘을 가지고 있지 않고, 뿌리 깊은 특권의 시스템으로부터 벗어날 수 있는 힘 또한 가지고 있지 않다. 그럴 힘이 있었다면 특권의 문제는 애초에 존재하지도 않았을 것이다.

특권을 가진 사람들이 특권 문제를 자신의 문제로 여기고 변화를 위해 어떠한 행동을 하지 않는다면, 이 문제는 해결될 수 없다. 특권의 문제를 자신의 문제로 여기기 위해서는 특권이 어떻게 작용하는지, 사람들에게 어떠한 영향을 미치는지, 나와 어떻게 관련되는지 주도성을 가지고 탐색해야 한다. 즉, 내가 생각할 수도 없었던 것들을 생각하고, 말할 수 없었던 것을 말하고, 침묵을 깨고, 코끼리를 인식하고, 무슨 일이 있든지 내 책임을 다해야 하는 것이다. 또한 흑인 여성 동료와 인종과 성별에 대해 이야기하는 것이 두려워서 대화를 피하기보다는 인종과 성별, 우리 자신에 대한 대화의 가능성을 열어 두기 위해 무엇이든 해야 한다는 것을 의미한다. 지배집단의 사람들이 이러한 행동을 하지 않을 가능성이 높다는 사실은 변화를 향한 과정에서 가장 심각한 장애물이다. 지배집단의 구성원들이 기꺼이 어려운 대화를 하고 문제 해결 과정에 참여하여 변화를 창출해 나갈 수 있도록 돕는 것이 우리가 직면한 가장 큰 어려움이다.

나의 역할은 죄책감과 비난, 부정, 분노의 자기방어에 삼켜지지 않은 채 우리 모두가 현실을 이해하고 문제 해결을 위한 도구를 발견할 수 있도록 격려하는 데 있다. 그러기 위해서는 차이에 대해 생각하고, 차이가 어떤 모습으로 현실에 드러나는지, 차이가 어떻게 생성되었는지 생각하도록 도와야 한다. 또한 우리 사이에 놓여 있는 장애물들을 치우고 차이에 대해 진지하고 장기간에 걸친 작업을 이끌어 나가며 변화를 위한 효과적인 행동을 실행할 때 변화가 생겨날 것이다.

차이에 대해 제대로 논의하기 위해서는 불편한 단어들을 사용할 수밖에 없다.

한 문제의 해결 과정은 그 문제에 이름을 붙이는 것에서부터 시작된다. 그렇게 했을 때 우리는 그 문제에 대해 이야기할 수 있게 되고, 그 문제가 다른 문제들과 어떻게 관련되는지 살펴보면서 그 문제에 대해 제대로 이해하고 해결책을 향해 나아갈 수 있게 된다. 우리가 필요로 하는 언어들은 대개 그 문제를 해결하기 위해 노력하는 사람들로부터 온다. 이들은 주로 특권, 인종차별주의, 성차별주의, 반유대주의, 이슬람공포증, 이성애중심주의, 이성애규범주의, 계층주의, 장애인 차별, 지배, 복종, 억압, 가부장제 등의 문제 때문에 가장 큰 고통을 겪은 사람들이다.

무언가에 이름을 붙이면서 우리는 그 주제에 더 집중하고 중요성을 부여하게 된다. 그 과정에서 어떤 사람들은 성차별주의나 특권과 같은 단어에 부정적인 반응을 하곤 한다. 또 어떤 사람들은 그러한 단어의 의미에 관심을 두지 않기도 한다. 남성들은 성차별주의를 알고자 하지 않고, 백인들은 인종차별주의에 관심이 없다. 특히 계층 이동을 위해 열심히 노력하는 남성이나 백인일수록 그러하다. 사람들은 이러한 단어들이 자신과 어떻게 관련되는지에 관심이 없기 때문에 바라보지도 않으며, 그 단어가 표현하고자 하는 행동이 세상뿐 아니라 자신의 삶까지 변화시킬 수 있다는 사실에도 무관심하다.

그러한 단어를 사용하지 않고 피하는 방법 중 하나는 단어들을 평가절하하거나, 그 의미를 꼬아서 생각하거나, 단어들을 공포로 변환시키고 감추는 것이다. 예를 들어, 남성의 폭력이나 남성 특권에 대해 이야기할 때 상당수의 남성은 자신을 비난하는 것처럼 받아들이고 불편해하거나 방어적인 태도를 보인다. 스스로 자신이 나쁜 사람이라고 생각하는 경우는 거의 없다. 따라서 성차별주의나 인종차별주의와 같은 단어들은 '예의 바름'을 중요하게 생각하는 조직에서 금기시된다. 삶을 망가뜨리는 성차별주의나 인종차별주의 및 사람들이 경험하는 어려움에 대해 이야기하지 않은 채 긍정적인 주제인 '다양성' '인내' '차이를 인지하기' 등에 초점을 맞추게 되기도 한다.

나는 '지배' '종속' '억압'이라는 말을 사용하지 않고 억압과 지배의 결과에 대해 이야기해 달라고 요청받은 적이 몇 번 있다. 그럴 때마다 신체 부위에 대해서 언급하지 않거나 무엇이 잘못되었는지 진단하지 않고 환자를 치료하는 의사가 이런 느낌일까 생각하게 된다. 이는 마치 '불'이라는 말을 하지 않고 조심조심 다니면서 집이 불타 내려가는 것을 바라보는 것과 같은 심정일 것이다. 이런 방식으로는 어떤 변화도 이루기 어렵다.

우리가 어려움에 대해 말할 수 없다면 해결할 수도 없다. '특권'이나 '억압'이라는 말은 오늘날에도 우리의 삶에 지대한 영향을 미치고 있는 고통스러웠던 역사를 지칭한다. 결국 어려움이나 공포 혹은 고통에 대한 언급 없이 이러한 이야기를 할 방법은 없다. 기꺼이 시행착오를 거치면서 이야기를 나누는 것은 가능하다. 그러기 위해서 우리는 잃어버리고 평가절하했던 단어들을 재송환해서 다시 이름을 붙이고 현실이 어떤지 바라보며 현실감을 되찾아야 한다.

단어의 재송환 과정은 그 단어가 자신이 생각했던 것과는 다른 뜻임을 알아차릴 때 시작된다. '가부장제'는 남성에 대한 것이 아니며, '인종차별주의'는 '나쁜 백인'에 대한 또 다른 표현이 아니다. 억압과 지배는 억압적이고 지배적인 사람이지 않을지라도 우리가 무심코 동조하면서 참여하는 사회적 현실을 의미한다. 여성주의는 레즈비언이 되라거나 남성을 혐오하라고 말하는 것이 아니다. 미디어나 대중문화, 저녁 식탁 대화에서 이러한 개념들은 왜곡되어 그 의미를 제대로 전달하지 못한다. 따라서 이러한 경우에는 왜 이 단어들이 문제 해결을 위한 주요 요소가 된다는 것인지 이해하기 어려울 것이다.

나는 이 단어들이 문제에 대해 이야기하기 때문에 이 책에서 자유롭게 사용하고자 한다. 누군가를 비난하기 위해서 이 단어들을 사용하는 것이 아니다. 그랬다면 거울을 통해 나 자신을 제대로 바

라보기 어려울 것이다. 이 내용을 개인적인 내용으로 받아들이라
고 말하고자 하는 것 또한 아니다. 이성애자, 비장애인, 백인, 중산
층 남성으로서 나는 그러한 단어들이 나와 의미 있게 관련된다는
것을 인식하고 있다. 이 단어들과 관련된 어려움이 생성되고 유지
되는 데 내가 나도 모르게 어떠한 역할을 했을지 모르는 일이며, 이
또한 내가 기꺼이 바라보아야만 하는 것이다. 그러나 동시에 이 어
려움이 나 자신과 개인적으로 결부되어 있는 것은 아니라는 사실
을 깨닫는 것도 중요하다. 이 어려움을 내가 만들어 낸 것은 아니지
만, 나는 태어났을 때 이미 이러한 어려움으로 채워진 사회체계에
던져졌기 때문에 기꺼이 이 어려움을 바라보아야 하는 것이다.

　이러한 사회적 유산을 변화시키는 움직임의 일부가 되고자 한다
면, 우리 각자는 그러한 단어에 대한 방어에서 약간 물러설 필요가
있다. 그때 그러한 단어들이 가리키는 현실을 바라보고, 그것이 나
와 어떻게 관련되며, 가장 중요하게는 내가 어떻게 변화를 만들어
낼 수 있을지 바라볼 수 있게 된다.

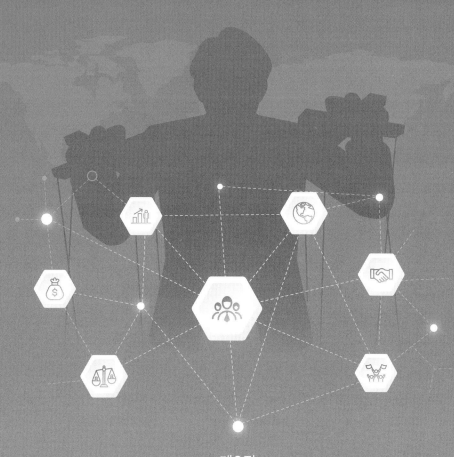

제2장

특권, 억압 그리고 차이

차이를 둘러싼 어려움은 특권, 억압 그리고 이러한 특권과 억압을 지속적으로 일어나게 하는 권력의 불공정한 분배와 관련된다. 권력의 불공정한 분배는 우리 모두가 물려받은 유산이며 우리가 이 세상을 살아가는 동안 겪게 되는 것들이다. 유산 자체는 우리의 잘못으로 생긴 것이 아니지만 다음 세대에게 어떤 유산을 넘겨줄 것인가는 결국 우리의 몫이다.

권력과 특권에 대해 논하는 것은 쉬운 일이 아니다. 특히 지배집단에게는 어려운 일이어서, 지배집단 구성원들은 정치에서부터 직장, 대학 강의실 등 다양한 장면에서 이러한 주제를 회피하곤 한다. 사실 우리 사회 속 집단들은 이미 전체 사회를 조직화하는 특권체계 안에서 서로 경쟁하도록 되어 있다. 다만 이러한 어려움들에 대해 논의할 때 지배집단의 구성원들이 불편해지거나 화를 낼까 봐 혹은 갈등을 초래할 수도 있다는 두려움[1]에 사람들은 회피적인 모습을 보이게 되기도 한다. 더 깊은 차원에서는 문제 자체에 대한 오해에서 이런 모습이 나타나기도 하므로, 이 장에서는 이에 대해 논의하고자 한다.

차이 자체가 문제는 아니다

다양한 문화에 대해 논의하고 문화에 따르는 다양한 사고방식과 행동을 이야기할 때 차이가 문제가 될 수는 있다. 그러나 인류는 수천 년 동안 그러한 차이 속에서도 연결점을 찾곤 했다.

낯설고 이상한 것, 알려지지 않은 것, 아직 이해하지 못한 것은 두렵기 때문에 다른 것은 두려운 것이라고 생각할 수 있다. 두려워서 신뢰할 수 없다면 우리 사이의 다양성과 함께 더불어 지내는 것이 상당히 어려워질 수밖에 없다.

그러나 차이가 본질적으로 두려운 것이라는 생각은 문화적인 미신이다. 또한 이는 이방인을 이방인으로 두고, 이방인이 내부로 들어오려고 하면 부정적으로 대하는 태도를 정당화하는 데 이용된다. 새롭고 낯설기 때문에 그것을 두려워한다는 설명은 충분한 것이 아니다. 유럽인들은 처음 북아메리카 대륙에 도착했을 때 미국 원주민을 두려워하지 않았고, 미국 원주민 또한 놀랍게도 그 '다른' 사람들을 환영하고 그들이 생존할 수 있도록 도왔다.[2] 과학자, 심리치료사, 발명가, 소설가(그리고 그들의 팬), 탐험가, 철학자, 영성주의자, 인류학자, 그리고 순수한 호기심을 가진 모든 사람은 자신들이 알지 못하는 미지의 것에 이끌린다. 심지어 아이들조차도 미지의 것을 사랑한다. 그렇기 때문에 부모들은 아이가 다음에는 무엇에 빠져들지 항상 걱정하는 것이다.

우리를 두렵게 하는 것은 다음에 무슨 일이 일어날지, 문 뒤에 무엇이 있을지, 빈 기차간에 앉아 있는 이상하게 생긴 남성이 무슨 생각을 하고 있을지 등 이상하고 낯선 미지의 것에 대한 우리의 생각과 관련된다. 이러한 생각과 걱정은 태어날 때 타고나는 것이 아니다. 말하는 것이나 신발끈 묶는 것을 배우는 것처럼 공포는 습득되는 것이다. 마샬 미첼(Marshall Mitchell)은 장애학 전문가로, 어린아이들은 어떠한 머뭇거림이나 공포 없이 휠체어에 앉아 있는 사람에게 다가간다고 말한다. 그러나 나이가 들어 감에 따라 그 아이들은 조금씩 두려움을 가지게 된다. 왜 그런 것일까? 낯선 것 자체가

아니라 아이들이 경험을 통해 배운 것, 알게 된 것들에 대해 두려움
을 느끼는 것 아닐까?[3]

서로의 차이를 생각해 보기: 우리는 누구인가

차이의 영역은 상당히 다양하다. 차이에 대해 이해하는 한 가지
유용한 관점은 [그림 2-1]의 '다양성 바퀴'를 사용해 보는 것이다.
이 다양성 바퀴는 메릴랜 로던(Marylan Loden)과 주디 로즈너(Judy

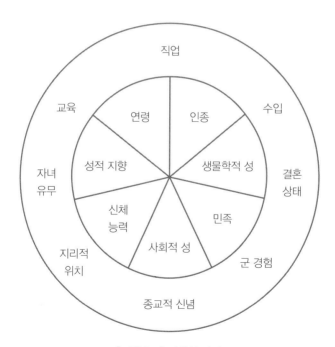

[그림 2-1] 다양성 바퀴

출처: Loden, M., & Rosener, J. B. (1991). *Workforce America: Managing employee
diversity as a vital resource*. New York, NY: McGraw-Hill Education. Copyright
© 1991 McGraw-Hill Education. 판권 소유. 허가를 받아 사용함.

Rosener)의 작업[4]에 기초한 것으로, 바퀴의 중심에는 연령, 인종, 민족, 사회적 성(gender), 생물학적 성(sex), (신장과 같은) 신체 능력과 특징, 성적 지향 등의 일곱 가지 사회적 특성이 있다. 바퀴의 바깥쪽에는 종교, 결혼 상태 및 자녀 유무, 교육, 직업, 수입과 같은 사회계층 지표들이 있다.

다양성 바퀴를 살펴보면서 자신에 대해 생각해 보자. 예를 들어, 나의 경우, 중심부에서는 생물학적으로 남성으로 태어났고 사회적으로 스스로 규정하는 성 정체성 또한 남성이므로 두 가지 정체성은 문화적으로 일치하며, 결과적으로 시스젠더(cisgender)에 해당된다. 최근까지도 많은 사람이 생물학적 성(sex)과 사회적 성(gender)을 구분하지 않았으며, 사회적 성 정체성(즉, 사회적으로 여성이나 남성이라고 생각하는 것)은 신체적 특징(즉, 신체적으로 여성이나 남성의 모습을 가지고 있는 것)과 직결된다고 확신했다. 그러나 사실 생물학적 성과 사회적 성에 있어서 다양한 조합이 존재하여, 태어났을 때 생물학적 성이 남성이었을지라도 현재는 자신을 여성이라고 정의하거나, 여성도 남성도 아니거나, 여성과 남성 모두라고 정의할 수도 있다. 또한 어떤 사람들은 쉽게 남성이나 여성으로 범주화할 수 없는 생물학적 특징이 조합된 형태로 태어나기도 한다.

나 자신으로 다시 돌아오면, 나는 영국-노르웨이계 백인으로, 현재 70세이고, 이성애자이며, 현재까지는 비장애인이다. [그림 2-1]의 바퀴의 바깥쪽과 관련하여, 나는 결혼했으며, 아버지이자 할아버지이고, 박사 학위를 가진 중산층이며 전문직을 갖고 있다. 나는 뉴잉글랜드에서 주로 살았으나, 다른 나라에서 살았던 적도 있다. 나의 영적인 삶을 특정 종교와 결부시켜야 한다면 나는 불교에 조금 더 가까우며 자연현상을 경외하는 영적인 믿음을 가지고 있다. 나는 미 육군 예비군으로 짧게 복무했다.

여러분도 여기서 잠시 다양성 바퀴를 살펴보며 자신이 어디에 속하는지 생각해 보았으면 한다. 바퀴의 내용이 여러분 자신의 개인적인 역사나 성격, 이제까지 꿈꾸었고 느끼고 경험했던 것 등 고유성을 잘 반영하지 못한다고 느낄 수도 있다. 그러나 이 바퀴는 당신의 삶을 조성했던 사회적 현실에 대해서 많은 것을 말해 줄 수 있다.

예를 들어, 여러분이 내일 일어났을 때 오늘 밤 잠들었을 때와 다른 인종을 가지게 되었다고 가정해 보자(1970년대의 영화 〈Watermelon Man〉의 이야기에 근거한 것임). 혹은 버지니아 울프(Virginia Woolf)의 소설 『올랜도(Orlando)』에서 주인공에게 일어난 것처럼 생물학적인 성이 바뀐다거나, 이성애자가 아니라는 것을 알게 되었다거나, 갑작스럽게 앞을 보지 못하거나 들을 수 없게 되었다고 생각해 보자. 이러한 변화로 인해서 다른 사람들이 여러분을 어떻게 바라보고 대하게 될 것 같은가? 여러분 스스로는 자신을 바라보는 시각이 어떻게 달라질 것 같은가? 이러한 변화가 거주지역이나 수입 등 물질적 조건에 어떠한 영향을 줄 것 같은가? 이러한 변화가 당신의 삶을 더 낫게 만들어 줄 것 같은가, 악화시킬 것 같은가?

이러한 질문에 대해 대답할 때, 보다 미묘한 부분까지 생각해 보았으면 한다. 여러분이 현재 이성애자이고 내일 게이나 레즈비언으로 일어나게 된다면, 여러분이 여성이나 남성에 대해 가지는 성적인 감정은 달라질 것이다. 그러나 성별과 관련 없이 사람들이 여러분을 대하는 방식은 어떨 것 같은가? 학교나 직장에서 다른 대우를 받을 것 같은가? 친구들이나 부모님, 형제자매들이 다르게 대할까? 기회가 더 많거나 적을까? 어떤 보상들을 더 얻게 되거나 얻지 못하게 될까?

바퀴의 두세 가지 부분이 바뀌는 것만으로도 삶은 극적으로 변화할 수 있다. 그림의 특징들은 자신의 정체성의 핵심과 크게 관련되지 않을 수도 있지만, 타인과의 관계나 사회 속 위치와 관련하여 크나큰 결과를 가져올 수도 있다.

그러므로 다양성을 둘러싼 어려움은 단지 사람들이 서로 다르다는 것을 말하는 것이 아니다. 사람들을 소속시키거나 배제하거나, 수용하거나 거부하거나, 보상을 주거나 벌주거나, 신뢰하거나 신뢰하기 어렵거나, 의기양양하게 높여 주거나 억압하거나, 가치 있게 여기거나 가치 없게 여기거나, 내버려 두거나 학대하는 것 등을 결정하는 과정에서 차이가 사용된다. 세상은 그런 식으로 이루어져 있어 다양성과 관련된 어려움이 생긴다.

이러한 현상은 바퀴의 중심으로 갈수록 더 현저한데, 중심에 있는 것일수록 변화하기 어렵기 때문이다(언제든 누구에게든 생길 수 있는 장애를 제외하고 말이다). 물론 트랜스젠더는 생물학적 성을 전환하기 위해 의학의 도움을 받을 수 있다. 또한 어떤 사람들은 자신이나 타인이 당연시했던 인종, 성별, 성적 지향 이외의 정체성으로 이동하기도 한다. 그러나 이는 오늘 결혼하고 내일 이혼하는 것이나, 어느 날 계층 상승을 가능케 하는 새로운 직업을 갖는 것과는 다른 것이다. 바퀴의 외측 영역과 달리 내측 영역은 스스로의 선택과 무관하게 자신이 가지고 살아야 하는 특성이다.

우리는 인종이나 성별, 생물학적 성 및 사회적 성, 연령, 성적 지향, 장애 등에 대해 빠르고 무의식적으로 인상을 형성하는 경향이 있다. 따라서 타인에 대한 지각을 통제하기란 쉽지 않다. 어떤 사람들은 반대 사실을 아는 순간까지는 모든 사람이 이성애자라고 가정하고, 외견상 백인으로 보이면 백인이라고 생각한다. 특정 범주에 정확히 들어맞지 않는 사람을 만나기 전까지는 자신의 무의식적인 가정을 답습하고 있다는 것을 인식하지 못하는 것이다. 이런 현상은 생물학적 성(sex)이나 사회적 성(gender)에서 더 강하게 드러나며, 그로 인한 놀라움은 한동안 지속된다.

우리 문화는 오직 두 개의 성별만을 허용해서, 둘 중 하나에 속하지 않는 사람을 아웃사이더로 치부하는 경향이 있다. 따라서 간성(intersex)으로 태어난 아이들은 그러한 범주에 맞추기 위해서 수술을 할 수밖에 없다. 반면, 미국 원주민 나바호 문화에서는 명확하게 남성 혹은 여성의 신체적 특징을 가지지 않는 사람들을 제3의 범주인 'nadle'로 칭하고, 여성과 남성처럼 수용 가능한 성으로 간주했다. 미국 원주민 중 평원에 사는 종족 중에는 남자들이 여자의 옷을 입어 영적 비전에 응하는 등 자신의 신체적 특징과 관계없이 자신의 성별을 선택하는 경우도 있었다.[5]

성차별주의적 사고방식은 주로 문화에 기반해 있다. 이성애, 동성애라는 단어는 수백 년 동안 특정한 종류의 삶을 사는 사람들을 기술하기 위하여 사용된 것이다.[6] 성행동상의 차이는 오랫동안 인식되어 온 반면, 게이, 레즈비언, 이성애적 행동이 정상 혹은 이상으로 간주되는지에 대한 역사는 문화권에 따라 다양하다.

이처럼 바퀴 중심부에 있는 특성들은 변화가 어렵고, 빠르고 강력하게 인상 형성이 이루어져서 우리 삶에 지대한 영향을 미친다. 따라서 다양성은 현실 안에서 바라보면 그 단어가 제시하는 다양한 종류에 대한 것만은 아니다.[7]

차이와 관련된 사회구성

혹인 작가 제임스 볼드윈(James Baldwin)은 이 세상에 백인, 흑인,
혹은 보다 넓게 인종은 존재하지 않는다고 말하며 논란을 불러일으
켰다. 그는 "누구나 아메리카 대륙에 오기 전까지는 백인이 아니었
다."라고 말했다. 그는 "아메리카 대륙이 백인의 나라가 되기까지
는 몇 세대가 걸렸고 상당한 강제성이 있었다."라고 하기도 했다.[8]

볼드윈은 무엇을 말하고자 했을까? 그는 우리의 경험은 문화라
는 렌즈를 여과한다는 사회적 현실을 지적한 것이다. 즉, 그렇게 보
이지 않더라도 우리의 경험은 어느 정도는 만들어진 것이라는 의
미이다. 신체적 특징에는 피부색 등을 포함하여 다양성이 존재하
지만, 문화가 그러한 차이를 중요하다고 규정하지 않으면 그러한
차이는 사회적으로 무의미해져서 존재하지 않게 되기도 한다. 아
프리카 문화에서는 인종이라는 개념이 중요하지 않으므로 어두운
피부색을 가졌다고 해서 한 여성이 스스로를 흑인이라고 생각하거
나, 흑인으로서의 경험을 하거나, 그녀 주변의 사람들이 그녀를 흑
인으로 대할 이유가 없다. 여성일 수는 있지만 흑인 여성은 아닐 것
이다.

그러나 그녀가 인종을 중심으로 특권이 이루어지는 미국에 오게
되었을 때, 그녀는 갑자기 흑인이 되고, 그녀 또한 자신을 그렇게
정의하고, 사람들 또한 흑인으로 그녀를 대하게 될 것이다. 볼드윈
이 말했던 것과 유사하게, 19세기 노르웨이 농부는 노르웨이에 살
고 있는 한 자신을 백인이라고 생각했을 이유가 없다. 그러나 그가
미국에 도착했을 때, 그는 이내 백인으로 보이면 특권을 갖게 되므

로 피부색이 중요하다는 것을 알게 되고 자신의 정체성으로 '백인'
을 차용하게 될 것이다.[9]

볼드윈은 인종이 특권과 억압의 체계를 넘어서는 중요하지 않다
고 말한다. 이는 '실재의 사회적 구성'이라고 일컬어지는 것으로,[10]
인종이라는 구성개념은 한때는 포용되었던 집단이 다른 때에는 배
척되는 것과 같이 그 정의가 시대에 따라 명확히 달라진다는 것을
의미한다. 영국과 미국의 지배계층인 앵글로색슨은 오랫동안 아일
랜드인이나 이탈리아인, 유대인, 그리스인, 기타 동유럽 출신 사람
들을 백인으로 간주하지 않았다. 따라서 이들 이민자가 영국이나
미국에 도착했을 때 이들은 배척·종속되고 착취의 대상이 되었
다. 이러한 현상은 아일랜드에 사는 아일랜드인들에게는 특히 더
해서, 수 세기 동안 아일랜드인들은 열등하다고 인식되었다.[11] 이
시기에는 신체적 차이가 인종을 결정하는 요인이 아니었으므로 아
일랜드인들의 피부색은 중요하지 않았다. 이러한 사실은 결국 타
인을 배척할지 혹은 포용할지 결정하고 자신의 이익을 충족시키는
방식으로 인종을 범주화하는 것이 바로 지배집단의 권력이라는 것
을 보여 준다.

실재의 사회적 구성은 '정상'의 개념에도 적용된다. 자신을 비장
애인이라고 생각하는 사람들에게는 놀랍게 여겨질 수 있겠지만,
장애와 비장애는 문화적으로 생성된 개념이다. 자신의 눈이나 기
억을 온전히 사용할 수 있는가 없는가 등 장애 여부가 객관적 현실
과 관계없이 만들어진 개념이라고 말하는 것은 아니다. 문화적으
로 생성되었다는 말은 사람들이 그러한 차이를 어떻게 바라보고,
생각하며, 결과적으로 차이에 기반해 다른 사람을 어떻게 대하는
지를 결정하는 과정이 문화의 문제라는 것이다.

예를 들어, 인류의 신장을 생각해 보자. 그 범위는 다양하며, 정상으로 간주되는 사람들 중에서도 의자가 없이는 부엌 찬장 같은 높은 곳에 닿을 수 없는 경우가 있다. 그렇다고 이들이 장애를 가졌다고 하지는 않는다. 또한 미국 인구 중 약 1억 명 정도가 안경 없이는 제대로 볼 수 없지만 이들이 장애를 가졌다고 이야기하지 않는다. 왜 그러한가? 지배집단의 사람들이 정상이 무엇인지를 정의할 수 있는 권위를 가지기 때문이다. 반면에 한 장소에서 다른 장소로 이동하기 위해서 휠체어를 사용하는 사람들은 휠체어 없이 다른 장소에 도달할 수 없다. 이들의 조건 또한 형태와 크기, 신체적·정신적 조건의 다양성으로 간주될 수도 있지만, 이들은 정상 범주에 자신들의 조건을 포함시킬 수 있는 문화적 권위를 가지고 있지 않기 때문에 정상 범주에 포함되지 않는다.

장애와 비장애는 언어의 사용을 통해서도 형성된다. 눈을 사용하여 볼 수 없는 사람을 '시각장애인'이라 부를 때, 볼 수 없는 상태가 그 사람 전체를 축약하는 것과 같은 인상이 형성된다. 즉, '시각장애인'이라는 것이 그 사람 자체가 된다. 동일한 현상이 '자폐장애' '신체장애' '청각장애'에도 적용되어, 이들은 그저 장애를 가진 사람 자체로 간주될 뿐이다. 이처럼 한 사람을 단일한 차원으로 축소했을 때 이들은 분리·배척되고 타자화되며 정상성의 경계 밖에 놓여 열등하다고 간주된다. 이 영향으로 장애를 가지고 있는 사람들은 무력한 희생자, '제한된 사람' '고통받는 사람' '다친 사람' 등으로 묘사되고, 차별화되지 않은 채 시각장애인, 지체장애인, 청각장애인, 정신이상자, 장애인으로 뭉뚱그려진다.

물론 휠체어를 사용하거나 볼 수 없는 신체조건은 삶에 큰 영향을 미치는 것이다. 장애와 비장애 개념이 사회적으로 구성된 개념이라고 강조한다고 해서 신체적 상태의 영향력을 부정하는 것이 아니다. 다만 장애를 갖게 된 사람으로 한 사람을 대하는 것과 열등하고, 지적이지 않으며, 성적이지 않다거나, 무섭거나, 수동적이거나, 의존적이거나 혹은 장애를 가졌다는 것 외에는 아무런 특징도 없는 것으로 대하는 것에는 큰 차이가 있다는 것이다. 따라서 차이라는 것은 장애 여부 그 자체의 문제가 아니라 우리가 그 차이를 어떻게 사회에서 개념화하고, 자신과 타인에 대해서 어떻게 생각하며, 어떻게 장애인을 대하는가에 대한 문제이다.[12]

사회적으로 구성된 현실을 이토록 강력하게 만드는 것은 우리가 그것을 좀처럼 인식하거나 경험하지 않는다는 데에 있다. 우리가 속한 문화는 성, 인종, 성별 등을 정의한다. 우리는 이러한 정의가 그저 있는 그대로의 현실이며, 우리가 차이에 대해 사용하는 말들은 객관적인 현실에 이름을 붙인 것이라고 생각한다. 그러나 일단 사람들이 어떤 것에 이름을 붙이기 시작하면 이름이 없었을 때에는 가지지 않았던 의미를 획득하기 시작한다. 또한 그 단어들은 재빨리 생명력을 획득해서 그 단어가 생겨나게 된 맥락이나 현실로 간주되었던 사회적 과정은 잊히고 만다.

이러한 과정을 통해 우리는 인종이 명확하고 확실한 범주라고 믿게 된다. 그러나 인종에 대한 정의는 끊임없이 변하는 것이며, 그 경계가 일관성이 없고 중첩된다. 예를 들어, 19세기 미국 법원은 아프리카계 선조를 가진 사람들을 흑인이라고 지칭하면서, 백인이 되기 위해서는 한 방울의 법칙(one drop rule) 규정에 의거하여 흑인과 전적으로 관계가 없어야 한다고 했다. 반대로 미국 원주민 인디언의 자격을 갖추기 위해서는 적어도 1/8 정도의 미국 인디언 선조의 혈통을 보여야 했다. 왜 규정이 다를까? 애드리언 파이

퍼(Adrian Piper)는 이러한 차이가 경제학과 관련된다고 말한다. 미국 원주민 인디언은 연방정부에 여러 가지 재정적인 혜택을 요구할 수 있으므로 미국 인디언으로 분리되는 사람의 수가 제한되어야 백인에게 이익이 된다. 반면, 누군가를 흑인이라고 지칭하게 되면 권력을 앗아갈 수 있을 뿐 아니라 그들이 백인에게 요구할 권리 또한 부정할 수 있게 되어 흑인에 대한 정의 방식은 정반대가 되는 것이다. 이 예는 인종에 대한 정의 및 범주화가 객관적인 것이 아니며 백인의 특권과 권력을 유지하기 위한 것임을 잘 보여 준다.[13]

인종은 이런 식으로 다양한 집단을 정의하는 데 사용되었다. 19세기에 저렴한 노동력으로 중국인이 미국에 왔을 때 캘리포니아 대법원은 중국인들은 백인이 아니라고 선언했다. 그러나 멕시코인은 넓은 땅을 보유하고 있었으며 앵글로 '백인'들과 거래를 하고 있었으므로 백인으로 선언되었다. 이해관계가 특권 및 권력과 관련될 때, 지배집단은 자신들의 이익을 충족하기 위하여 자신들의 비일관성에는 눈을 감곤 한다.

특권이란 무엇인가

특권을 이해할 때 처음 만나게 되는 장애물은 특권이라는 단어 그 자체이다. 자신이 어떤 식으로든 특권의 특혜를 받는다는 말을 들었을 때, 사람들은 흔히 화를 내거나, 방어적으로 행동하거나, 특권은 자신과 상관없다고 부정하곤 한다. '특권'은 현실의 중요한 측면을 표현하는 무게감 있는 단어로, 특권의 존재를 부인한다면 변화의 과정 자체가 어려워지므로 특권의 의미를 명확히 하는 것은 상당히 중요하다(그렇기에 한 장을 통틀어서 이야기하고 있는 것이다).

페기 매킨토시(Peggy McIntosh)는 어떠한 사회적 범주에 소속되었다는 사실만으로 다른 범주에 소속된 사람들에게는 허용되지 않는 이익을 가지는 것이라고 특권에 대해 정의했다.[14] 똑같은 강의라도 여성의 강의보다 남성인 나의 강의가 더 많은 청중의 집중과 관심을 받는다면, 나는 남성 특권으로 혜택을 받는 것이다. 이성애자 여성이 자신이 남성과 결혼했다고 말할 수 있는 자유를 가지는 것은 일종의 특권이다. 레즈비언이나 게이는 자신의 성적 지향을 노출하는 것 자체가 스스로를 위험에 노출시키는 것이기 때문이다.

특권은 다른 사람들이 가지지 않은 어떤 좋은 것을 가졌음을 의미하는 것이 아니다. 예를 들어, 충실한 친구가 있는 것은 행운이고 좋은 일이다. 하지만 그러한 우정이 체계적으로 특정 사회범주에 소속된 사람들에게만 허용되고 다른 사람들에게는 거절되는 것이 아니라면, 즉 사회적으로 인지되고 부여되는 것이 아니라면 특권에 해당되지 않는다. 다시 말하면, 특권을 갖고 있는지의 여부는 다른 사람들이 여성이나 남성과 같은 사회범주와 관련하여 당신을 어떻게 보고 있는가에 달려 있다.

사람들이 특권의 영향을 얼마나 인식하지 못하는지 다른 예를 통해 생각해 볼 수 있다. 내가 라틴계 남성이나 게이, 여성이었다면 내 강의에 비판적이었을 사람이 백인 남성인 나의 강의에는 찬사를 던질 때, 나는 특권을 느끼기보다는 내가 발표를 잘했고 그것에 상응하는 보상을 받았으니 그저 즐기자고 생각할 것이다. 그러나 특권은 내가 강의를 훌륭하게 잘했다거나 보상을 받을 만하지 않다는 것과 다른 것이다. 특권은 특정 범주에서 차이가 있을 뿐 나와 다른 모든 부분에서 동일한 사람에게 주어지지 않는 혜택이 나에게는 주어진다는 것과 관련된다. 이런 점에서 내가 특권을 가진 다는 것은 특정 결과가 보장된다는 의미가 아니라, 나에게는 좋은 결과가 주어질 가능성이 더 높다는 것을 의미한다.[15] 마찬가지로 여성 혹은 유색인종이라는 정체성이 결과 자체에 부정적인 영향을 미치지는 않는다 하더라도 한계로 작용하여, 재능, 능력, 열정이 인 정되거나 보상으로 이어질 가능성이 낮아질 수 있다.

이는 장애를 가진 사람들에게도 마찬가지이다. 비장애인들은 장 애인들이 지능이 부족하여 도움이 필요하고 스스로를 돌볼 수 없 는 무기력한 희생자라고 생각하며, 장애인의 낮은 성취나 생활 수 준은 신체적 혹은 정신적 상태 때문이라고 생각한다. 비장애인들 은 비장애인 위주로 설계된 사회에서 장애를 가진 사람들이 직면 하는 방해물이 그들의 성취와 생활 수준에 미치는 영향에 대해 고 려하지 않는다.[16]

특권을 쉽게 인식하지 못하는 이러한 상황 자체가 특권이며, '망 각의 사치'(철학에서 '인식론적 특권'이라고 알려진 것)라고 불리는 현 상이다. 인식을 위해서는 노력과 책임이 필요하다. 종속 계층에 속 한 사람들의 관심을 받지만 관심에 대한 대가는 되돌려줄 필요가 없는 것이 일종의 특권이다. 예를 들어, 백인들은 직업, 학교, 정부, 경찰 등과 관련하여 권력의 위치에 있는 경우가 많다. 이 때문에 흑 인들은 백인들이 불쾌하지 않도록 백인의 문화에 세심한 주의를 기울이게 된다. 그러나 백인들은 흑인들의 삶에 영향을 미치는 인 종적 억압에 대해 주의를 기울일 이유가 없는데, 그것이 바로 백인 들이 가지는 특권인 것이다.[17] 다른 말로, 제임스 볼드윈이 표현했 듯이 "미국에서 백인으로 산다는 것은 특권에 대해 생각할 필요가 없다는 것을 의미한다."[18] 남성이나 다른 특권을 갖고 사는 사람들

도 마찬가지이다. 백인, 남성, 또는 다른 종류의 특권을 갖고 있는
사람들은 자신들이 당연히 이러한 특혜를 가질 권리가 있다고 생각
해서, 현실을 정확히 바라보자는 작은 초대에도 "우리는 그럴 필요
가 없다. 그런 문제를 생각해 보라는 요구는 말도 안 된다."라고 대
응한다.

두 가지 특권

　매킨토시가 말한 첫 번째 유형의 특권은 '노력 없이 얻은 권리
(unearned entitlement)'이다. 노력 없이 얻은 권리는 안전을 느낀다
거나 수용적인 직장에서 일을 하는 것과 같이 모든 사람이 마땅히
누려야 하는 조건이지만, 특정 집단만이 이러한 조건을 누리게 되
는 현상을 의미한다. 노력 없이 얻은 권리가 특정 집단에게는 제한
될 때, 특권의 한 형태인 '노력 없이 얻은 이익'이 된다.

　때때로 노력 없이 얻은 이익은 상실 없이 사라지기도 한다. 예를
들어, 직장이 변화되어 모든 직원이 가치 있게 여겨지게 될 경우 노
력 없이 얻은 권리는 모든 사람에게 가능해지고, 결국 노력 없이 얻
은 권리는 더 이상 특권이 아니게 된다. 그러나 많은 경우에 노력
없이 얻은 이익으로 인하여 지배집단은 경쟁에서 유리한 조건을
점하기 때문에, 지배집단 구성원들은 이를 인식하지 않거나 포기
하지 않는다. 특히 자신의 삶의 조건에 변화를 가져오기 위해 얼마
나 노력해야 하는지 너무나 잘 아는 낮은 사회계층에 속한 남성이
나 백인의 경우에 노력 없이 얻은 이익이 더 중요하다. 이들은 유색
인종과 여성보다 남성과 백인을 높이 간주하는 문화가 평가 상황

에서 자신에게 유리할 수 있다는 사실을 보지 못한다. 이러한 이익이 사라질 때, 백인 남성은 경쟁을 위해 더 많은 노력을 해야 하기 때문이다.

두 번째 형태의 특권은 '부여된 지배'로, 다른 집단에 힘을 행사할 수 있는 권력을 한 집단에게 주는 것을 의미한다. 남성이 여성과의 대화를 통제하는 패턴은 남성이 여성보다 우월하고 여성을 지배해야 한다는 문화적 가정에 근거한 것이다. 어머니에게 모든 결정권을 기꺼이 양도하는 남성을 '마마보이'라고 지칭하는 것, 부인이 모든 것을 통제하게끔 허용하는 남성을 '공처가'라고 지칭하는 것이 같은 원리이다. 이와 같이 행동하는 여성에게는 낙인이 없다. 오히려 '아버지의 딸'과 같은 표현은 서구 문화에서 모욕적인 의미가 아니며, 여성이 남성의 지배하에 있다고 해서 모욕적인 방식으로 기술되지 않는다.

부여된 지배는 백인 특권에서도 명확하게 드러난다. 『The Rage of a Privileged Class』에서 엘리스 코스(Ellis Cose)는 한 흑인 변호사의 경험에 대해 기술하고 있다. 그는 대형 법무법인의 변호사로, 어느 토요일 아침에 자기 사무실로 가는 길에 최근에 고용된 젊은 백인 변호사와 만나게 되었다. 이 젊은 변호사는 흑인 변호사가 누구인지 모른 채 "어떻게 오셨습니까?(Can I help you?)"라고 물었고, 이 흑인 변호사는 악수를 하고 지나치려 했지만, 백인 변호사는 이 흑인 남성의 존재에 대해 의문을 제기하듯이 그를 막아서며 어떻게 오셨냐고 재차 질문했다. 이 흑인 변호사는 결국 젊은이에게 자신이 누구인지 밝혀야만 했고, 그제야 젊은 변호사는 물러섰다. 백인지배로 인하여 백인이 유색인종보다 계층적으로 우세할 것이라는 문화적 가정이 없었다면, 이 백인 남성이 자기 앞의 나이 든 남

성을 통제할 권리가 있다는 듯 행동할 수는 없었을 것이다.[19]

조금 더 가벼운 형태의 노력 없이 얻은 이익은 특권을 가진 집단이 가장 쉽게 포기할 수 있는 것이기도 해서 가장 빨리 변화한다. 예를 들어, 버락 오바마(Barack Obama)가 대통령이 되기 전에도 오랫동안 전국 단위의 조사는 백인이 흑인에 대해 가지고 있는 인종차별적인 태도가 지속적으로 감소하고 있다고 보고하였다. 이러한 추세는 차이를 인지하고 내성을 증진하는 데 초점을 둔 다문화 프로그램에도 잘 반영되어서, 이러한 프로그램들은 모든 사람에게 노력 없이 얻은 권리를 확대하는 것을 목적으로 한다.

그러나 불공평하게 분배되는 부와 소득, 자원과 보상 및 권력에서의 변화는 훨씬 어렵다. 부여된 지배나 더 강력한 형태의 노력 없이 얻은 이익은 사회의 관심을 받지 못하고, 특권에 대한 문제 제기가 이루어지면 강렬한 방어와 부인이 따른다. 무엇보다도, 뿌리 깊이 자리 잡은 특권을 인식하기 꺼리는 태도로 인하여 다문화 프로그램들은 그저 기분전환 이상의 효과를 발휘하지 못하며, 단기간의 결과 이상을 가져오지 못하고 한계에 봉착하게 된다.[20]

특권의 역설

특권의 역설은 특권이 개인에게 이득이 되는 것임에도 특권을 받는 사람이 어떤 사람인지와는 아무 관련이 없다는 것이다. 즉, 남성 특권은 남성인 사람에 대한 것이라기보다는 사람인 남성에 대한 것이므로, 남성 범주에 속하는 순간 자동적으로 남성 특권을 가지게 되고 그 외의 개인적인 측면은 중요하지 않다. 이는 남성 특권을 받기 위해서 반드시 남성이 될 필요는 없다는 것을 의미하기도 한다. 영화 〈셰익스피어 인 러브(Shakespeare in Love)〉의 배경이 되는 영국 엘리자베스 여왕 시대에는 남성만이 무대에서 연기를 할 수 있었다. 주인공 바이올라(Viola)는 그저 연기를 하고 싶었기 때문에, 남성으로 위장해서 연기를 한다. 즉, 연기를 하기 위해 위장을 했을 뿐 진짜 성별을 바꾼 것은 아니다. 이는 게이나 레즈비언이 자신의 성적 지향을 외부에 알리지 않는 한 이성애자 특권을 누릴 수 있는 것과 관련된다. 마찬가지로 뇌전증이나 학습장애와 같이 장애가 가시적이지 않을 때에는 그러한 상태를 개방하지 않는 한 비장애인 특권을 누릴 수 있다.

　반대로 사람들이 여러분이 특정 집단에 소속되지 않는다고 여긴다면, 여러분은 특권을 잃게 될 수도 있다. 사실 나는 이성애자이지만 만약 사람들에게 나를 게이라고 소개하고 사람들이 내 말을 믿는 한, 나는 이성애자 특권을 잃게 될 것이다. 샬럿 번치(Charlotte Bunch)는 "특권이 무엇인지 모르겠으면 집에 가서 룸메이트, 가족 등 함께 생활하는 모든 사람에게 동성애자라고 커밍아웃하고 일주일 동안 동성애자로 살아 보기를 제안한다."라고 했다.[21]

　특권과 개인 사이의 역설적 관계는 몇 가지 결과를 가져온다. 첫 번째 결과는 평등과 공정을 위해서는 각 개인의 변화 이상의 것이 요구된다는 것이다. 해리 브라드(Harry Brod)의 말을 한번 살펴보자.

　　　　사회 시스템 밖으로 나가서 자신의 특권을 포기하는 일은 불가능한
　　　것이다. 우리는 늘 시스템 안에 존재할 수밖에 없다. 다만 현재의 상태에
　　　도전하며 체계의 일부가 될 것인가. 체계를 강화하는 방식으로 체계의
　　　일부가 될 것인가의 차이가 있을 뿐이다. 특권은 내가 취하는 것이 아니
　　　므로 나는 취하지 않을 선택권만을 가진다. 특권은 사회가 나에게 부여
　　　하는 것이므로 내게 특권을 부여한 조직을 변화시키지 않는다면 그들은
　　　계속해서 그 특권을 나에게 줄 것이고, 내가 고결하고 박애주의자일지라
　　　도 나는 계속해서 특권을 가지게 될 것이다.[22]

　두 번째 결과는 특권을 가졌다고 느끼지 않은 채로 특권을 갖게
되는 역설적인 경험이다. 우리는 다른 사람과 비교하면서 자신이
얼마나 괜찮은지, 나쁜지, 큰지, 작은지를 판단하는데, 사회학자
들은 이러한 집단을 '참조집단'이라고 말한다. 이때 우리는 사회위
계 안에서 자신의 아래쪽을 바라보는 것이 아니라 비슷하거나 높
은 위계에 있어 보이는 사람들을 바라보곤 한다. 미국에서 가난한
축에 속하는 사람들에게 인도에 사는 사람들보다 훨씬 나은 처지
에 있지 않느냐고 이야기하는 것은 별 도움이 되지 않는다. 이들이
인도에 있는 사람들을 참조집단으로 삼지 않고 자신과 비슷하다고
여기는 사람들과 비교하면서 자신들의 상황을 평가하기 때문이다.
　백인이 사회에서 가치 있게 여겨지므로 백인들은 유색인종이 아
니라 백인을 비교의 대상으로 삼는 경향이 있다. 따라서 비교하는
참조집단 자체가 백인이기 때문에 백인들은 인종적인 측면에서 특
권을 느끼지 않는다. 마찬가지로, 남성들은 다른 남성을 참조집단
으로 여기므로 다른 남성과 비교하면서 남성 특권을 느끼지 않는
다. 이성애자 남성과 게이 남성의 경우 약간 다를 수 있는데, 이성

애자는 자신이 진정한 남성이라고 느끼기 쉽고, 게이 남성보다 사
회적으로 가치 있게 간주된다고 느낄 수 있다. 그러나 이러한 예에
서조차 남성으로서의 정체성이 특권으로 경험되는 것은 아니다.
왜냐하면 게이 남성도 남성이기 때문이다.

성별이나 인종에서는 특권을 가지고 있으나 사회계층에서는 낮
은 위치에 있는 사람들은 예외적이다. 자신이 계층사다리의 가장
아래에 있다는 것을 인식하지 않기 위해서 이들은 자신을 여성이나
유색인종과 비교하고 자신의 성별이나 인종적 우월성을 강조하는
경향이 있다. 이들은 또한 남성성을 지나치게 강조하거나 여성이나
유색인종에게 공개적으로 학대, 폭력, 경멸, 비하의 표현을 서슴지
않는다.

특권을 느끼지도 않은 채 특권의 이면에 서게 되는 경우도 있다.
나는 때로 "나는 여성으로서 억압을 받은 적이 없어요."라고 말하
면서 남성 특권이 존재하지 않는다고 말하는 여성을 접하게 된다.
그러나 이는 여성과 남성이라는 사회적 범주를 개인 여성의 주관
적인 경험과 혼동하는 것이다. 범주에 소속되는 것과 개인의 경험
은 같은 것이 아니다.

사회계층, 가족 경험, 젊음 등 때문에 어떤 여성은 남성 특권의
사회에서 여성이 된다는 것이 어떠한 것인지 아직 모를 수 있다. 그
녀는 극복할 수 있을 정도의 어려움만을 경험했을 수 있고, 부인의
단계에 있는 것일 수도 있다. 또한 그녀는 자신이 차별받고 있다는
사실을 인식하지 못해서, 과학 교수가 수업 시간에 자신을 무시하
는 이유가 자신이 여성이기 때문이라는 것을 모르는 상태일 수도
있다.[23] 그녀는 을의 지위를 너무나 내면화해서 이 상태를 문제라
고 생각하지 않고 여성이 충분히 똑똑하지 않기 때문에 그런 말을

들을 만하다고 생각할 수도 있다.

어떤 이유로 특권의 존재를 부인하든지, 그것은 단지 그 여성 개인의 경험일 뿐이며, 모든 여성이 어떤 식으로든 극복해야 하는 거대한 사회적 현실과 동일시해서는 안 된다. 이것은 마치 비 오는 날 비를 피한 것과 같다. 나는 비를 피했지만, 밖에 여전히 비는 내리고 있으며, 누군가는 비에 젖고 있다.

특권이 반드시 행복을 의미하는 것이 아니라는 역설

나는 종종 남성이나 백인들이 자신들이 행복한 삶을 살고 있는 것만은 아니라고 말하면서 특권의 존재를 부정하는 것을 본다. 이것은 마치 비극과 특권이 같이 갈 수 없다는 것과 같은 말로, 사회 범주와 개인의 삶을 구분하지 못하는 것이다. 남성과 백인이 된다는 것은 원하는 대학에 가고, 자격이 있으면 직업을 가지고, 잘못한 것이 없을 때 경찰에게 단속당할 일은 없다는 것을 의미하는 것이 아니다. 특권을 가져도 비극은 일어날 수 있다. 다만 특권으로 인하여 당신의 삶이 선호하는 방향으로 갈 가능성이 높아진다는 것이다.

특권과 행복이 항상 같이 가지 않는 이유는 특권은 그것을 가진 사람에게도 대가를 지불하게 만들기 때문이다. 특권을 가진다는 것은 누군가의 희생을 전제로 이득과 지배를 부여받는 시스템에 참여하는 것을 의미한다. 이는 이득을 얻는 자에게도 고통과 어려움이 일어날 수 있다는 것을 의미한다. 예를 들어, 백인 특권은 유색인종의 희생으로부터 온 것임에도 백인들은 이 사실을 받아들이기 힘겨워한다. 그것이 바로 죄책감이 생기는 이유이고, 백인들

은 어떻게든 그 죄책감을 외면하려고 한다. 마찬가지로 남성 특권
도 그에 따른 대가가 있다. 남성들은 다른 남성들과 경쟁하며 자신
의 남자다움을 증명하기 위해 노력한다. 남성들은 자신이 여성들과
구별될 만한 가치가 있고, 여성들보다 우위에 있을 때 통제와 권력
을 갖게 되어 진정한 남자로 인정받게 된다고 생각한다. 그런데 사
실 대부분의 남성은 이 기준에 미치지 못한다. 따라서 남성이나 백
인이 백인이나 남성이라는 사실에 대해서 행복을 느끼지 않거나 심
지어 불행을 경험하기도 한다는 것은 놀라운 일이 아니다.[24]

일상생활에서 특권은 어떤 모습인가

「Invisible knapsack of white privilege」[25]에서 페기 매킨토시
는 특권이 일상생활의 사소한 부분에서 모습을 드러낸다고 했다.
성별, 인종, 성적 지향, 장애에 근거해서 다음의 예들을 생각해 보
자.[26] 대부분의 예는 소득통계나 보건의료, 주거, 형사사법체계 등
에서 편향의 문제를 다룬 양적 데이터나 삶의 경험에 대한 질적 기
록, 특권과 억압에 대한 풍부한 문헌에 근거한 것이다(이 책 마지막
에 있는 '주제별 참고자료'를 참고하라).

이 목록을 읽으면서 특권에 대한 상당수의 예는 남성, 백인, 비장
애인과 같은 다양한 지배집단에 대한 것이라는 점을 기억해야 한
다. 각각의 특권은 나름의 역사와 형태를 가지므로 특권들은 서로
연결되기도 하고 공통점을 가지기도 하면서 교차한다. 또한 각각
의 예가 한 사람이 가진 여러 가지 특성에 따라 상이할 수도 있다
는 것을 기억해야 한다. 예를 들어, '직장에서 남성 선호가 인종이
나 성적 지향에 따라 어떤 식으로 다를 것인가?'와 같은 질문을 던

져 볼 수 있다. 마지막으로, 이러한 예들은 모든 상황, 모든 개인에게 항상 사실은 아닐 것이며, 특정 범주의 사람들에게 특권이 어떤 방식으로 더 편향될 가능성이 있는지 기술한 것임을 기억하자.

그럼 다음의 예를 읽고, 잠시 자신만의 시간을 가지기 바란다.

- 무기를 가지고 있지 않거나 범죄를 저지르지 않은 백인은 같은 조건의 유색인종에 비해 경찰의 사격 대상이 되거나 이유 없이 취조받거나 무엇을 하고 있는지 설명하라고 요구받거나 수색의 대상이 될 가능성이 훨씬 낮다. 백인들은 범죄 여부나 상황과 관계없이 체포되거나 심판받거나 유죄판결을 받거나 감옥에 보내질 확률이 훨씬 낮다. 결과적으로 백인들은 불법 약물 사용자의 85%를 차지하지만, 약물 사용으로 감옥에 보내진 죄수의 50% 미만만이 백인이다.[27]
- 이성애자와 백인은 외출 시 혐오집단에게 공격받을 걱정을 하지 않는다. 남성은 자신이 남성이기 때문에 성적으로 희롱당하거나 모욕을 당할 것이라고 가정하지 않으며, 자신이 희생자가 되었다면 어떤 옷을 입었거나 무엇을 하고 있었는지를 설명하도록 요구받지 않을 것이다.
- 이성애자, 남성, 백인, 시스젠더, 비장애인은 자신이 변화시킬 수 없는 특성 및 지위■가 고용이나 승진 혹은 해고될 가능성과 아무 관련이 없다고 확신을 가지고 말할 수 있다.[28] 또한 이성애자가 자신의 정체성을 대표하는 표현이 아니듯이, 자신

■ 여성이나 남성처럼 사회체계에서 사람들의 위치를 나타내는 특징을 지칭할 때 '지위'라는 단어를 사용할 것이다.

의 특정 정체성이 자신의 삶을 대표하는 것처럼 축소될 위험에 처하지 않을 것이다. 이성애자, 남성, 백인, 시스젠더, 비장애인은 복잡한 존재로 간주되고 이러한 정체성이 무기가 되어 돌아오거나 정체성 때문에 성취와 권력이 폄훼되고 신용을 잃을 것에 대해 걱정하지 않는다.

• 걸출한 프로 운동선수들 중 상당수가 흑인이지만, 흑인 선수들은 백인 선수들에 비해 높은 기준을 충족시켜야 한다. 백인 선수들이 프로팀에 입단하기 위해서는 아주 뛰어날 필요가 없으며 그저 괜찮은 선수 정도가 되어도 충분하다. 대부분의 전문직이나 상류층 직업에서 남성은 여성보다 낮은 기준을 충족해도 충분하다.[29] 남성 변호사는 비슷한 능력을 가진 여성에 비해 법률사무소를 함께 일구어 낼 동업자를 더 쉽게 찾을 수 있다.[30]

• 남성, 비장애인, 백인은 직장에서 자신의 능력을 보여 줄 기회 및 승진이나 멘토링 기회를 더 많이 가지게 되고, 실패했을 때 만회할 기회를 갖게 될 가능성이 높으며, 실패가 능력의 한계로 여겨져 비난받기보다는 배울 수 있는 기회를 가진 것으로 배려받을 가능성이 훨씬 높다.[31]

• 남성이 얼마나 남성적인가를 평가하는 데 사용되는 기준은 직업에서 역할 수행 시 사용되는 기준과 같은 반면, 여성이 얼마나 여성적인가 평가하는 데 사용되는 기준은 그렇지 않다. 즉, 남성은 남성적이면서 동시에 성공적이고 공격적인 변호사로 인식될 수 있지만, 공격적인 여성 변호사는 변호사로는 성공할 수 있겠지만 여성적인 매력은 부족하다고 평가되곤 한다.

• 비장애인은 자신의 신체적 상태 때문에 매사에 도움이 필요할

것이라는 고정관념의 대상이 되지 않는다. 따라서 타인에게 도움을 요청할 때 머뭇거리지 않는다. 또한 사람들이 자신에 대해 가지고 있는 고정관념을 극복할 필요 없이 도움이 필요할 때 필요한 것을 편안하게 요청하고 얻을 수 있다. 비장애인은 유망한 것과는 거리가 먼 직책에 머무르거나, 부적절한 직업교육을 받으라는 요구를 받거나, 자신의 능력에 비해 적은 급여를 받거나, 직장 내에서 동료로부터 분리될 가능성이 낮다.

- 남성과 백인은 자신의 정체성과 동일시되는 직업에 한정될 가능성이 낮다. 예를 들어, 흑인은 직업을 선택할 때 지역사회나 주민센터, 건물의 관리인이나 보조직으로 한계 지어질 수 있고, 아시아계는 기술과 관련된 직업들(techno cookies)에, 여성은 어린이집이나 간호, 비서, 사회복지와 같이 다른 사람을 돌보는 직업으로 한계 지어지곤 한다.[32]

- 이성애자, 남성, 백인, 시스젠더, 비장애인은 자신의 정체성 때문에 직장에 적응하기 어렵지 않을까 하는 걱정의 대상이 되지 않으며, 본인 또한 직장 동료들이 자신과 편안하게 일하고 있다고 생각한다.

- 이성애자, 남성, 백인, 비장애인은 사회적으로 성공했을 때 주위 사람들의 놀라움에 찬 시선을 받지 않는다.

- 백인, 비장애인, 남성은 열심히 일한 것, 규율에 따라 일한 것에 대해 보상을 얻을 가능성이 더 높으며, 그러한 보상을 얻지 못하게 되어 불평했을 때 주변의 지지를 더 많이 받을 것이다.

- 백인들은 비슷한 수준의 흑인들에 비해서 대출 신청이 승인될 가능성이 높고, 대출 신청서 작성 과정에서 답변을 받지 못할 가능성이 낮으며, 빈약한 정보를 제공받거나 정보를 거의 못

받을 가능성이 낮다. 2008년도 경제 위기 시기에 백인들은 유색인종보다 서브프라임 모기지를 덜 받았으며 채무 불이행 등으로 경매를 경험했을 가능성이 낮다.[33]

• 비장애인, 남성, 백인은 새 차이든 중고차이든 더 저렴하게 구입하며, 주거상의 분리로 인해 백인들은 저렴한 가격에 양질의 물품을 얻을 기회를 더 많이 갖게 된다.[34]

• 백인들은 쇼핑할 때 좀도둑이나 구매력이 없는 사람으로 여겨지기보다는 진짜 고객으로 여겨질 가능성이 높다. 백인들이 수표를 현금화하거나 신용카드를 사용할 때에는 다른 신분증을 보여 달라고 요청받을 가능성이 낮고, 의심 가는 상황이더라도 우선은 신뢰의 대상이 된다.

• 백인은 자신의 형편이 허용하는 한 최고의 의료 처치를 받을 가능성이 높다.[35]

• 비장애인과 백인들은 양질의 교육과 보건의료 서비스를 받는다. 그들은 자신의 능력을 과소평가하는 고정관념의 대상이 되거나 잠재력 발휘와 상관없는 특별수업을 받으라고 권유받을 가능성이 낮다.[36]

• 정부 대표와 법인, 대학 등 조직의 주요 인물들은 상당히 높은 비율로 백인, 남성, 이성애자, 비장애인이다.

• 시민으로서의 권리를 행사하기 위해 투표할 때, 비장애인은 타인의 도움 없이는 투표하기 어려울 거라고 예상되지 않는다. 비장애인은 여행할 때 버스, 기차, 비행기 등 운송수단을 자유롭게 선택할 수 있으며, 아이와 같은 대우를 받지 않는다.

• 대부분의 백인과 비장애인은 지역공동체와 분리되지 않는다. 비장애인들은 일상의 사회활동을 할 때 요양원이나 특수학교

등으로 분리되지 않는다. 이러한 분리는 종종 좋은 취업 기회나 양질의 교육 및 서비스를 받을 기회에서 멀어지게 만든다.

• 이성애자, 백인, 시스젠더는 거주지역을 정할 때 자신들에 대한 부정적인 고정관념 때문에 이웃들이 자신을 거부하지 않을까 우려하지 않는다.

• 유독성 쓰레기, 산업공해, 핵폐기물은 백인이 주로 거주하는 동네나 공동체 근처에 위치할 가능성이 낮으며, 이러한 현상을 환경인종차별주의라고 한다.[37]

• 전 세계적인 영웅, 롤모델, 대중의 찬양을 받는 인물들은 남성, 백인, 이성애자, 시스젠더, 비장애인과 비슷한 사회적 지위 및 특성을 가지는 경우가 많다. 즉, 남성, 백인, 이성애자, 시스젠더, 비장애인의 롤모델은 남성, 백인, 이성애자, 시스젠더, 비장애인의 특징을 가질 것이다.

• 이성애자, 비장애인, 남성, 시스젠더, 백인은 텔레비전이나 영화를 볼 때 자신들의 삶의 현실을 잘 반영한 인물, 신문기사, 이야기 등을 자주 보고 그러한 인물들의 삶의 문제가 당연히 대중의 관심을 받을 것이라고 기대한다.[38]

• 백인, 시스젠더, 비장애인은 자신의 상태에 대해 의식적이지 않으며, 자신을 그저 인간적인 사람이라고 표현할 것이다.

• 백인, 비장애인, 시스젠더는 자신의 상태에 대해 집요한 관심을 받지 않으므로 대처할 필요 또한 없으며, 스스로도 자신의 상태를 눈에 띄지 않고 자연스러운 것으로 받아들인다. 시스젠더 백인으로서 나는 누군가 나에게 다가와서 내가 얼마나 이국적으로 보이는지, 얼마나 멋지고 달라 보이는지, 출신이 어디인지, 머리카락을 만져 봐도 되는지, 내 이름이 진짜 이름

인지, 생식기는 어떻게 생겼는지 등의 질문을 받은 적이 없다. 유사하게, 남성은 외모 때문에 과도한 주목을 받지 않는다.

- 남성, 백인, 시스젠더, 비장애인이 실패 혹은 실수를 하거나 범죄를 저질렀을 때 사람들은 그 결과를 그들의 정체성에 귀인하지 않는다. 대량 살인범은 거의 항상 백인 남성임에도, 이것이 중요한 사회 문제로 다루어지는 경우는 거의 없다.

- 백인, 남성, 비장애인은 대화를 좌지우지하거나 대화를 피할 수도 있으며, 그들의 생각과 기여도가 진지하게 받아들여진다. 반면, 유색인종이나 여성, 장애인이 똑같은 대화를 주도적으로 이야기하고자 할 때는 무시되고 잊히곤 한다.[39]

- 비장애인은 어딘가에 갔을 때 이상하게 여겨지거나 어울리지 않는 장소에 온 것 같은 대접을 받을 가능성이 낮다. 또한 대부분의 건물이나 구조물들은 그들의 접근을 제한하는 방식으로 설계되지 않는다. 시스젠더들은 그들의 성 표현 때문에 집요한 시선을 받거나, 쑥덕거림을 당하거나, 지목되거나, 비웃음을 사지 않고서 거리를 걷거나 사람들과 어울릴 수 있다.[40]

- 백인은 모든 백인이 다 비슷하게 생겼다거나 다른 백인과 구분하기 어렵다는 피드백을 자주 받지 않는다. 백인은 백인이라는 인종이 아닌 개인으로서 지각되어 백인들의 개성은 더 잘 지각되며, 백인이라는 범주화로 지각될 때에는 불쾌함을 느끼고 그것을 표현할 때 정당하게 받아들여진다.[41]

- 이성애자는 자신의 연인을 공개적으로 세상에 알리면서 살아갈 수 있다. 자신의 연인을 공개적으로 부르고, 연인과의 경험을 상세히 이야기하고, 공공장소에 함께 외출하고, 직장의 책상 위에 함께 찍은 사진을 올려놓으면서 차별이나 비난의 대

상이 되지 않을까 걱정하지 않는다.
- 이성애자와 시스젠더는 자신의 실제 성적 지향 및 성 정체성 과 다른 사람들이 자신을 보는 시각이 일치한다는 것을 알기 때문에 편안하다.
- 비장애인은 자신이 성적인 존재임을 자연스럽게 받아들이며 적극적인 성생활이 가능하기 때문에 자녀를 갖고 부모가 되는 것을 자연스럽게 느낀다. 또한 다른 사람들도 그렇게 바라본 다는 것을 알기 때문에 안정감을 느낀다.

이러한 경험이 아니더라도 특권은 수용받고 포용되고 존중받을 가능성, 자신의 삶을 원하는 대로 살 가능성, 사회 상황에서 주체성 을 발휘할 가능성, 자신의 삶의 규칙과 기준을 스스로 정하고 적용 할 가능성을 높인다. 특권을 가진 문화적 권위자는 다른 사람들에 대해 지속적으로 판단할 권한을 부여받게 된다. 그래서 이들 권위 자의 방향에 맞추어 사람들은 현실을 정의하고 자신의 경험을 그에 맞추는 노력을 하게 된다. 특권을 가진다는 것은 누구를 진지하게 대할지, 누구에게 관심을 가질지, 누구에게 책임을 물을지 정할 수 있음을 의미한다. 또한 특권은 자신이 우월하며 이 우월성에 대해 외부에서 도전받지 않고 자연스럽게 받아들여질 것을 의미한다.

특권을 가진 사람들은 삶에서 기회가 줄어들거나 다른 사람의 시선과 평가에 좌지우지되지 않으며 살 수 있는 자유를 갖는다. 폴 키벨(Paul Kivel)은 "미국에서 한 개인은 자신이 물려받은 유산 중 가장 낮은 지위의 집단에 소속된다."라고 했다.[42] 스스로의 혈통을 추적해 보았을 때 그중 가장 낮은 집단이 여러분을 쫓아다닐 혈통 이 된다는 것이다. "그녀는 유대인 혈통을 가졌다." "그녀는 베트남 혈통을 가졌다."라고 말하지만, "그녀는 백인 혈통을 가졌다."라고 말하지 않는 것과 같다. 또한 이전에 이야기했듯이, 흑인 조상이 있을 경우 흑인으로 명확히 분류된다. 사람들은 한 사람이 소속된 집단 중 가장 낮은 위치의 집단에 주목하면서 낙인 붙이는 경향이 있다. '여성 의사' '흑인 작가'라는 말은 있지만 '백인 변호사'나 '남성 국회의원'이라고 불리지 않는 것이 그 예이다. 마찬가지로 다른 범주에서도 우리는 누군가의 지위를 낮추는 방식의 명칭을 사용하곤 한다.[43]

특권은 한 사회 안에서만 통용되는 것이 아니라 사회 간에도 작동된다. 여성과 소녀를 대상으로 자행되는 성적인 인신매매는 전 세계적인 이슈이지만, 특히 유색인종에게 압도적으로 많이 일어나고 남성 특권과 백인 특권이 보다 두드러지는 비산업사회에서 더욱 심각하다. 백인지배적인 산업사회는 기후 변화를 초래한 장본인이지만 자신들이 초래한 환경의 파괴적 영향으로부터 가장 멀리 떨어졌다는 것이 환경인종차별의 세계적인 예시이다.[44]

당신이 남성, 이성애자, 백인, 혹은 비장애인이면서 특권에 대한 이 장의 설명을 거부하고 "나는 그렇지 않아."라고 말한다면, 앞서 기술한 특권의 역설을 다시 읽어 볼 것을 권유한다.

특권의 이면: 억압

누군가 특권을 부여받을 때에는 억압받는 사람 또한 반드시 존재한다. 메릴린 프라이(Marilyn Frye)에 의하면, 억압은 사람들을 억누르고 에워싸서 삶을 바람직한 방향으로 추구하기 어렵게 방해하

는 사회적 힘을 말한다. 특권이 기회를 향한 문을 여는 것이라면, 억압은 그 문을 닫는 것이다.[45]

특권과 마찬가지로 억압은 사회범주 사이의 관계에서 오는 것으로, 억압과 관련된 개인적인 경험은 각자 다르다. 그러나 억압을 받는다는 사실은 곧 억압되는 사회범주에 소속됨을 의미하는 것이다. 그러므로 남성은 남성으로서 억압받을 수 없고, 백인은 백인으로서, 이성애자는 이성애자로서 억압받을 수 없다. 한 집단은 그들을 억압하는 힘을 가진 다른 집단이 존재할 때만 억압될 수 있기 때문이다. 특권을 가진 경우에도 특권의 작용이 부정적일 경우 스스로 억압받는다고 느끼게 된다. 그러나 이를 억압이라고 칭한다면, 억압이 어떻게 일어나고 있고 왜 일어나는지에 대해 모르는 채 억압의 본질을 왜곡하는 것이다.

예를 들어, 남성 특권에는 이점과 대가가 모두 존재한다. 남성은 남성으로서 비용보다는 혜택을 훨씬 많이 경험하지만, 여성은 여성이기 때문에 경험하는 혜택이 억압의 비용을 상회하지 않는다. '억압'을 잘못 사용하면 남성과 여성이 모두 성별 때문에 억압받는다는 식으로 잘못된 논쟁을 하게 되고, 결과적으로 한 집단이 다른 집단을 억압한다는 사실은 존재하지 않는다고 결론 내리게 된다. 그러므로 남성이 남성이기 때문에 고통스럽다고 이야기할 때(혹은 백인이 인종차별 때문에 고통스럽다고 이야기할 때), 이 경험을 '억압'이라고 부를지 혹은 '고통'이라고 부를지에 따라 세상을 보는 시각은 크게 달라진다.

물론 특권의 복잡한 체계로 인하여 남성이 억압을 경험할 수도 있다. 그러나 이 경우 그가 남성이어서가 아니라 유색인종이거나 게이, 장애인, 낮은 사회계층이어서 억압을 받을 가능성이 높다.

마찬가지로 백인 또한 다양한 이유로 억압을 경험할 수 있지만, 백인 특권의 체계에서 백인이어서 억압을 경험하는 것이 아니다.

억압은 범주 사이의 관계의 결과로 나타나는 것이므로 사회 자체 때문에 억압받는다는 말은 옳은 표현이 아니다. 특정 사회에서 살아가면서 사람들은 불행을 느낄 수 있지만, 이 불행이 특권체계의 불리한 쪽에서 발생하지 않는 한 억압이라고 볼 수 없다. 사회 자체가 특권을 가질 수 있는 것이 아니기 때문에 하나의 전체로서의 사회와 관련하여 특권이 일어날 수는 없다. 특권의 범주에 해당되는 사람만이 그 범주에 해당되지 않는 사람과의 관계에서 특권을 가지게 된다.

마지막으로, 특권을 가진 범주에 소속되어 다른 범주에 있는 사람들과 억압적인 관계를 형성하는 것과 억압적으로 행동하는 억압적인 사람이 되는 것은 다르다. 남성과 여성이라는 사회적 범주 사이의 관계는 특권과 억압으로 표현될 수 있고, 이는 사회적 사실이다. 그러나 특정 남성이 특정 여성에게 행사하는 억압적인 생각이나 행동이 특권 및 억압과 같은 것은 아니다. 이는 우리가 놓칠 수 있는 미묘한 차이로, 억압이 무엇인지와 특권에 대한 방어로 억압이 어떻게 작용하는지를 명백하게 파악하려면 꼭 염두에 두어야 한다.

이제 여러분은 한 사람의 삶에 특권과 억압이 미치는 부정적인 영향에 대해 더 잘 이해하게 되었을 것이다. 여러분은 아마도 무력해졌거나 '그래서 뭘 할 수 있을까?'라고 의구심을 가지게 되었을 수도 있다. 그렇다면 바로 제9장으로 넘어가도 좋다. 제9장에서 우리는 이 물음에 대한 답을 보다 구체적으로 논의할 것이다.

제3장

자본주의, 사회계층 그리고 지배의 구조

사회 속 생활에서 경제학만큼 중요한 분야는 없다. 사회는 사람들이 살아가는 데 필요한 물질적인 요소들을 제공하기 위해 구조화되었기 때문이다. 따라서 경제체계는 모든 사회조직의 기초가 된다. 가족이든, 종족이든, 더 큰 단위의 조직이든 간에 경제적 기반 없이 생존하기는 쉽지 않다. 대학을 짓기 위해서는 상당량의 재화와 노동이 필요하고, 정치적 캠페인을 위해서는 많은 돈이 지불되어야 하며, 경찰이나 군을 유지하기 위해서도 마찬가지이다. 따라서 경제학은 각 개인 및 조직이 지배체계와 잘 어우러져야 하는 이유가 무엇인지 잘 알려 준다. 산업자본주의는 몇백 년 동안 유지된 시스템이며, 구소련의 소멸 이후 자본주의는 실질적으로 세상을 아우르는 유일한 체계가 되었다.

모든 형태의 특권은 경제적인 차원과 밀접히 관련되는데, 자본주의의 특징은 특권 및 억압이 작동되는 방식에 지대한 영향을 미친다. 이와 관련된 가장 강력한 예시 중 하나는 인종으로, 인종과 관련된 문제는 과거뿐 아니라 현재도 계속되고 있다. 인종에 대한 강의를 할 때마다 학생들은 어느 시점에 "이해가 되지 않습니다. 인종이 사회적으로 구성되었고, 다른 사회에서는 존재하지 않는 것이고, 인류는 서로 두려워할 필요가 없다면, 인종차별주의는 도대체 어디서 시작되는 겁니까? 왜 억압과 적개심, 폭력이 도처에서 생기는 겁니까? 왜 사람들이 이런 식으로 행동하는 겁니까?"와 같은 질문을 한다.

이러한 질문에 대답하기 위해서는 인종의 역사로 되돌아가야 한다. 내가 처음 인종에 대해 배웠을 때 우리 선생님들이 그러했던 것처럼, 나는 학생들을 놀라게 해 줄 두 가지 사실을 알려 주곤 한다.[1]

첫째, 현재의 인종차별주의는 그리 오랜 역사를 가지고 있지 않다는 것이다. 인종차별주의는 기껏해야 몇백 년이 되지 않았으며, 현재 인종을 정의하는 데 사용되는 신체적인 차이를 인지하기 시작한 것만큼이나 그 역사가 짧다.

둘째, 경제체계로서 자본주의가 성장·확대되기 시작하면서 인종차별주의는 유럽과 아메리카에서 동시에 등장했고, 비유럽인들에 대한 공격적인 식민지화 및 노예제도와 상당히 관련된다. 따라서 자본주의는 백인 특권의 발달 및 유지에 결정적인 역할을 하고 있으며, 자본주의 경제체계는 인종과 인종차별주의 배후에서 특권이 다양한 방식으로 어떻게 작동되는지 잘 보여 준다.

더 논의하기 전에, 인종과 인종차별주의가 의미하는 바를 명확히 하는 것이 중요하다. 유럽인들은 타인 및 타 문화보다 자신들이 우월하다고 생각한 유일한 집단이 아니다. 다만 유럽인들은 인종 간의 우월함 및 열등함이 생물학적인 근원을 가지며 이러한 우월함 및 열등함이 재생산 과정을 통해 세대에 걸쳐 전승된다고 믿었다는 것에서 차이가 있다. 이러한 믿음 때문에 유럽인들은 아프리카인들을 납치해서 노예화했을 뿐 아니라 그들의 후손까지 영속적으로 노예화하는 노예제도를 정당화할 수 있었던 것이다. 바꾸어 말하면, 인종차별주의는 인종에 근거한 특권과 억압을 만들어 내고 영속화하기 위한 일련의 행위로서 발달되었다.[2] 자본주의가 인종차별주의와 어떻게 관련되는지 이해하기 위해서는 자본주의 자체에 대한 이해가 선행되어야 한다.[3]

자본주의는 어떻게 작동하는가

　자본주의를 설명하기에 앞서, 우선 애덤 스미스(Adam Smith)가 1776년에 자신의 책『국부론(The Wealth of Nations)』에서 그린 이상 향과 현대 사회를 구분해 보아야 한다. 그는 자본주의를 소수의 개 별적인 생산자들과 사람들이 필요로 하는 것을 합당한 가격에 제 공하기 위해 서로 경쟁하는 기업가들의 총합이라고 정의했다. 이 러한 초기의 정의는 1세기 정도 후에 사라졌고, 부유한 엘리트, 즉 대기업에 소유되고 장악되는 독점자본주의의 형태로 대체되었다.[4]

　현대 자본주의의 발달 과정에는 정부의 권위, 정당성, 권력이 긴 밀하게 관련되어 있다. 자본주의는 단순한 경제체계 이상으로, 일 종의 정치경제학이다. 즉, 권력과 자원이 자본주의 체계로부터 가 장 이익을 얻는 자본가를 보호하고 그들이 더 잘 살도록 돕는 데 사용된다. 현대 자본주의의 이러한 특성으로 인하여 민주주의는 그 힘이 몇몇에 의해 유지되는 과두정치 형태로 이어지게 되었다. 2016년의 미국 대선을 살펴보면, 158개의 부유한 집단(3억이 넘는 구성원 가운데)이 대통령 후보 지명 및 초기 선거 단계에서 필요한 자금의 반 이상을 기부한 것으로 나타났다.[5] 대통령 선거와 국회의 원 선거를 위해서는 상당한 자금이 필요하고, 후보들은 부자들의 도움을 받아야 하며, 결국 소수의 엘리트가 최종 후보를 결정하는 데 상당한 힘을 행사하게 된다.

　이렇게 소수에게 집중된 경제 권력이 만들어 내는 정치적인 결과 는 연방법 제정이 이루어지는 과정을 연구해 보면 보다 명확하다. 경제 엘리트들은 대다수의 사람은 아무런 영향력을 가지지 않는 법률과 정책에 지대한 영향을 미친다.[6] 대다수의 시민은 반대하지만 부자들의 이익을 잘 대변하는 법률이나 정책은 통과되거나 제정된다. 기업은 비평가들이 '기업복지' 혹은 '정경유착'이라고 말하는 정부보조금, 자금, 절세, 저이율 대출, 구제금융(2008년 수천만 달러에 달하는 월스트리트 구제금융 같은) 등의 혜택을 받는다.[7]

현대 자본주의의 목적은 돈으로 더 많은 돈을 만드는 것이다. 자본가들은 더 많은 물품과 서비스(원자재, 기계, 전기, 건물, 노동력)를 생산하는 데 필요한 것에 투자한다. 생산 종목에 관계없이, 자본가는 물건을 생산하는 데 들였던 비용에 비해 더 많은 이익을 남기면서 팔 수 있는 시장을 발견하고자 한다. 이러한 과정의 결과, 사람들의 의식주나 보건의료체계가 풍족해질 수도 있지만, 담배, 주류, 약물, 무기, 노예, 오염 등 해로운 결과가 나타나기도 한다. 어떤 결과가 있을지는 자본가의 양심의 문제이지만, 자본주의 체계 그 자체는 도덕적·윤리적 측면을 중요하게 간주하지 않는다. 자본주의 체계에서 이익은 이익일 뿐이고, 좋은 돈과 나쁜 돈은 구분되지 않는다. 한 기업이 자행한 해악이 다른 쪽에는 이익의 근원이 될 수 있다. 마치 공해를 줄이기 위해 생긴 기업에게는 산업공해가 기회가 되는 것과 같은 원리이다.

자본가는 재화와 서비스를 생산하기 위하여 노동자를 고용하고, 노동자가 들인 시간에 대해 임금을 지불한다. 자본가는 노동자가 생산한 것을 판매하므로, 자본가는 생존하기 위해 노동자에게 지불하는 임금 이상의 것을 노동자들이 생산하도록 만들어야 한다. 노동자가 생산하는 물품 및 서비스와 노동자에게 지불하는 임금의 차이가 자본가와 투자가에게는 이익이 되는 것이다.

그러나 왜 노동자는 자신이 생산한 것보다 낮은 수준의 급여를

받아야 하는가? 노동자는 선택권이 없기 때문이라는 답변이 나올
수 있다. 자본주의하에서 물품과 서비스를 생산하는 도구, 공장 등
의 수단은 실제로 그 일을 하는 노동자의 소유가 아니라 자본가나
조직화된 주주의 소유이다. 대부분의 노동자는 생계를 유지하기
위해서 자본가를 위해 일해야 하며, 노동자들은 자본가를 위해 일
하거나 일하지 않거나 둘 중 하나를 선택할 수밖에 없다. 노동조
합을 결성하는 것이 다른 방법이 될 수 있지만, 그 또한 여의치 않
은 경우가 많다. 기업 자본주의는 사회생활의 거의 모든 영역으로
그 영역이 확대되어 전문직도 이러한 구조에서 예외는 아니다. 한
때 독립적인 전문직의 대표 모델이었던 내과 의사는 건강관리기구
에서 고액연봉을 받는 일을 하도록 압박을 받을 수도 있다. 이 내과
의사들은 건강관리기구와 집단적으로 교섭할 권리를 갖기 위해서
내과 의사 노동조합을 결성하기도 한다. 이러한 현상은 법조인에
게도 일어나고 있다.[8]

　자본가는 재화와 서비스를 생산하는 데 사용하는 비용과 그것을
판매하는 데서 오는 이윤의 차액에서 이득을 얻기 때문에 노동력
이 저렴할수록 더 많은 이윤을 얻게 된다. 따라서 자본가들은 노동
자의 생산성을 증진시키는 데, 즉 노동자가 동일하거나 낮은 급여
를 받으면서 더 많은 상품을 생산할 수 있는 방법을 발견하는 데 관
심을 가지게 된다. 기계의 사용은 좋은 대안이 되어 사람을 대체하
기도 한다. 자본가들은 노동자들이 임금이나 건강보험, 퇴직연금,
직업 안정성, 근로 조건 등에 순응하지 않으면 공장을 닫거나 다른
곳으로 옮기겠다고 위협하기도 한다. 그것도 아니면 유럽이나 북
미보다 더 낮은 임금으로 일하고자 하는 노동자들이 많은 국가로
생산라인을 옮기는 방식이 있는데, 이는 세계경제체제 이후 가장

많이 사용되는 방식이다. 이러한 방법으로 자본가들은 새로운 공장이 위치한 국가의 정부기관으로부터 다양한 혜택을 받으며, 특히 그 국가의 적극적인 지원하에 노동자들을 통제하고 노동조합 결성이나 다른 조직화된 저항을 차단한다.[9]

자본주의와 사회계층

자본주의는 엄청난 부를 생성해 내지만, 전 세계적으로 높은 수준의 불평등을 양산해 내기도 한다. 미국 인구의 상위 10%는 미국 전체 부의 75% 이상을 소유하고 있으며, 현금의 70%, 50% 이상의 토지, 90% 이상의 기업 이윤, 92%의 주식을 소유하고 있다. 상위 20%의 가구가 59%에 해당하는 임금을 받으며, 나머지 80%의 가구는 41%의 이윤을 나누어 가진다.[10]

이러한 불평등 현상으로 인하여 꼭대기에 있는 사람과 아래에 있는 사람 사이의 수입, 부, 권력 차이는 점점 커지고 계층체계가 생성 및 유지된다.[11] 이러한 체계는 억압적인 결과로 이어져서, 하층부에 있을수록 어마어마한 비용을 치르게 되고 미국 인디언 원주민의 경우 가장 가난했던 비산업사회[12]보다 나을 게 없는 빈곤에 직면하게 되었다. 노동자 계층의 근로자나 중산층 또한 만성적인 경제적 불안정을 겪어 신체적·정서적 고통을 치르기도 한다. 직장에서 수행하는 업무의 대부분은 주체성과 거리가 멀어 지루하며, 의미가 덜하고, 자신의 재능을 사용할 필요 또한 없는 경우가 많다. 설령 자신이 하는 일에 대해 나름의 통제력을 갖고 계속 일을 할 수 있다고 해도 그 정도가 미미한 경우가 대다수이다.

　대다수의 인구가 총수입의 소량을 나누게 되는 이러한 현상을 고려했을 때, 각자에게 돌아오는 몫이 충분하지 않다는 것은 너무나 명확하다. 자본주의는 상당량의 물건과 서비스를 생산하면서도 생산된 부를 나누는 방식이 불공평하여 대부분의 사람은 결핍을 느끼게 된다. 결과적으로 많은 사람은 삶에서 끊임없이 경쟁해야 하고, 역경과 불안, 이혼, 심각한 질병, 해고 등을 경험하게 되어 삶의 조건이 오히려 더 악화되고, 심지어 집에서 쫓겨나는 상황에까지 이르게 되기도 한다.[13]

　'아메리칸 드림'과 별개로, 대부분의 사람은 자신들의 계층을 상승시킬 만한 권력을 가지고 있지 않다.[14] 많은 가정이 소유한 부가 증가했더라도 이는 사실상 빚 위에 존재하고, 이 때문에 가족들은 두 개 이상의 직업을 가져야 할 수도 있다. 부모세대에서는 하나의 소득원으로 부양 가능했던 표준 생활 수준을 유지하기 위해 현재는 여러 소득원이 필요하게 되었다. 실업률이 낮더라도, 지난 20~30년 동안 생긴 새로운 직업의 임금 수준은 대부분 낮고, 승진의 기회가 거의 없는 것들이다. 더불어 직업 이동성에 대한 연구들을 살펴보면 계층체계에서 위로 상승할 가능성만큼이나 하강할 가능성도 높아지고 있음이 나타나고 있다. 이 때문에 상류층과 나머지를 분리하는 중산층은 붕괴되고 있다.[15] 1964년 이후로 자신을 중산층이라고 생각하는 사람들의 비율은 61%에서 42%로 낮아졌고, 자신을 노동자로 생각하는 사람들의 비율은 35%에서 46%로 증가했다.[16]

　요약하면, 기업의 규모는 점점 작아지고 있고, 높은 수준의 임금을 지불하는 사업체는 해외로 이주하고자 하고, 임금 수준이 낮은 서비스 계통 직업이 주로 증가하는 추세이며, 계층 이동은 어려운 이러한 현상으로 인하여 사람들은 현재 가지고 있는 것 외에 다른 것을 얻기 점점 더 어려워지고 있다.[17] 물론 계층이 상승하는 사람들도 있겠지만, 첨단 기술 및 의료 관련 영역을 제외하고는 누군가의 계층 상승은 누군가의 계층 하락이라는 비용하에 일어난다. 이는 레스터 서로(Lester Thurow)가 '제로섬(zero sum)' 사회라고 말한 현상, 즉 누군가의 희생을 대가로 누군가는 이익을 얻는 현상으로 이어져,[18] 사람들은 계속 가난하게 살거나, 점점 가난해지거나, 서로를 삶을 위협하는 경쟁자로 바라보게 되었다. 이후에 이야기하겠지만, 이러한 역동은 특권체계, 특히 성별이나 인종과 관련하여 중요한 역할을 한다.

자본주의, 차이, 특권: 인종 및 성별과 관련하여

자본주의가 작동하는 방식을 고려했을 때, 자본주의와 인종의 관계는 직접적이면서도 간접적이다. 직접적인 측면은 아프리카에서 온 사람들을 노예로 삼아 면과 담배 농장에서 일하게 한 점에서 가장 명확하게 드러난다. 이러한 노예화는 1792년 면 생산을 위해 목화씨를 분리하는 기계가 발명된 시기와 맞물리는 것으로[애덤 스미스가 『국부론』을 펴낸 지 바로 16년 후이기도 함],[19] 이 시기 이후로 전보다 더 많은 양의 면을 생산해 내는 것이 가능해졌다. 이때 미국에서 노예가 된 흑인의 수는 1800년 100만 명에서 남북전쟁 시작 직전인 1860년에는 거의 400만 명으로 껑충 올랐다.[20] 백인 노동자에게 주로 의존하던 기업들의 이러한 변화는 이들이 기업의 이윤을

우선시한다는 것을 명백히 보여 주는 것이다. 이때 백인 노동자들
은 노예제에 반대하기 시작했는데, 도덕적인 이유로 노예제를 반
대한 것이 아니라 노예들의 노동이 너무 저렴해서 자신들과 경쟁
이 되지 않기 때문이었다.[21]

남북전쟁 직후에도 저렴한 노동에 대한 수요는 변하지 않았다.
노예제에서 해방된 흑인들은 지주농장의 억압적인 체계 속에서 계
속해서 빚을 지게 되어 새로운 형태의 노예제에 귀속되었다.[22] 남
부 지역 외에 서부에서도 인종차별주의로부터 이득을 얻는 이들이
있었다. 서부에서는 기차 건설을 위해 중국 이민자를 노동력으로
동원했는데, 이들 중국 이민자는 잔혹하고 비참한 처우를 받았다.
하와이에서는 일본계 이민자들이 사탕수수와 파인애플 농장에서
비슷한 경험을 했다.[23]

인종과 자본주의의 직접적인 연계는 토지와 원재료의 획득에서
더 노골적이다. 토지와 원재료는 저렴한 노동력과 마찬가지로 산
업과 부의 빠른 성장에 핵심적인 역할을 했다. 자본가들의 전성기
였던 19세기에 유럽과 미국은 자신들이 필요한 것들을 아프리카,
아시아, 아메리카에서 발견했고, 군을 통한 정복, 정치적인 지배,
경제적인 착취 등을 통해 토지와 원재료를 획득했다.[24] 유럽과 미
국의 정복, 지배, 착취 행위는 놀라우리만치 성공적이어서, 특히 천
연자원이 거의 없는 작은 섬나라인 영국의 경우 세계에서 가장 융
성한 산업 권력을 쥐게 되었다. 영국과 달리 미국은 천연자원이 풍
부했지만, 이들의 성장은 미국 원주민 부족들이 거주했던 대부분
의 땅을 빼앗고 멕시코로부터는 현재의 서부와 남서부에 해당하는
영토를 빼앗으며 이루어진 것이다. 백인들은 정복, 집단학살, 자신
들이 무시해 왔던 일련의 복잡한 조약[25]을 이용해서 자신들이 원하

는 것을 얻었다.

이러한 제국 건설을 정당화하기 위해 백인들은 자신들이 우월하고 특권을 가진 사회계층이라고 생각하도록 만들었고,[26] 특권으로부터 배제된 모든 사람 위에 군림했다. 이러한 억압적이고 잔인한 방식을 민주주의, 자유, 인간 존엄이라는 새로 공언한 이상향과 조화시켜, 미국은 자신들이 아메리카 대륙을 사회적·경제적으로 지배하고 개발해야 할 '명백한 운명(Manifest Destiny)'을 부여받았다고 정당화했다. 또한 백인이 곧 인간 자체이므로, 백인이 타 인종을 지배하고 억압하는 것은 헌법(신은 말할 것도 없다)에 위배되는 것이 아니라고 주장했다.[27]

인종과 자본가는 간접적으로 연계되기도 한다. 예를 들어, 자본가는 백인 노동자에게 낮은 임금을 주면서도 생산성과 이득을 증대시키기 위해 인종차별주의를 사용했다. 19세기 초반에 백인 노동자들이 백인 정체성을 갖도록 촉진하는 캠페인이 있었는데, 이는 전에는 없던 것이었다. 백인 노동자들은 낮은 사회계층에 대한 보상으로 우월한 백인이라는 지위를 갖게 되었다. 이들은 자신들이 고용주에게 악덕한 대우를 받더라도 백인이고 자유를 가졌으며 사실은 자신들보다 사회계층에서는 우위에 있기도 한 유색인종에 비해 자신들이 우월하다고 생각하며 위안을 찾곤 했다.[28]

그러나 남북전쟁에 이은 노예 해방으로 하층이나 노동자 계층 백인들은 자신들이 자유를 가졌으므로 유색인종보다 우월하다고 생각하기가 어려워졌고, 그러한 상실에 대한 반응으로 흑인에게 폭력과 공격을 자행했다. 이 시기에 쿠 클럭스 클랜(Ku Klux Klan: KKK)이 형성되어 폭력과 공격이 자행되었으며, 남북 할 것 없이 연방정부나 백인 등 누구도 이 행위를 적극적으로 반대하지 않았다.

    자본가들이 노동자들을 통제했던 또 다른 방식은 자신들이 높은 임금이나 더 나은 노동조건을 요구한다면 일자리를 잃을지도 모른다고 걱정하게 만드는 것이다. 인종차별주의는 이와 관련하여 오랜 역사를 가진다. 유색인종이 놓인 억압적 조건으로 인하여 유색인종들은 대부분의 백인이 받아들이기 어려운 정도의 낮은 임금을 받으며 일하도록 부추겨졌다. 고용주들은 저렴한 대체재로 유색인종 노동자를 사용할 수 있다고 백인 노동자들을 지속적으로 위협했는데, 이는 파업이나 노동조합을 깨뜨리는 데 굉장히 효과적이었다. 20세기에 들어서면서 노동력이 더욱 강력해지자, 고용주들은 흑인 노동자들을 파업 파괴자로 이용했다. 이러한 전략으로 백인 노동자들은 자본주의와 계층의 문제보다는 인종 문제에 더 주목하게 되었으며, 흑인 노동자들이 같은 노동자로서 공통점을 가지므로 연대해서 자본가에 함께 대항해야 한다는 사실을 잊고 흑인에게 공포, 분노를 주로 경험하게 되었다. 이렇게 자본가는 인종차별주의를 사용하여 흑인과 백인 사이의 인종 갈등을 부추겼을 뿐 아니라 노동자 집단을 효과적으로 분열시켰다.[29]

    유사한 역동이 오늘날에도 작용되고 있다. 백인 노동자들은 자신이 경험하는 어려움은 국내외의 유색인들과 불공평하게 경쟁해야 하기 때문이라는 뿌리 깊은 믿음을 갖게 되었다. 이로 인하여 중앙아프리카나 서아프리카에서 오는 이민자들에 대한 정책이나 소수보호정책(affirmative action)을 반대하게 되었다. 이러한 신념의 영향으로 백인 노동자들은 자본주의 체계가 노동자에게 낮은 임금을 주기 위해서 노동자들을 어떻게 통제하고 자본가의 부를 늘려 나가는지를 인식하지 못하고, 결과적으로 몇몇 엘리트가 대부분의 부를 장악하는 동안 나머지 대다수가 남은 부를 나누는 현상이 유

지되고 있다. 이러한 역동은 노동자나 하위 계층뿐 아니라 점점 중
산층으로 이어져 중산층의 경쟁 또한 심화되고 있다.

백인들이 유색인들에 비해 우월성과 권한을 가졌다고 생각하도
록 만든 역사적인 흐름을 감안했을 때, 백인들이 불공정에 직면했
을 때에는 부와 권력을 가진 자들에게 화살을 돌리기보다 유색인
종에게 자신들의 분노를 겨눌 가능성이 높다. 이렇게 계층 문제는
인종 갈등에 불을 지피고, 자본주의가 만들어 내는 사회계층의 억
압적인 요소를 잊게 만든다. 마이클 라이히(Michael Reich)가 말한
것처럼, 백인인종차별주의는 노동자 계층의 희생을 발판 삼아 자
본가의 입지를 더 공고히 해 준다는 점에서 백인 노동자들에게도
실질적으로 해가 된다.[30]

자본주의는 인종 외에도 장애를 가진 사람들을 착취하기도 한
다. 비영리단체는 1938년의 최저임금제도에서 자신들은 예외로 두
어, '쉼터 교육' 시행 시 최소 급여보다 적은 급여로 장애인을 고용
할 수 있었다. 노동환경에서 장애인과 비장애인은 대다수의 경우
분리되고, 장애인은 비장애인의 지도감독하에 있는 경우가 많으
며, 장애인에게는 승진이나 발전을 위한 기회가 거의 제공되지 않
는다.[31]

자본주의는 성에서의 불평등을 이용하기도 한다.[32] 여성에 대한
문화적 평가절하로 인하여 여성은 낮은 급여를 받고, 기업의 비서
진, 양복점이나 전자제품 매장의 직원 등과 같이 적은 임금을 받는
직업을 가지게 되었다.[33] 여성이 열등하다는 가정으로 인하여 여성
이 주로 도맡아 하는 일은 진정한 일이 아니며 정서적인 보상 이상
을 받을 필요가 없다는 인식의 기초가 형성되었다.[34] 그러나 자본
주의는 여성들 없이 제대로 작동되지 않는다. 여성은 가족을 위해

(실질적으로 가장 많은 물품이 구입되는) 장을 보고 식사 준비와 같이 상품이 소비되는 노동을 주로 도맡아 한다. 더 깊이 생각해 보면, 여성은 자본주의가 필요로 하는 새로운 세대의 노동자를 보살피고 키워 내는데, 이러한 실로 중요한 일이 급여나 의료보험 및 퇴직보험 같은 혜택 없이 이루어진다.[35] 여성은 이러한 일을 무료로 하며, 심지어 외부에서 노동을 해 가면서 자본주의 체계와 자본가들에게 이익을 가져다준다. 자본주의는 특권을 만들어 내는 엔진이며 특권이 유지되도록 하는 경제적 맥락이다. 자본주의에서 생겨나는 계층구조는 특권 및 억압과 상호작용하는데, 특권과 억압이 자본주의와 계층 특권을 보호하고 차이에 근거한 특권과 억압을 지속시킨다.

지배의 복잡한 구조 및 특권과 억압을 동시에 경험할 수 있다는 역설

자본주의와 사회계층의 역동적인 관계에서 이야기했듯이 특권의 체계는 복잡하다. 때문에 남성이나 백인이 특권의 범주에 속하면서도 자신이 특권을 가지고 있다고 느끼지 않고, 자신이 남성이고 백인이지만 노동자 계층에 속하거나 게이이거나 장애가 있다는 한계를 보다 느끼게 한다. 또한 중산층 백인 레즈비언의 경우 인종과 계층에서 특권을 가지므로 인종과 계층에 대해서는 덜 민감한 반면, 성별이나 이성애중심주의와 관련된 불평등에 대해서는 민감하게 인식하여 자신이 다양한 형태의 특권과 억압에 대해서 잘 인지하고 있다고 착각하기도 한다. 한편, 노동자 계층의 백인 남성은 백인과 남성이라는 정체성이 자신에게 특권을 부여한다는 것은 말도 안 되는 일이라 받아들이고 무시할 수도 있을 것이다.

이러한 반응은 부분적으로는 특권이 개인에 관한 것이라는 시각에서 온다. 개인주의적인 관점에서 보면 특권은 가졌거나 가지지 않거나 둘 중 하나이고, 백인도 어떤 식으로 억압받았다는 것을 증명하면 백인이 다른 면에서는 특권을 누리고 있다는 주장이 무효화된다고 생각할 수 있다.

그러나 진실은 '백인 남성이 특권을 가졌는가, 그렇지 않은가?'보다 훨씬 복잡하다. 이전에 논의했듯이 백인 남성이 특권을 받았다고 하더라도 특권은 그 사람 개인에 대한 것이 아니다. 그는 백인이고 남성이라는 정체성 때문에 혜택을 경험하기도 하지만 노동자라는 사실 때문에 혜택에 접근하기 어려울 수도 있다. 그가 충분한 급여를 받지 못해 풍족하게 살지 못한다면 여성에 대한 우월감을 경험하는 다른 남성들에게 유대감을 느끼기 어려울 것이다. 자신의 계층적 지위 때문에 남성이라는 사회적 특권에서 오는 이득을 경험하지 못하는 것이다.

또 다른 복잡성은 특권과 관련된 여러 범주가 동시다발적으로 작용하기도 하지만 서로 관련하여 작용하기도 한다는 것이다. 예를 들어, 사람들은 나를 볼 때 나의 인종, 성별만 보는 것이 아니라 여러 가지가 한데 섞여 있는 총체로 본다. 이 책을 읽고 있는 독자들은 나를 지적이거나 믿을 만하다거나 능력이 있다고 생각할 수 있다. 그러한 생각들은 내가 책을 펴낸 작가라는 사실 외에도 성별이나 인종, 장애 여부나 계층, 박사 학위 같은 단서의 영향을 받는다. 독자들은 나를 온라인에서 처음 만나더라도 내가 다른 단서를 제시하지 않는 한 내가 백인이고 남성이라고 가정하면서 나에 대한 인상을 형성할 수도 있을 것이다.

　이러한 현실을 감안하면 하나의 범주에 소속된다는 것 자체만을 보아서는 안 된다. 즉, 나의 다른 측면이나 그 측면이 백인이라는 사실과 어떻게 관련되는지 살펴보지 않고 단지 백인이라는 사실에만 주목해서는 안 된다. 백인으로서 나의 경험은 남성, 이성애자, 비장애인, 특정 계층이라는 측면의 영향을 받는다. 내가 어떤 일자리에 지원했을 때, 나는 백인 특권의 영향으로 나와 비슷한 자격 수준을 갖춘 라틴계 남성보다 합격할 가능성이 높을 수도 있지만, 구인담당자가 나를 게이라고 생각한다면 백인 특권보다 이성애자 특권이 더 강력한 힘을 발휘하고 나 대신에 라틴계 남성이 합격하게 될 수도 있는 것이다.

　각각의 지위와 관련하여 여러분은 총비용과 이득을 계산해 보고 비교해 보고 싶을 수도 있다. 여러분은 백인, 남성, 이성애자, 비장애인으로서 점수를 받기도 하고, 유색인종, 여성, 게이나 레즈비언, 장애로 점수를 잃을 수도 있다. 이렇듯 점수를 더해 보고 특권 척도에서 몇 점이나 되는지 살펴보면, 비장애인이면서 이성애자인 백인 남성은 최고 점수인 4점을 받게 될 것이고, 유색인종이면서 장애인인 레즈비언 여성은 최하 점수인 −4점을 받게 될 것이다. 백인이면서 비장애인인 레즈비언 여성은 0점, 비장애인인 게이 유색인종 남성은 0점을 받게 되면서 서로 비슷한 수준의 점수를 받게 된다. 그러나 삶과 특권은 간단한 것이 아니기에, 한 사람이 남성이라서 어느 정도의 특권을 갖게 될 수도 있고, 백인이라서 훨씬 더 많은 점수를 받게 될 수도 있으며, 게이라서 그 점수의 반을 잃게 될 수도 있는 것이다. 특권은 미묘하게 서로 관련되면서 다양한 형태로 이루어진다. 역사적으로 흑인 남성에 대한 백인 남성의 지배를 정당화한 방법 중 하나는 흑인 남성이 백인 여성을 성적으로 유린할 것처럼 묘사하는 것이었다. 백인 남성들은 백인 여성이 순진하고 무력해서 백인 남성의 보호가 필요하며, 남성의 통제하에 의존적이어야 한다고 생각했다. 이처럼 성별과 인종의 역학은 서로 얽혀 있어서 어디서부터가 인종 문제이고 어디까지가 성별 문제인지 구분하기 어렵다.

이러한 이유로 하나의 체계는 지배와 특권의 구조라고 표현된다. 체계는 단순히 서로 관계가 없는 다양한 종류의 불평등이 그저 모여 있는 것이 아니라, 패트리샤 힐 콜린스(Patricia Hill Collins), 에스텔 디쉬(Estelle Disch)나 다른 이들이 주장했듯 각각의 특권이 서로 교차되어 더 큰 체계를 구성한다.[36]

이런 식으로 특권을 바라보게 되면, 하나의 특권이 다른 특권들과 관계하여 존재한다고 명확하게 생각하게 되면서 가장 나쁜 것이 무엇인지, 가장 억압적인 것이 무엇인지 가려내고자 하는 시도를 멈추게 된다. 또한 이러한 과정을 통해 '내가 억압되었는가 혹은 억압되지 않았는가?' 혹은 '특권을 가지고 있는가 혹은 가지지 않았는가?'와 같은 사고방식에서 벗어나게 된다. 현실 속에서 대부분의 사람은 특권과 억압을 동시에 경험하기 때문이다.

한 차원의 특권은 다른 차원의 특권과 다양한 방식으로 공존한다. 예를 들어, 남성 특권을 공격하던 여성이 레즈비언으로 불리며 평가절하될 때, 다른 여성들은 자신의 성적 지향과 관계없이 침묵하게 된다. 이때 한 종류의 특권은 다른 특권을 보호하거나 강조하게 되어, 이성애중심주의는 여성들을 침묵하게 하고 남성 특권을 강화하는 데 사용될 수도 있다.

한 종류의 특권에 접근하게 되면 다른 특권에 대한 접근 가능성도 달라질 수 있다. 인종에서 오는 이점으로 인해 백인 남성이 유색인종 남성에 비해 계층 특권을 가질 가능성이 높으므로 백인 남성은 남성 특권의 이점을 더 온전히 누릴 수 있게 된다. 남성 특권은 남성들이 여성보다 더 높은 수준의 소득을 얻도록 하지만, 유색인종 남성에게는 인종으로 인한 억압 때문에 온전히 갖기 어려운 이점이 된다. 그러나 이러한 현상은 이성애자 백인 남성에게만 해당되는 것이며, 게이 백인 남성의 경우 남성 특권의 이점을 누리는 과정에서 많은 한계를 경험하게 될 수 있다.

또한 한 종류의 특권을 가지게 되면서 다른 특권을 가지지 못한 것에 대한 보상을 받기도 한다. 예를 들어, 백인 여성이 성별의 부정적인 영향을 보상하기 위해 인종 특권을 사용하는 것과 마찬가지로, 유색인종 남성은 인종으로부터 오는 억압의 영향을 보상하기 위해 남성 특권을 사용할 수도 있다. 또한 이전에 논의했듯이, 지배집단은 종속집단이 특권체계에 대해 아예 생각하지 못하게 만들기 위해서 종종 종속집단끼리 대립하도록 부추기는데, 이는 결국 양측 종속집단 모두에게 해가 된다. 예를 들어, 아시아계 미국인은 종종 소수인종의 좋은 본보기인 '모델 소수인종'으로 여겨지는데, 이로 인하여 다른 유색인종들에게 상대적으로 부정적인 이미지를 주고 자신들이 불리한 위치에 있다고 생각하게 한다.[37] 아시아계 남성은 이런 식으로 백인과 다른 유색인종 사이에서 완충재처럼 사용된다. 로드니 킹(Rodney King)을 사살한 경찰이 무죄로 판명 난 이후 흑인들의 분노가 한국인이 밀집한 지역으로 향해지고 그곳의 상점들이 모두 불태워졌던 사건이 바로 그러한 예이다. 폭도들이 백인 마을에 가까이 당도했을 때에야, 경찰은 마침내 도움의 손길을 내밀었다.[38]

　　이러한 복잡성은 권력의 불공정과 관련하여 특권 그 자체에 초점을 맞추어야 변화가 가능하다는 것을 보여 준다. 성차별주의와 계층차별주의에 대해 어떠한 조치가 취해지지 않는다면, 인종차별주의 또한 사라지지 않을 것이다. 하나의 특권을 생성한 사회체계는 다른 특권을 생성할 것이며, 그렇게 생성된 특권들은 강력한 방식으로 서로 관계될 것이기 때문이다.

제4장

특권과 억압은 어떻게 생성되는가

특권은 개인이 아닌 사회범주와 밀접히 관련되지만, 타인과의 관계에서 보이는 행동을 통해 그 모습을 드러낸다. 즉, 사람들은 다른 범주에 속했다는 이유로 사람들을 불공정하게 대하는 차별을 행한다.[1] 의식적이든 그렇지 않든 간에 차별은 노력 없이 얻은 이익이 현실화되어 특권의 체계가 유지되도록 돕는다. 이를테면 오케스트라 오디션에서 여성이 합격할 가능성이 높고 남성이 합격할 가능성이 낮은 상황일 때 지원자가 장막 뒤에서 연주를 한다면 심사위원들은 연주자의 성별을 확인할 수 없다. 이때 결과는 어떻게 달라질 것인가?[2]

다른 모든 행동과 마찬가지로 차별은 인간에 대한 사고 및 감정과 관련된다. 편견은 이 과정에서 강력한 역할을 하며 차별적인 행동에 불을 붙이고 차별적인 행동을 정당화한다.[3] 편견은 생각과 감정을 아우르는 복잡한 개념이다. 인종에 대한 문화적 사고로 인하여 백인이 유색인종에 비해 우월하다거나, 똑똑하고, 더욱 정직하고, 법을 잘 따르며, 근면성실하다는 가치가 생성된다. 반면, 유색인종에 대한 부정적인 감정, 즉 비난, 적대감, 공포, 혐오나 백인에 대한 우호적인 감정(혹은 적어도 중립적인 감정) 또한 편견과 관련된다.

특권과 억압은 누가 보아도 노골적이고 폭력적인 혐오범죄부터 시작해서 무시, 폄하, 지적, 묵살, 따돌림 등의 미묘한 형태까지 다양한 양상을 띤다.[4] 특권과 억압은 또한 정신 및 신체에서부터 시작해서 생존하기에 충분한 음식이나 주거환경까지 다양한 수준에서 작용된다. 사회학자 조 피긴(Joe Feagin)과 멜빈 사이크스(Melvin Sikes)가 지적한 것과 같이, 특권의 억압적인 결과는 살아 있는 생생한 경험을 통해 이해되어야만 한다. 특권과 억압은 한순간에 사람들에게 해를 가할 수도 있고, 시간에 걸쳐 누적되어 사람들의 행동뿐만 아니라 자신과 삶에 대한 이해에도 영향을 미친다.[5] 어떤 형태의 특권이든지 특권은 결국 모든 사람에게 다양한 방식으로 영향을 미친다.

차별이 그 영향력을 발휘할 때 반드시 의식적이거나 의도적이지 않을 수도 있다는 것을 강조할 필요가 있다. 앞의 오케스트라 오디션의 예에서 보았듯이 심사위원들의 편향은 무의식적일 수 있다. 하버드 대학교의 심리학자 마자린 바나지(Mahzarin Banaji)가 암묵적 편향에 대해 이야기했듯이, 심사위원들은 블라인드 오디션의 효과를 깨닫고 나서야 자신들이 성별에 근거하여 선택을 했다는 것을 알게 된다.[6] 그전까지 심사위원들은 그 포지션에 맞는 최선의 음악가를 선택했다고 생각할 것이다.

암묵적 편향은 일종의 우대나 편애의 형태를 취해서, 표면적으로는 눈에 띄지 않고 누군가에 대한 편견 때문에 일어나는 것처럼 보이지 않을 것이다. 호주의 한 연구는 승객이 요금 없이 버스에 승차한 후 다음 정류장까지 태워 달라고 말할 때 승객의 인종에 따라 운전자의 반응이 어떻게 달라지는지 살펴보았다. 승객이 백인일 경우에는 무임승차가 허용될 가능성이 유색인종에 비해 두 배 높은 것으로 나타났다. 유색인종은 정장을 하거나 군복을 입었어도 백인에 비해 무임승차가 허용될 가능성이 낮았다.[7] 운전자는 원칙상 누구에게도 무임승차를 허용하지 않아야 하므로 유색인종을 거절하는 것이 반드시 유색인종에 대한 의식적인 편견이나 적대적 행위라고 볼 수는 없다. 운전자는 그저 자신의 일을 한 것뿐이다. 그러나 운전자들이 곤란한 상황에 처한 승객 중 누구에게는 도움의 손길을 내밀고 누구에게는 도움을 주지 않을 때, 인종과 관련된 암묵적 편향은 인식되지 않은 채 작용하고 있는 것이다.

암묵적 편향은 미묘한 차별의 형태로 나타나서, 지배집단에게는 중요하지 않고 사소한 문제로 보일 수 있지만 종속집단에게는 부정적인 영향을 미치게 된다.[8] 백인이 유색인종에게 "당신에 대해 이야기해 주세요."라고 요청한다면 화자에게는 단순한 호기심이겠지만, 유색인종은 자신이 대상화되고 기존의 백인 가치관에 비해 낯설고 이국적인 타자로 주변화되는 것처럼 느낄 수 있다. 마찬가지로 한 남성이 여성 동료의 몸매에 대해 칭찬하거나 직장에서 여성의 나체 사진을 올린다면, 누구도 해칠 의도가 아니었을지라도 여성을 성적으로 대상화하고 신체에 근거하여 여성을 판단하며 남성의 권위를 강조하는 남성 특권을 보여 준 것이다. 미묘한 차별은 사소하고 애매한 것("그저 농담이었어.")으로 방어되기도 해서 종속집단의 구성원은 자신의 감정이나 그 사안의 중요성을 되새기면서 자신이 너무 예민한 것이 아니었는지 의구심을 갖게 된다. 그 결과, 미묘한 차별의 효과는 누적되고 더욱 커져, 종속집단의 구성원은 좌절이나 분노, 무시 등을 끊임없이 경험하게 된다.

암묵적 편향을 사용해서 고용, 건강보험, 혹은 경찰이 누구의 차를 멈추고 수색하고 총격할지[9] 결정하는 것까지 다양한 종류의 차별이 설명된다. 남성이나 백인, 다른 특권집단은 자신들이 편향을 가지고 있지 않으므로 편견이나 편향과는 아무런 관계가 없다는 그릇된 생각을 한다. 그러나 여전히 누군가는 암묵적 편향으로 인해 차별을 마주한다.

회피, 배척, 거부 그리고 더 나쁜 것

인간의 모든 욕구 중 다른 사람들에게 이해받고 포용되고 수용받고자 하는 욕망만큼 강력한 것은 없다. 따라서 무시받고 추방당하는 것은 가장 감내하기 어려운 처벌이며, 일종의 사회적 죽음과 같다. 포용 및 수용되고 존재를 인정받는 경험은 특권의 주된 모습이다. 우리가 다른 사람을 환영하는지, 가치 있게 생각하는지, 혹은 무리에 소속되지 않은 타자처럼 보는지 결정하는 방식은 다음과 같이 다양하다.

- 다른 사람과 대화하면서 그들을 바라보는지, 호감이나 존중을 표하려고 눈맞춤을 하는지(혹은 어떤 문화에서는 눈맞춤을 피하는지)
- 누군가가 방에 들어왔을 때 웃거나 "어떻게 오셨죠?"라고 묻는 듯이 뚫어지게 쳐다보는지, 서둘러서 대화를 멈추지는 않는지, 대화에 끼려면 많은 노력을 하도록 낄 틈을 주지 않는지
- 사람들의 말에 경청하고 반응하는지, 능수능란하게 다른 주제로 넘어가는 것은 아닌지, 다른 사람들이 아는 것에 대해 이야기하는지, 혹은 우리만 아는 주제에 대해 계속해서 이야기하는지
- 대화하고 있는 사람들 사이에 다양성이 존재한다는 것을 인식하고 그 다양성을 반영하는지, 모두가 똑같다고 여기거나 모두가 똑같아야 한다고 생각하면서 행동하지는 않는지
- 있는 그대로 타인을 받아들이는지 혹은 타인이 누구이고 어떠

한 정체성을 가지고 있고 어디서 왔는지 자신에 대해 소개하
도록 요구하는지

- 타인의 존재에 대해 인식하는지, 그들이 없는 것처럼 그저 기
다리게 만드는지, 무언가를 주고받을 때 타인의 피부에 접촉
하지 않도록 조심하는지, 그들이 혹시나 나쁜 짓을 하지 않을
까 주시하는지
- 새로운 사람이 소속감을 느끼고 함께 잘 어울리도록 돕기 위
해서 그들이 알아야 하는 공식적인 규칙들을 공유하는지
- 집으로 초대하고 같이 잘 지내기 위해서 노력하는지
- 이웃에 이사 온 이들에게 인사를 건네는지
- 길을 걸어갈 때 누군가를 피하려고 넓은 쪽을 내주거나 심지
어 반대편 길로 피해 가는지

　회피, 배척, 거부, 폄하는 이를 경험하는 사람들만 알아챌 수 있
게 일어나고 의도 없이 일어나기도 한다. 회피, 배척, 거부, 폄하는
눈을 피하거나 멀찌감치 떨어져 앉는 행동, 말투를 가다듬는 것처
럼 미묘하게 일어나기도 한다. 또한 진심 없는 위선적인 칭찬("네,
좋아요."), 지나친 칭찬("영어를 참 잘하시네요.") 등 칭찬의 형태로 일
어나기도 한다. 이러한 칭찬은 오히려 낮은 기대를 반영하는 것으
로, 기대가 낮았기 때문에 오히려 기대를 넘어선 것에 대한 놀라움
을 나타내는 것이다. 회피, 배척, 거부, 폄하는 여러분이 이야기한
것을 상대방이 잘 이해했는지 반복해서 물어보면서 드러날 수도
있고, 어두움과 검은색은 부정적으로 사용하는 반면 밝음과 백색
은 긍정적으로 표현하는 것, 퀴어나 게이 같은 단어를 모욕적으로
보는 것, 자궁은 용기와 관련짓지 않으면서 고환은 용기를 가진 것

으로 표현하는 것 등에서 나타난다. 또한 여성을 볼 때 그들의 능력이나 성격보다는 외양에 더 많은 관심을 보이면서, 암묵적으로 여성들도 그런 식으로 사람들을 바라보도록 부추기기도 한다. 대다수의 사람들이 크리스천일 것이라고 가정하거나("메리 크리스마스."라고 말하면서), 모두가 계단을 오를 수 있다고 가정하는 것도 차이에 대한 낮은 인식을 반영한다. 제시 잭슨(Jesse Jackson)이 대통령 후보로서 품격 있게 옷을 입고 나타났을 때 뉴욕 호텔에서 그를 호텔 벨보이로 착각한 백인 여성이 팁을 주었다는 일화[10]가 말해 주듯이, 회피, 배척, 거부, 폄하는 부주의한 태도와 같이 단순한 경우도 있다. 이러한 예들은 단순한 농담처럼 들리기도 하지만, 사실 여성, 유색인종, 장애인, 게이이기 때문에 사람들이 안게 되는 낮은 자존감에 대해 알려 주는 것이기도 하다.

　인종차별주의는 명백하고 고의성을 가진 형태로 나타나기도 한다. 인종차별주의는 기숙사 벽에 갈겨쓰인 흑인과 무슬림에 대한 반대를 나타내는 어구에서 나타나기도 하고, 아시아계 미국 학생들이 받는 혐오 메일, 캠퍼스를 걷다가 경험하는 모욕적인 인사, 라틴계 사람들, 아시아인, 흑인, 아랍인을 향한 치명적인 폭력 행위 등의 형태로 나타나기도 한다. 인종차별주의는 막 이사한 흑인 가족의 앞뜰에서 불에 탄 십자가가 발견되거나, 교회나 유대교 회당, 이슬람교 사원을 불태우거나 묘소에서 부서진 묘비를 흩뿌리는 등의 형태로 나타나기도 한다. 부동산업자가 유색인종이 백인 마을에서 먼 곳에서 살도록 꾀를 부리거나, 자격 없는 백인에게는 기꺼이 주택담보대출 혹은 사업자금 대출을 해 주면서 흑인에게는 대출을 거부하는 등 흑인들을 미국에서 지역적으로 가장 분리된 집단으로 만드는 형태로 나타나기도 한다. 이러한 불공정한 처우의 결과는 너무나 크다. 일련의 연구들은 거주지역이 삶의 질에 미치는 영향을 강조하면서, 거주지역이 직업을 가질 기회, 지역사회 서비스(학교, 건강보험, 도로 사정, 쓰레기 처리), 지역사회 안전 정도, 심지어 정치적 권력에의 접근까지 삶의 질적 수준에 큰 차이를 가져올 수 있다고 말한다.[11]

인종차별주의는 위기의 순간에 경찰의 학대, 잔혹성, 무시 등의 형태로 나타나기도 하고, 흑인이기 때문에 운전 중 잠시 검문을 받는 형태[저자는 Driving While Black(DWB)으로 표현][12]로 나타나기도 한다. 또한 흑인 부모들이 자녀들에게 경찰을 피하라고 교육하게 만들고, 경찰을 만나면 절대 도망치지 말고 손을 어디에 넣지 않고, 의심 살 행동을 하지 않도록, 즉 아이들이 세상을 자유롭게 공포 없이 돌아다니지 못하도록 교육하게끔 만든다. 또한 인종차별주의는 무기를 소지하지 않은 흑인 남성이 경찰의 총격으로 사망하는 모습으로 드러나기도 한다. 하버드 대학교 교수 헨리 루이스 게이츠(Henry Louis Gates)가 대낮에 자신의 집 앞에서 신분을 증명하라고 요구한 경찰에 분개하자 체포되었던 사건 또한 유사한 예이다.[13] 번잡한 길가에서 은근히 속삭여지는 '깜둥이' '타월헤드(중동인들을 경멸적으로 부르는 말)' 같은 말 혹은 공중화장실 벽이나 하층집단 및 노동자 계층 흑인 지역의 담배 광고판이나 술 광고판에 휘갈겨 쓴 문구 속에서 인종차별주의가 나타나기도 한다. 또한 빈집으로 광고되었던 아파트나 호텔방이 유색인종이 왔을 때는 갑자기 사라져 버리는 형태로 나타나기도 한다.

특히 흑인들은 단지 자신의 인종 때문에 지속적으로 이러한 경험을 해서 일상생활에 뿌리박힌 판단적인 태도에 취약해진다. 흑인의 실패나 실수는 절대 그냥 일어난 일이 되지 않고, 그들의 인종적 열등성을 확증하는 사건이 되어 버린다.[14] 인종차별주의는 유색인종의 단점만을 보고 장점은 무시하는 사회에서 살아가야 한다는 것을 의미한다. 이러한 사회에서 유색인종은 매일매일 수용을 반복적으로 쟁취해야 한다. 소수로서 늘 '촉각'을 곤두세우고 '제2의 눈'으로 백인을 '경계'하여 적대감의 가능성이 있는지, 믿어도 되는지 항상 확인해야 한다.[15] 이러한 현상은 버락 오바마(Barack Obama)가 대통령으로 당선된 역사적인 사실 이후에도 변함이 없다. 실제로 오바마가 선출된 지 4년 후에 백인들이 개인적으로 오바마를 높게 평가하는 것과는 별개로 백인지배층 사이에서 흑인에 대한 부정적인 견해는 오히려 증가했다.[16] "미국에서 흑인으로 산다는 것은 신체적으로, 정신적으로, 정서적으로 너무나 지치는 일이다. 피부색이라는 이름표로부터 쉴 곳이 없기 때문이다."라고 아동보호가 매리언 라이트 에델먼(Marian Wright Edelman)은 말했다.[17] 한 흑인 대학 교수는 "인종차별주의가 누군가에 의해 설계되었든 그렇지 않든, 일상의 크고 작은 사건들은 미국 사회에서 우리의 자리가 어디인지 끊임없이 상기시키고, 절망의 삶을 조용하게 이어 가도록 한다."[18]라고 말한 바 있다. 인종차별주의는 끊임없는 의심과 단순하게 살고 싶은 욕구 사이의 균형을 어렵게 만들고, 굴욕, 우울, 분노 속에서 끊임없이 몸부림치게 만든다.

물론 인종차별주의가 배척과 억압을 보여 주는 유일한 현상은 아니다. 지속적으로 발생하는 일련의 폭력은 집에서, 직장에서, 대학 캠퍼스에서, 길가에서 여성과 LGBT 집단을 위협한다. 미국의 대다수의 소녀와 여성은 학교와 직장에서 성희롱을 경험했다고 보고하고 있다. 가정폭력은 여성이 경험하는 상해의 주된 원인이며, 미국에서 태어난 여성의 거의 절반이 어느 시점에서든 강간미수나 강간을 경험하는 것으로 알려져 있다.[19] 결과적으로 여성들은 희롱과 공격의 대상이 될 가능성을 피하기 위해서 자신의 삶을 제한해야 한다고 배우게 된다.

종속집단이 더 이상 참지 못하고 분노, 역정, 원망을 표출하더라도 힘이 있는 사람들, 즉 남성, 백인, 앵글로, 비장애인, 이성애자, 중상위 계층은 도리어 이들을 응징할 가능성이 높다. '프로답지 않다' '통제가 안 된다' '부적응자이다' '트러블메이커이다' '남성혐오자이다' '투덜댄다' '오바한다' 등의 비난이 그러한 응징의 예이다.[20] 이러한 응징에 수반되는 문화적 권위와 힘을 감안했을 때, 그에 방어하기란 상당히 어려우며, 이로 인해 억압은 가중되고 노력 없이 얻은 특권의 이익은 더욱 커진다.

특권의 문제는 내적인 삶과 외적인 삶 그리고 그 둘 사이의 교류에 영향을 미쳐서 특권을 더욱 강화시키고 지속되게 한다. 경쟁이 강화될수록 생활을 영위할 수 있는 직업을 갖기가 어려워지고 수입과 부의 불공평한 분배가 나타난다. 이러한 현상은 유리천장이나 직장 내 성 문제, 관련된 다른 불평등한 처우, 접근, 기회 등의 형태로 나타난다. 교육 수준은 도움이 되기도 하지만 그렇지 않기도 해서, 4년제 이상의 대학 교육을 받은 흑인이나 라틴계 사람들은 비슷한 교육 수준의 백인에 비해 직장을 갖지 못하게 될 가능성이 각각 67%와 45% 높은 것으로 나타났다.[21] 대학 교육을 받은 가족이 있는 흑인이나 라틴계 가족들은 비슷한 수준의 백인 가정보다 빈곤선 이하의 삶을 살 가능성이 2~3배 높다.[22] 유사한 현상이 성적 불평등과 관련하여 직장에서 나타난다. 남성과 여성의 급여 차이는 오랜 투쟁 끝에 다소 줄었지만, 그 변화의 속도는 극히 느리고 지난 몇십 년 동안 거의 없었다고 해도 과언이 아니다. 1982년에 대졸 여성 전일제 근로자의 평균 연수입은 1만 7,000달러였는데, 이는 같은 조건의 남성이 2만 8,000달러를 벌었던 것에 비교해 달러당 62센트의 비율이었다. 32년이 흐른 2014년, 여성의 평균 연수입은 6만 57달러, 남성은 8만 6,050달러로 올랐고, 그 비율은 달러당 70센트에 불과한 것이다.[23]

대부분의 장애를 가진 실업자들은 직업을 갖고자 하지만, 장애인의 실업률은 비장애인에 비해 12배나 높다. 장애인은 최소임금 이하의 직업을 가질 수밖에 없기 때문에,[24] 1만 5,000달러 이하의 직업을 가질 가능성이 비장애인보다 3배 이상 높다. 게다가 이러한 직업은 건강보험 등 복지혜택과 거리가 멀기 때문에 장애인들은 필요한 치료를 비용 때문에 제때 받지 못하고 건강 문제를 바로 해결하지 못한 채 나중으로 미룰 가능성이 두 배 이상 높아진다.[25]

특권과 억압의 문제로 인하여 기회가 넘쳐 살기 좋은 세상은 점점 멀어진다. 이러한 세상을 변화시키기 위해서 우리가 어떠한 행동을 취해야 하는지 알기 위해서는 특권과 억압이 어떻게 우리에게 영향을 미치는지 알아야 한다.

누구를 위한 문제인가

소수집단 우대정책에 대한 모든 논쟁에도 불구하고, 지배집단의 지위는 약화되지 않았다. 그러나 이러한 사실이 남성, 백인, 혹은 다른 지배집단이 특권의 체계로 인한 부정적인 결과를 피할 수 있다는 것을 의미하는 것은 아니다. 남성이 자신의 형제, 자녀, 남성 친구들과의 관계에서 문화적으로 강요되는 정서적인 결핍 때문에 어떠한 삶의 어려움을 경험하는지 생각해 보라. '진짜 남자'로 보이기 위해서 남성들이 서로에게 얼마나 마음의 상처를 주는지, 자신들의 인간성을 얼마나 제한하고, 자신들의 욕구를 어떻게 부정하며, 도움을 구하지 않고, 만성적인 공포와 불안, 고립, 외로움 속에서 살아가는지 생각해 보라. 다른 남성의 폭력에 대해 남성이 경험하는 공포를 생각해 보고, 학급 친구들과 교사에게 총을 겨누도록 내몰린 소년들을 생각해 보라. 성별을 넘어서 우정을 쌓는 것이 얼마나 어려운지, 여성을 둘러싸고 남성들이 보이는 방어체계가 어떠한지, 여성을 발판 삼아 남성의 위치를 높이도록 구조화된 세계에서 성차별주의와 희롱에 대한 비난에 남성들이 얼마나 취약한지 생각해 보라. 남성 특권에 대한 간접적인 언급에도 나오는 과민반응, 상처, 근심, 적대감, 혼란, 철회, 무시, 반박, 멸시, 조롱, 회피 등 다양한 반응을 생각해 보라.

남성 특권에서 오는 불이익은 이성애자 특권에서 오는 불이익과 비슷하다. 게이 남성과 레즈비언 여성은 이성애중심주의와 동성애공포증이라는 공격에 직면한다.[26] 그러나 게이와 레즈비언에게 위협이 되는 역동들은 이성애자에게도 파괴적인 영향을 준다. 간단히 말해서, 게이와 레즈비언을 공격하기 위하여 사용되는 무기는 이성애자를 공격하기 위해서도 사용될 수 있다. 예를 들면, 이성애자 남성은 게이 남성을 'fag' 'queer' 'fairy' 'cocksucker'❶라고 모욕적으로 부르며 위협하기도 하는데, 이러한 단어들은 이성애자인 남성이 자신의 위치를 유지하고 지배집단의 기준에 맞추기 위해 다른 이성애자 남성을 위협할 때도 사용되어 '약해빠진' '겁쟁이' '계집애

---

❶ 역자 주: '호모' '똥꼬충' 등으로 번역 가능하다.

같은' '여자에게 잡혀 사는' 등과 같은 의미로 공개적으로 사용되기
도 한다. 남성성에 대한 위협을 받을 때마다 남성은 자신의 성적 지
향과는 관계없이 게이 남성을 칭하는 문화적 용어로 불린다. 유사
한 현상이 여성들에게도 일어난다. 여성들은 레즈비언처럼 보일까
두려워서 남성 특권에 대해 이의를 제기하지 않고 침묵을 지키기
도 한다.[27]

남성 사이에서 일어나는 이러한 현상은 이성애자들이 처한 곤경
의 일부분만을 보여 주는 것이다. 소녀와 여성을 대상으로 행해지
는 남성들의 어마어마한 공격성과 폭력을 생각해 보자. 여성들은
아동기 성학대부터 시작해 가정폭력, 강간, 스토킹, 성학대 등 다양
한 폭력을 경험한다.[28] 남성폭력에 대한 연구에 의하면, 통제는 권
력과 이성애적 관계의 문화적 관계성을 관통하는 핵심 주제이다.
즉, 남성은 늘 통제력을 갖고, 성은 남성이 그것을 증명해 내는 주
요 방법이라는 것이다. 폭력은 통제를 행사하고 우월성을 주장하
는 수단이 되므로 이성애중심주의와 권력 사이의 문화적 연합으로
인하여 이성애적 관계에서 여성에 대한 남성의 폭력이 일어날 수
밖에 없는 것이다.

이성애중심주의(heterosexuality)는 성적 불평등을 정의하는 데 있
어서도 상당히 중요한 역할을 한다. 진짜 남자와 여자라는 말은 이
성애적인 용어로 정의되어, 성폭력은 늘 성적 측면을 포함한다. 이
러한 측면은 이성애자 남성이 레즈비언과 게이에게 가하는 폭력
및 이성애자 커플 사이에서 행해지는 폭력 사이의 관계에 대해 보
다 명확하게 이해하는 데 도움이 된다.[29] 동성애자를 공격하는 대
다수의 이성애자 남성은 도덕적이거나 종교적인 확신 때문에 그러
한 행동을 하는 것이 아니다. 이들은 동성애자들의 성적 지향이나

동성애자들이 여성과 관계 맺는 방식이 자신이 여성과 가지는 관계 및 태도에 의문을 제기하고 위협이 된다고 느끼기 때문에 공격적인 모습을 보이는 경향이 있다. 동성애자들은 이성애자들의 모델을 따르지 않으므로 동성애자들이 맺는 관계 방식은 남성성에 대한 이성애자 남성의 독점권, 특히 여성에 대한 남성의 권위에 이의를 제기하는 것이다. 게이 남성의 존재는 지배적인 남성상에 대한 도전이 되는데, 게이 남성들은 여성을 성적인 통제의 대상으로 대하지 않기 때문이다. 레즈비언들은 성적인 파트너로 남성을 선택하거나 남성에 종속되지 않기 때문에 남성 모델에 더욱 심각하게 도전한다. 이 때문에 이성애자 남성들이 동성애자들에게 경험하는 불편함과 이성애자들의 관계에서 발생하는 성적 불평등은 떨어뜨려서 생각하기 어렵다.

남성은 젠더와 관련된 문제를 안고 있고 이성애자는 이성애와 관련된 문제를 안고 있는 것과 같이, 백인에게는 인종과 관련된 문제가 있다. 인종차별로 인한 불공정과 고통이 일반적으로 인종, 특히 백인과 관련이 있다는 사실을 부정하기 위해 백인들은 여러 가지 행동을 하는데, 오히려 이러한 행동에서 인종 문제가 잘 드러난다. 즉, 백인들이 한 개인으로서 자신을 어떻게 보는지와 상관없이,[30] 인종 문제와 관련하여 백인들이 보이는 매우 민감하고 방어적인 태도나 유색인에 대한 불편함과 공포 속에서 인종차별이 잘 나타난다는 것이다.[31] 백인들은 신뢰받지 않는다고 느낄 때, 진실보다는 듣고 싶은 말만을 듣는다는 피드백을 받았을 때 주로 인종문제와 관련하여 불편한 감정을 느낀다. 또한 백인들은 인종차별주의가 얼마나 깊게 자신들의 삶에 자리 잡아 영혼을 갉아먹고 정서적인 토양을 건조하게 만들며, 비유럽 문화에서 볼 수 있는 리듬과 생명력이 자신에게는 부족한지 깨닫고 고통을 느끼게 된다. 이 때문에 백인들은 점차 인종차별주의에 무감각해진다.

　인종차별주의는 공정함, 관대함, 정의와 같은 문화적 가치관과 부합하지 않는 위선적인 태도이므로 백인들은 인종과 관련된 문제로 인하여 자신의 도덕적인 고결성이 훼손되는 것을 감수할 수밖에 없다. 백인들은 "나는 피부색에 의한 차이가 무슨 말인지, 인종이 어떻다는 건지 이해가 안 된다."라며 분노에 차 순진한 소리를 하면서도, 자신들이 선택된 우월한 인종이며 기준이 된다는 착각을 유지하기 위하여 현재와 역사적 현실을 왜곡한다. 또한 백인들은 현재 가장 강력한 권력을 가졌으나 점점 소수인종이 되어 가는 전 세계적인 현상에는 준비가 되어 있지 않다. 그렇기에 당장 모든 것을 쓸어내 버리지 않는다면 '흑인의 홍수라는 어두운 물결'이 어느 순간 자신들에게 다가올 것이라는[32] 만성적인 두려움과 인종차별주의라는 '속임수로 가득 찬 편안한 감옥'을 무시하고자 하는 것인지도 모르겠다. 이렇듯 인종 문제는 다른 사람들과 마찬가지로 백인들에게도 영향을 미친다. 우리는 현실 속에서 저마다의 방식으로 함께 압도되고 있다.

　우리는 성차별주의, 이성애중심주의, 장애인차별주의, 인종차별주의가 여성, LGBT, 장애인, 유색인종에게만 영향을 미치는 것이 아님을 깨닫지 못하고 그대로 내버려 두고 있으며, 그리하여 현재 너무나 많은 종류의 불평등과 고통이 양산되고 있다. 우리 모두는 인종, 생물학적 성 정체성, 사회적 성 정체성, 성적 지향, 장애 상태에서 자유롭지 않다. 우리는 원하지 않을지라도 특권과 억압에 기반하여 만들어진 차이를 경험하게 된다. 또한 그렇기 때문에 우리는 변화를 위해 함께 행동할 이유가 있다.

이게 다는 아니다

특권을 둘러싼 문제는 개인뿐 아니라 조직, 지역사회 등 사회 전체에 총체적인 영향을 미친다. 기업부터 시작해서 군이나 병원, 학교까지 특권과 억압이 널리 퍼져 있다는 것은 최악의 비밀 중 하나이다. 큰 사건이 일어나기 전에는 사람들은 아무런 문제가 없다는 듯이 행동하다가 사건이 일어나고 나서야 관심을 보인다. 이 사건들은 주로 가장 높은 수준의 책임감과 권력을 행사하는 곳에서 인종차별적인 언행이 일어나는 것, 예를 들어 LGBT 집단에 대한 혐오범죄, 대학이나 군, 기업에서 벌어지는 성폭력 및 성희롱 등과 관련된다. 2013년에 다트머스나 스와드모어, UC 버클리 같은 유수의 대학에서 성폭력 사건을 제대로 처리하지 않고 학생들을 적절히 보호하지 않아 연방수사가 이루어진 적이 있다.[33] 2015년에는 반인종차별주의 항거가 미국 전역의 대학에서 일어났다. 2016년 도널드 트럼프(Donald Trump)의 대통령 선거 연설에서는 유색인종, 무슬림, 여타 소수집단에 대한 적대감이 여과 없이 드러나 대다수의 미국인이 충격에 빠지게 되었으며, 이후 미국 전역에서 대대적인 집회가 이어졌다.

많은 조직은 문제를 부인하거나 망각한다. 위기 상황에 대한 조직의 전형적인 반응은 법적인 처치나 악평을 피하고 손해를 막기 위해 노력하는 것이다. 이때 조직은 문제가 개인의 잘못이라고 화살을 돌리고, 개인에게 초점을 맞추어 상황을 모면하려고 한다.

그러나 위기와 사건 사이에서 특권과 억압이 지속적으로 미묘하게 영향력을 발휘하면, 조직은 점점 역기능적으로 변화하여 취약해진다. 백인과 남성은 자신의 사회적 지위로 인해 여성 및 유색인종 직장 동료나 부하 직원들이 기업에서 살아남기 위해 겪어야 하는 어려움에 대해 알지 못한다. 최소저항경로로 인하여 특권의 위치에 있는 사람들은 다른 사람들의 삶에 부정적인 영향을 미치는 억압과 자신의 삶이 어떻게 관련되어 있는지, 특권으로 점철된 삶이 사람들에게 어떻게 영향을 미치는지 보지 못한다. 백인 남성들은 여성들을 남성과 똑같이 대하거나, 유색인종을 백인처럼 대하려고 노력할 것이다. 그러나 이러한 접근은 인종차별이나 성차별이 의식과 의도를 넘어서는 존재하지 않으며 자신은 인종차별과 아무런 관련이 없다고 말하려는 시도에 가깝다. 예를 들어, 백인 남성이 백인 여성이나 유색인종을 지도하게 되면, 역기능성과 취약성을 감소시키는 것이 아니라 되려 최소저항경로를 만들 뿐이다. 또한 이러한 문제에 관해 관심 있는 사람들에게 실상을 알려 주지도 못할 것이다.

교사나 상사 혹은 상급자가 특권과 억압에 대해 인식하지 않는다면, 을의 위치에 있는 사람들은 무리 없이 잘 지내기 위해 굳이 불편한 주제를 꺼내어 갑을 불편하게 만들지 않으려 한다. 어려움을 표면화하지 않은 채 놔두면서 권력의 자리에 있는 사람을 신용하기란 사실 어려운 일이다. 결과적으로 권력의 위치에 있는 사람들은 자신이 알아야 하는 것을 알지 못하게 되고, 조직 내 변방에 있는 사람은 그 자리에 멈춰 자신의 능력이나 재능이 인식되지 않은 채 역량을 발휘할 필요가 없는 일에 머무르게 된다. 혹은 좌절하여 학교나 직장을 그만두거나 차이라는 문제를 잘 이해하는 회사로 이직할 수도 있다.

떠나간 직원들을 놓친 조직의 입장에서도 인재를 훈련하고 개발하기 위해서 투자했던 노력이 무용지물이 되고, 남성, 백인, 이성애자, 비장애인이 아닌 이상 살아남기 어려운 곳이라는 불명예가 남는다. 이에 이 조직의 구성원은 권력과 영향력을 가진 사람과 동등하게 일할 수 있는 더 나은 다른 조직으로 가려 할 수 있다. 이때 조직 간의 경쟁이 더욱 심해지고 조직 내 구성원이 다양해지면 각자의 재능을 발휘하도록 도와주는 새로운 조직이 그 '다른 곳'으로 가려는 사람들을 매료시키고 결국 이익을 얻게 될 것이다.

대부분의 조직이 다양성 확보에 실패하는 이유는 사악하고 편협한 사람들 때문이 아니라 위기 상황이 아니면 굳이 특권 이슈에 대응하지 않는 데 있다. 또한 대응을 할 때조차 특권과 억압의 깊은 현실을 직면하기보다는 현재의 문제를 피상적으로 다루는 데 그치고 말기 때문이다.

실패는 어떤 극적인 순간에 한꺼번에 일어나는 것이 아니다. 사람들을 분노케 하는 사건 혹은 정치인이나 대학 총장, 행정가가 사임하는 것 같은 야단스러운 사건들은 사실 문제가 아니다. 문제는 사회에서 만성적으로 지속되는 부인과 무시의 문화이다. 매일 조금씩 사람들은 자신에게 그다지 중요하지 않은 것처럼 보이는 하나하나의 단서들을 맞닥뜨리지만, 먹고 사는 데 너무 지쳐 있다.

특권의 억압적 효과는 너무나 미묘해서 지배집단의 구성원은 특권이 논의의 대상이 될 때마다 불평을 늘어놓는다. 이들은 위협을 느끼고 강요받는다고 생각해서 더 이상 견디지 못하고 "이보세요, 그만 징징대요. 세상이 그렇게 나쁜 건 아니라고요. 예전에는 나빴을지 몰라도 요즘은 그렇지도 않잖아요. 이제 그만하고 극복하세요."라고 말할지도 모른다. 그러나 특권의 혜택을 받는 사람들은 유색인종이나 레즈비언, 여성, 게이, 장애인, 노동자나 하위 계층으로 사는 것이 얼마나 힘든지 모른다. 도대체 백인이 인종차별주의의 현실이 매일매일 어떤 모습인지 어떻게 안단 말인가? 유색인종과 달리 백인은 인종차별주의의 억압을 24시간 받으며 사는 것이 아니다. 백인들은 식당에서 형편없는 서비스를 받는다든가 이방인처럼 느끼는 것이 어떤 경험인지 이해할지 몰라도, 그런 일이 자신의 친구와 가족 모두에게 얼마나 자주 일어나는지, 인종 때문에 자신이 어떤 모습으로 인식되는지, 이러한 현실로부터 얼마나 벗어나기 어려운지에 대해서는 알지 못한다.[34]

　종속집단이 말하는 모든 것이 옳다는 것은 아니다. 그러나 지배집단이 종속집단의 말을 진지하게 생각해 보아야 한다는 점은 확실하다.

상처가 멈추어야 치유도 가능하다

　최근 들어 '인종적 치유' '성별로 인한 상처를 치유하기' 등 다양한 종류의 '화해'에 대한 논의가 이루어지고 있다. 집단적으로 함께 피해와 상처를 직면하고 그에 대한 치유가 가능하도록 어렵고도 위대한 움직임이 시작된 것이다. 이러한 치유가 진실로 가능하다면 축복과 같은 일이지만, 사실 이는 소망으로 가득 찬 생각일 뿐이다. 아직 문제는 극복되지 않았기 때문이다. 특권과 억압은 수천만 사람에게 해를 끼치고 있다. 역사의 패턴은 현재까지 이어져 우리가 변화를 꾀하지 않는 한 미래에서도 계속 이어질 조짐이 곳곳에서 보인다. 현재가 미래로 이어지지 않도록 하려면 결국 특권을 가능케 하는 이러한 패턴을 변화시켜야 한다.

　치유에 대해 상상할 때 우리는 상처가 정서적 특징을 가진다고 생각하는데, 이는 문제일 수 있다. 우리의 목적인 더불어 잘 지내는 것은 우리가 서로를 더 잘 대하거나 더 인내할 수 있다거나, 용서하거나 잊어버리거나, 더 진실한 방식으로 사는 것을 의미한다. 이런 말들은 합리적으로 들리겠지만, 이 말들은 문제가 반드시 대인관계 속에서 생긴 정서적인 상처로 점철되는 것이 아니라는 점을 묵과한 것이다. 대부분의 문제들은 우리 사회 대다수 구성원의 삶에 영향을 미치는 권력과 불평등의 구조, 즉 분리정책부터 시작해서 경제, 정치, 종교, 학교, 가족 등에 이르는 사회구조와 깊이 관계된다. 서로를 조금 더 생각하고 친절하게 대하는 것만으로 이러한 굴레를 벗어날 수 있다는 생각은 극복해야 하는 것이 무엇인지 외면하는 것이다. 많은 사람이 잘못된 목적을 생각했기 때문에 이제껏 그 굴레를 벗어나지 못한 것이다. 잘못된 생각은 문제를 직면하지 못하게 하고, 존재할 수 없는 대안을 쫓아가게 한다. 특권과 억압이 형성되고 유지되었던 근본적인 문제를 해결하려면 치유가 아닌 변화가 필요하다.

　어떤 방식으로든 치유하도록 회유하는 것은 진실한 의도를 가졌더라도 그 효과상으로는 우리가 처한 문제의 깊이를 무시하는 것이다. 문제를 무시하거나 다른 선의로 대체하려고 노력해 본다면 문제는 사라질 것이라는 절망적인 환상은 오랫동안 우리 주변을 맴돌았다. 그러나 함께 환상을 직면하고 환상을 넘어 반대편에 있는 진실에 도달했을 때 희망은 가능하다. 그러기 위해서 우리는 먼저 특권을 둘러싼 문제가 특권에 대한 우리의 사고방식 때문에, 또한 우리가 이러한 문제를 가지고 있다는 문제 자체 때문에 얼마나 악화되고 있는지 이해해야 한다.

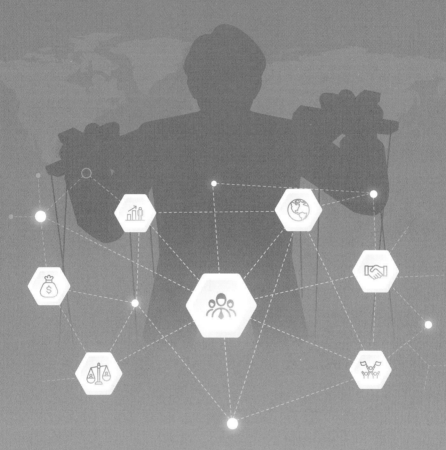

제5장

문제를 가지고 있다는 문제

사흘 동안 인사팀 관리자 회의에 참석했을 때였다. 그 회의는 남성과 여성, 백인과 유색인, 미국 전역과 유럽의 여러 나라에서 온 사람들로 이루어져서, 내가 함께 일했던 집단 중 가장 다양한 사람으로 구성되었다. 회의에서 사람들은 특권과 억압을 끝맺기 위해 삶에서 어떠한 노력을 해왔는지 다양한 사례와 성공담을 공유했다. 다양한 성공담에도 불구하고, 회의에 참여하고 있는 사람들이 여전히 좌절하고 있다는 것이 점점 명확하게 느껴졌다. 앞으로 나아가는 속도는 고통스러우리만큼 느리고 쉽게 엎어지므로 무력감 또한 깊어지는 것 같았다.

문제를 효과적으로 처리하는 유일한 방법은 규준과 예시를 설정할 만큼의 권력을 가진 자들과 함께 협력하여 조직문화를 형성하는 것이다. 즉, 변화를 이루기 위해서는 억압을 견뎌 내고 있는 사람들뿐만 아니라 특권을 가진 사람들에게도 특권의 문제를 제기하고 인식하도록 도와 권력을 가진 사람들이 이 문제에 관여하도록 해야 한다. 바꾸어 말하면, 남성들은 성차별주의가 자신에게도 문제임을 인식해야 하며, 백인들은 인종차별주의가, 비장애인은 장애인차별주의가 자신에게도 문제임을 인식해야 한다. 그러나 그런 경우는 매우 드물며, 그렇다고 해도 오래가지 않거나 효과가 크지 않다. "왜 그럴까?"라고 질문했을 때 회의 참여자들은 기다렸다는 듯 지배집단이 특권을 자신의 문제로 보지 않는 이유를 다음과 같이 폭풍처럼 쏟아냈다.

- 우선 지배집단은 특권의 존재 자체를 알지 못한다. 특권은 잊히기 쉽다. 지배집단의 구성원들에게는 특권이 하고자 하는 일

에 방해가 되어 특권의 현실을 경험할 계기가 없었을 수 있고, 주변 사람들에게 트러블메이커가 되거나 상황을 악화시킬 가능성 때문에 군이 위험을 감수하지 않으려 할 수도 있다. 이런 이유들로 지배집단의 구성원들은 특권이 현실적으로 어떤 형태인지 볼 계기가 없다. 또한 지배집단의 사람들은 특권이 다른 사람들을 어떠한 방식으로 억압하는지 알지 못하며, 자신과는 너무나 먼 세계의 사람들이 경험하는 어려움 정도로 생각하며 곧 잊어버린다. 더불어 지배집단의 구성원들은 자신의 역경에 대해서 계속 인식하도록 하는 주변 사람들을 잘 견디지 못하며, 그들의 말이 자신의 삶에 짐을 얹어 주는 것이라고 여긴다. 의식적으로든 무의식적으로든 지배집단은 특권과 억압에 대해서 알지 못하며, 결과적으로 문제에 침묵으로 대응하게 된다.[1]

- 지배집단은 특권에 대해 알 필요가 없다. 지배집단은 문제가 있다는 것을 인지할지라도 자신들이 최악의 결과로부터 별 영향을 받지 않기 때문에 문제에 관심을 가지지 않는다. 현 상태를 붕괴시킬 가능성이 있는 법률 소송, 파업, 데모 등을 제외하면 이러한 문제 때문에 그들이 서두를 이유가 없다.

- 지배집단은 문제가 그저 개인적인 어려움이라고 생각한다. 지배집단은 자신들이 받을 만한 것을 받는다고 생각하고 특권이나 억압의 문제는 사적인 성패의 총합일 뿐이라고 생각한다. 즉, 남성이나 백인이 다른 사람들보다 많은 것을 얻었다면 더 열심히 일하고, 더 똑똑하고, 더 정직하고, 훌륭한 시민이며, 뛰어난 역량을 가졌기 때문이다. 별로 성취하지 못한 사람들은 자신의 상황을 개선하기 위해 개인적으로 더 노력해야 한다고

지배집단은 생각한다.

• 지배집단은 자신들의 특권을 유지하고 싶어 한다. 지배집단은 자신들이 혜택을 받는다는 것을 알고 있으며 변화를 원하지 않는다. 어떤 사람들은 '옳은 일을 하고 싶은 마음과 지금 가지고 있는 것을 놓치고 싶지 않은 마음 사이에서 혼란스러운' 감정을 갖게 된다. 그러나 많은 경우에 자신이 받을 만한 것을 받고 있고 그럴 만한 권리가 있다고 생각한다. 콜로라도에서 대학을 다니는 한 젊은 남성이 "왜 남성 운동 프로그램들이 여성 때문에 기금을 포기해야 하는 걸까요? 돈을 받고 싶으면 알아서 찾아보라고 하세요."라고 말한 적이 있다. 이런 질문은 계층 특권에서는 결핍을 경험했지만 경쟁사회에서 노력하여 성공한 사람들에게서 많이 나온다. 이들은 다른 사람들은 가지지 못한 혜택을 포기하지 않는다. 이런 현상은 계층 특권에서 결핍이 없었던 사람들에게도 나타난다. 내가 함께 일한 적 있는 상당히 성공한 백인 전문직 여성은 남성 특권으로 인해 자신의 계층 이동 가능성이 얼마나 낮으며 얼마나 좌절스러운지에 대해서는 열성적으로 이야기하면서도, 인종 문제가 등장하고 백인 특권이 모두가 인식해야 할 중요한 이슈라는 논의가 시작되면 분노하곤 했다.

• 때로는 의식적으로 편견에 차 있는 지배집단 구성원도 있다. 지배집단은 흑인이나 여성, 레즈비언, 게이에 대한 자신의 적대감을 의식하지만, 이러한 적대감을 편견이라고 생각하지 않고 세상을 객관적으로 보는 합리적인 의견이라고 생각한다. 이들은 자신의 우월성에 대해 확신하고, 그 확신은 벽과 같이 견고해서 그 벽을 관통하거나 넘으려고 할수록 더 높고 견고해진다.

- 어떤 지배집단 구성원들은 두려워한다. 어떤 사람들은 특권과 억압을 위해 함께하는 것에 동정적일 수도 있으나 특권과 억압을 인식하고 있다는 것 자체에 대해 비난받을까 봐 두려워한다. 그들은 어찌해야 할지 모르는 일에 무력함을 느끼고, 자신이 실수를 저질러서 바보같이 보일까 걱정한다. 자신이 남성 혹은 백인이라는 것에 대해 죄책감을 가지거나, 공개적으로 공격당할 가능성에 대해서도 두려움을 느끼기도 한다. 이들은 자신이 공정의 문제에 주목하면 다른 남성이나 백인들이 의리가 없다고 말하며 불편해하거나 자신을 위협할까 봐 걱정한다. 이들은 직장, 가정, 학교에서 이미 많은 걱정과 근심을 경험하고 있으므로 걱정을 하나 더 보태고 싶은 마음이 없다.

지배집단은 동질집단이 아니므로 이 예들이 모든 사람에게 같은 방식이나 같은 정도로 적용되는 것은 아니다. 그러나 그 적용의 다양성 및 예외와 상관없이 지배집단의 구성원들이 특권과 억압에 관심을 가진다면(관심을 가지지 않아도 되는 여러 가지 이유에도 불구하고), 문제의 핵심에는 한층 더 가까워질 것이다.

내가 참여했던 관리자 모임에서 너무나 많은 성공담이 있었음에도 불구하고 왜 아직도 좌절을 느끼는지 물었을 때, 관리자들은 자신들이 이루어 낸 진보는 두 가지 전략에 기반했는데 그 전략들이 매우 짧은 시간 동안만 유효했기 때문이라고 답했다.

첫 번째 전략은 이른바 '양철컵' 전략으로, 불우한 사람들을 향한 관용, 공정, 선한 의지 등에 호소하는 것이다. 선행은 품격 있는 행동이므로 지배집단의 일부는 선행을 베풀 것이라는 전략이다. 그러나 이 전략은 각각의 상황에서 당사자가 그 순간 얼마나 안정적이고 관대할 수 있느냐에 달려 있기 때문에 장기적이고 근본적인 변화로 이어지지 않는다. 또한 이런 선한 행동 접근 방식은 행운이 빗겨 간 사람들을 돕는 '우리'와 도움을 받는 '그들'의 개념에 기반한다. 가난하지 않고 비장애인인 '우리'가 가난하고 장애인인 '그들'을 도울 때 우리는 그들과 동일시되지 않으므로 도움의 순간에 분리와 거리가 생겨난다. 이때 돕는 행동과 도움을 받는 행동은 두 집단 사이의 사회적 거리를 만들어 내고 모두가 이 거리를 인지하게 만든다. 즉, 한 집단은 줄 수 있는 능력을 가지고 있고, 다른 집단은 도움 없이는 무능력하다는 생각으로 이어지는 것이다. 독립성, 자율성, 자기충족을 가장 상위의 문화적 가치로 여기는 사회적 분위기 속에서 받는 쪽은 부정적인 평가를 피하기 어려우며 주는 쪽은 더 긍정적인 신뢰를 받게 되어 자신의 위상을 더 높이게 될 것이다.

옳은 행동은 도덕적이고 신뢰할 만한 것이지만 선행에 의존하는 방식은 유대감보다는 단절감으로 마무리되고, 사람을 위한 것이라기보다는 옳은 일을 해야 한다는 원칙에 복종하는 것과 더 연결된다. 예를 들어, 우리가 가족을 돌보는 것이 옳은 일이고 가족을 돌보지 않으면 이웃의 비난을 받기 때문에 가족을 돌볼 수도 있지만, 가족과 유대감이 있기 때문에 가족에 대해 책임감을 갖고 돌보기도 한다. 가족에게 빚을 져서 갚으려고 돌보는 것이 아니라, 우리의 삶이 그들의 삶과 연결되어 있고 그들에게 일어난 일은 우리에게 일어난 일이라는 유대감이 있기 때문이다. 이러한 경우 가족은 순간적으로 도움을 주고 싶은 마음이 들어서 도움의 손길을 내밀게 되는 '타인'이 아니다. 모두 가족의 구성원이기 때문에 가족들 사이에 무슨 일이 일어나고 있는지 관심을 갖는 것이 중요한 것이다.

원칙이나 미덕을 가지고 행동하는 것의 또 다른 문제는 사람들이 선행을 할 때 경험하는 기분 좋은 느낌에 영향을 받는다는 것이다. 선행 후 갖는 좋은 느낌은 그다지 오래가지 않는다. 성차별주의나 인종차별주의와 같은 이슈를 직면하는 것은 어렵고 고통스러우며 때로는 위험을 감수해야 하는 일이다. 따라서 자신의 선행에 대해 순간적으로 긍정적 감정을 느꼈다고 지속적으로 괴로운 길을 걷게 되지는 않는다.

우리가 지속적으로 노력하기 위해서는 책임감, 즉 문제는 다른 사람에 대한 것이 아니라 우리 자신의 것이므로 변화를 위한 노력은 선택이 아니라는 것을 깨달아야 한다. 변화를 위한 노력은 우리가 한순간 잠시 관대해지거나 도와줄 수 있기 때문에 선택하는 것이 아니라 우리가 살아가고 있는 세상에 대한 일종의 참여를 의미한다. 주인의식이 없다면 특권과 관련된 문제를 해결하기 위한 노력은 루스벨트 토머스(Roosebelt Thomas)가 말한 '좋은 날씨' 상황, 즉 좋을 때만 함께하는 것이 되고 만다.[2]

양철컵 접근에 대한 대안으로서 토머스는 옳기 때문이 아니라 조직을 더 효율적으로 만들기 때문에 행동해야 한다고 주장했다. 이러한 접근 방식이 주장하는 바는, 특권의 문제를 직접적으로 다루면서 기업들은 고객을 끌어들이거나 재능 있는 직원을 뽑는 식으로 경쟁력을 갖추게 되고, 대학은 더 좋은 학생, 교수 및 직원을 유치할 수 있어서 결과적으로 조직 내 구성원의 사기와 생산성이 증진되고 이직률이 낮아진다는 것이다. 이러한 접근으로 조직은 우려하는 소송이나 부정적인 평판 등으로부터 보호될 수 있다.

물론 조직의 효율성을 위해 특권 문제를 다루어야 한다는 토머스의 의견은 옳다. 여성과 소수인종에게 포용적이지 않은 직장을 그만둘 때 조직이 안게 되는 손실은 연간 몇백 달러에 달할 수 있으므로 사람들을 이직하게 만드는 바람직하지 않은 조건을 변화시키는 프로그램 실행은 비용 면에서 효율적인 것이다. 또한 대부분의 조직은 지지적이지 않거나 적대적인 환경 때문에 감당해야 하는 비용과 책임을 알게 되면서 기꺼이 변화를 위해 노력할지도 모른다.

그러나 그런 일은 잘 이루어지지 않는다.[3] 대다수의 경우 조직이 변화를 위해 다양한 프로그램을 운영한다고 해도 이러한 프로그램들은 단기적·일시적으로만 위안이 되어, 사람들은 이내 실망하게 되고 상황은 오히려 이전보다 더 악화되기도 한다. (미국의 가장 큰 제조회사 중 하나의 관리자였던 사람이 "그저 큰돈을 벌려고 이런 프로그램을 시행한다는 것이 너무 짜증 난다."라고 말한 바 있다). 프로그램 자체는 잘 만들어졌지만 추후 관리의 부족, 핵심 인물의 이직, 예산 삭감, 회사의 합병 등으로 프로그램이 없어지는 경우도 있다. 이와 같이 사업적인 측면에 의존하는 방식은 특권과 억압 프로그램의 목적이 실용적이고 합리적이며 수익성 추구에 국한되는 한계가 있다. 이러한 접근 방식은 장기적으로 좋은 결과로 이어지지 않으며, 특권 자체에 대해서는 아무런 역할도 하지 못할뿐더러 오히려 경쟁에서 우위가 되는 데 악용되기만 할 수도 있다. 따라서 사업적인 이점만을 이유로 변화를 부추겨서는 안 된다. 이러한 전략은 최적의 순간에는 공포나 욕심 혹은 둘 다에 호소할 수 있지만, 주식시장의 부침만큼이나 공포는 왔다 갔다 하며 욕심은 늘 그 순간 좋아 보이는 것에 쉽게 달라붙는 것이므로 이 전략의 효과는 일정하지 않다. 특히나 오늘날 전 세계적 자본주의 경제를 지배하는 경쟁적이고 불안정한 특성과 단기적인 속성을 고려하면 더욱 그렇다.

특권과 억압이 없다면 삶은 더 좋아질 것이다. 억압 및 특권과 함께하는 분노, 공포, 불공정, 고통이 싹 없어진다면, 학교, 직장, 이웃, 지역사회에서 우리의 삶 또한 한결 나아질 것이다. 그러나 지역사회와 공공의 목적을 위한 장기적인 변화가 필요할 때 단기적이고 경쟁적인 사고는 목표의 성취에 도움이 되지 않으며 성취할 수 없는 목표를 세우게 만든다. 사람들이 미래를 생각하면서 그 목적을 이루었을 때 어떤 혜택이 올 것인지 잘 알고 있더라도 우리에게는 이들이 지속적으로 그 비전을 붙잡고 장기간 노력할 수 있도록 동기화할 수 있는 무언가가 필요하다. 문제에 대한 해결 방법만큼이나 현재 필요한 것은 문제에 대한 책임감일 것이다. 지배집단은 특권의 문제에 무관심으로 대응하면서 분노, 두려움, 원망, 부담, 무지함 등을 다른 사람에게 떠넘기고 망각의 사치를 누릴 수 있다. 그렇기에 지배집단이 망각의 사치를 넘어설 수 있을 만큼 강력하게 책임감을 가지고 문제를 극복하도록 만들 이유가 필요하다. 특권에 대한 우리의 개인적인 이해관계는 그보다 더 깊은 곳으로 도달하여 우리 모두는 세상의 막대한 고통과 불의와 연결되어 있다는 것을 인식해야 한다. 그러한 인식이 생기면 이 문제를 위해 무언가를 꼭 해야 할 의무가 있다는 다짐이 생길 수 있다.

우리에게는 선함에 대한 호소나 효과성을 증진시키는 방안 외에 제3의 전략이 필요하다. 선한 의도를 가진 사람들이 자신이 이러한 문제나 그 문제의 해결책과 별로 관련되지 않는다고 생각하게 하는 그러한 장애물을 없앨 방법 또한 필요하다. 우리에게는 차이를 둘러싼 진지한 대화 외에 불필요한 고통을 일으키는 가장 파괴적인 근원을 종식시키기 위해 결연하게 행동할 방법 또한 필요하다. 이 제3의 전략, 의미 있는 움직임은 우리 대부분이 직면하고 싶어 하지 않는 것, 즉 특권, 권력, 차이가 우리 자신과 어떻게 관련되는지 이해하는 것에서 시작된다.

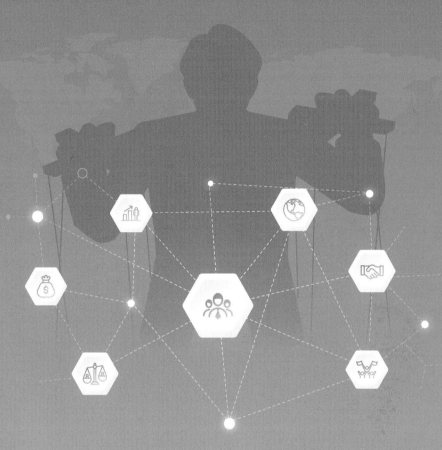

제6장

문제가 우리와 어떻게 관련되는가

특권, 억압을 위해 노력하는 과정이 특히 지배 집단의 입장에서 얼마나 힘거운 것인지 생각해 보아야 한다. 폴 키벨(Paul Kivel)은 "우리 백인들이 간섭과 방어 없이, 내 위주로 생각하지 않고, 비판적이거나 판단적이지 않은 태도로 유색인들의 이야기를 듣는 경우는 거의 없다."[1]라고 기술했다. 불편함, 방어적인 태도, 두려움은 죄책감과 비난을 피하고자 하는 마음에서 오는 것으로, 논의에 따르는 위험 요소를 줄일 방안을 찾은 후에야 논의는 시작될 수 있다. 나는 위험이 실재가 아니라고 말하려는 것이 아니라, 불편함, 두려움, 위협 없이 이러한 주제에 대해 논할 수 있는 방법이 없다고 말하려는 것이다. 따라서 특권에 대해서 이야기하는 것이 무엇 때문에 그렇게 위험해 보이는지 아는 것이 관건이다. 낯설고 처음 보는 것에 대해 인간이 경험하는 두려움과 마찬가지로, 우리가 문제에 대해서 어떻게 생각하고 우리가 문제와 어떻게 관련되는지 논의하다 보면 대개 위험은 생각보다 크지 않다.

개인주의:
나쁜 일은 누군가의 잘못으로 생긴다는 미신

우리 문화에서 조직이나 지역사회, 한 사회는 단지 사람들의 집합일 뿐이며, 우리에게 생기는 모든 일은 각자가 생각하고 느끼고 의도한 대로 이루어지므로 한 사회는 개인 이상의 것이 아니라고 말하곤 한다. 이러한 논리에 근거하면, 개개인을 이해할 수 있다면 우리는 사회를 이해할 수 있다. 개인으로서 나 자신의 경험은 내가 가장 잘 아는 것이므로 이 논리는 상당히 매력적으로 다가올 것이다. 그러나 이러한 견해는 상당히 편협하고 왜곡된 것이므로 결국 난관에 봉착하게 된다.

사회가 개인의 집합이라는 말은 사실이 아니다. 예를 들어, 성차별주의를 개인주의 관점에서 설명할 때에는 남성들이 성차별주의자들이기 때문에 그들의 성차별주의적인 감정이나 신념, 욕구, 동기는 남성 정체성에서부터 나오는 것이며 그에 따라 행동하게 된다고 생각하기 쉽다. 성차별주의가 부정적인 결과를 낳는다면, 이는 남성이 나쁘고 의식적으로 여성에게 적대적이고 혐오적이기 때문이라고 생각하는 것이다.

요약하면, 부정적인 결과는 항상 누군가의 잘못이라는 논리 때문에 특권과 억압에 대해 논의할 때 여성은 남성을 비난하게 되고, 남성은 여성에 대한 남성의 폭력 등 성차별 이슈가 등장하면 공격받는다고 느끼게 된다. 이 때문에 남성은 성차별 문제를 여성의 문제로 규정하고 특권과 억압의 이슈를 게임으로 변질시키고자 한다. 또한 이러한 현상으로 인하여 성차별주의적으로 행동하거나 사고하지 않는 남성들, 즉 성차별주의를 해결하는 과정에 참여하게 될 가능성이 높은 남성들이 성차별주의는 자신과 아무 관련이 없고 그저 몇몇 나쁜 남성의 문제일 뿐이라고 생각하게 된다. 선의를 가진 남성이 자신이 이러한 문제와 관련되지 않는다고 생각하게 되면 해결의 주체로서 자신을 바라볼 가능성 또한 낮아진다.

개인주의적 사고로 인하여 우리는 특권의 진정한 의미에서 멀어진다. 특권은 우리가 개인으로서 누구인가에 대한 것이 아니라 우리가 놓이는 사회범주에 대한 것이다. 개인주의적인 사고는 모든 것은 개인적인 것일 뿐이며 사회체계나 사회범주와 아무런 관계가 없다고 가정하게 만들고, 특권과 억압이 사회에서 어떠한 역할을 하는지 살펴볼 여지를 남겨 놓지 않는다.

이러한 마비 현상을 깨기 위해서 사회가 개인 이상의 것으로 구성되었음을 인지해야 한다. 우리는 항상 우리 자신보다 큰 사회체계 속에 참여하고 있으며, 이 사회체계는 그저 사람을 모아 놓은 집합이 아니다. 이를테면 대학은 대학 구성원들로 이루어진 체계이지만 그 구성원들이 대학 자체는 아니며, 대학은 그저 사람들이 모인 집합이 아니다. 수업에서의 역동, 교수와 교직원의 다양성, 졸업률, 미식축구 시합, 주말 파티 같이 대학에서 일어나는 일들을 이해하기 위해서 우리는 대학 자체를 이해할 뿐 아니라 대학에 소속된 개인이 조직 안에서 어떻게 참여하고 있는지 살펴보아야 한다. 마찬가지로 특권과 억압의 패턴은 단지 사람들의 성격, 감정, 의도 등의 문제만은 아니다. 물론 성격, 감정, 의도가 분명히 중요하지만, 특정 사회체계에 소속됨으로써 갖게 되는 결과가 무엇인지, 그리고 이러한 소속이 우리의 행동과 어떻게 연결되는지 이해해야 한다.

개인, 체계 그리고 최소저항경로

특권과 억압이 일어나는 패턴을 이해하기 위해서 우리는 먼저 사람들과 특권체계 사이의 역동을 이해해야 한다. [그림 6-1]은 두 부분으로 구성되어 있다. 오른쪽의 화살표는 우리가 사회체계에 참여하는 개인으로서 두 가지 방식의 영향을 받는다는 것을 보여

130 제6장 문제가 우리와 어떻게 관련되는가

[그림 6-1] 개인과 사회체계

준다. 우선 사회화 과정을 통해 우리는 사회에 참여하는 방법을 배우게 된다. 가족, 학교, 종교, 대중매체부터 시작해서 부모, 친구, 교사, 코치, 유명인의 메시지를 통해 우리는 다양한 심상이나 사상에 노출되고 우리의 정체성을 인식하게 된다. 우리는 사물과 사람에 이름을 붙이고 한 사물이나 한 종류의 사람을 다른 사물이나 사람보다 더 가치 있게 여기게 되고, 정상이며 수용될 수 있는 것과 그렇지 않은 것을 구별하게 된다.

또한 우리는 성별, 인종, 민족, 계층, 종교, 장애 여부, 성적 지향 등을 포함한 개인적 정체감을 갖게 되고, 그러한 정체성으로 인하여 다른 사람이나 사회체계와 관련하여 우리의 위치를 알게 된다. 특히 권력의 불평등과 관련하여 더욱 그렇다. 성장기에 영화나 텔레비전을 보면서 받았던 매우 명확한 메시지 중 하나는 이성애자인 백인 남성이 가장 중요한 일들을 도맡아 하므로 그들이 지구상에서 가장 중요한 사람이라는 것이었다. 이성애자 백인 남성은 항상 무엇인가를 건설하는 강한 자, 선을 위해서 싸우는 영웅, 무언가를 창조하는 천재, 작가, 예술가, 통치력과 결단력이 있는 리더, 때로는 가장 매력적인 악당이다. 신조차도 성과 인종 측면에서 백인 남성으로 묘사된다.

　그러한 메시지의 주된 결과 중 하나는 주로 지배집단이 다른 사람들과의 관계에서 권한을 갖도록 만드는 것이다. 남성은 여성이 자신을 돌볼 것이라고 기대하고 자신들이 나쁘게 행동할지라도 자신들을 존경하고 지지하기를 바란다. 〈내 사랑 레이몬드(Everybody Loves Raymond)〉와 같은 시트콤을 보면 레이몬드 바론(Ray Barone)은 부인인 데브라(Debra)를 무심하고 성차별주의적이며 유아적이고 완전히 둔감하게 대하지만, 각 에피소드의 마지막에 데브라는 늘 인내하고, 아무리 보아도 이해할 수 없는 이유로 레이몬드를 변함없이 사랑한다. 시트콤을 본 이성애자 남성들이 자신이 어떤 행동을 하더라도 아내는 자신을 사랑하고 늘 곁에 있어 줄 것이라고 기대하는 것은 전혀 무리가 아니다.

　사회화를 통해서 배운 것이 진실이 아님이 드러나기도 하므로 이에 대응해야 할 수도 있다. 그러나 많은 경우 강력한 어떠한 힘으로 인해서 우리는 무시와 부인의 상태 속에 남겨져서 지배집단 버전의 현실이 유일한 정답이라는 듯이 그 현실을 받아들인다. 우리는 사회화 과정에서 배운 것들을 합리화하는 경향이 있다. 이는 우리가 문제를 직면하기보다는 안전 속에 머물고, 정체성을 보호하고자 하며, 가족이나 친구, 교사, 고용인을 포함한 타인에게 수용받고 싶기 때문이다.

　사회화 외에 최소저항경로 또한 우리에게 지대한 영향을 미친다. **최소저항경로**는 어떤 상황에서도 가장 가기 쉬운 경로를 말한다. 매 순간 우리가 취할 수 있는 행동은 무수히 많다. 예를 들어, 우리는 극장에서 잠들거나, 노래하거나, 저녁을 먹거나, 옷을 벗거나, 춤을 추거나, 인터넷 서핑을 하거나, 시끄럽게 전화 통화를 하거나, 극장 복도를 위아래로 오르내리면서 농구공을 드리블하는 등 수없이 다양한 행동을 취할 수 있다. 다만 선택한 행동에 따라 직면하게 되는 사회적 저항의 크기가 다양하여, 그중 최소저항을 가져오는 방법을 취할 가능성이 높아진다. 엘리베이터에 탔을 때, 탄 방향으로 계속 서 있는 것이 아니라 몸을 돌려서 다른 사람들과 동일하게 앞을 보는 것과 같이, 사람들은 최소저항경로가 유일한 길이라고 생각하기 때문에 그것을 선택한다. 엘리베이터에 타서 뒤쪽을 보는 일이 흔하지 않듯 다른 선택을 하는 경우는 흔치 않다. 우리가 만약 엘리베이터에 타서 그대로 뒤쪽을 바라보게 된다면 이러한 행동이 얼마나 많은 저항을 받게 되는지 알게 된다.

나는 실제로 엘리베이터 안쪽으로 걸어가서 문을 등진 채 서 있어 본 적이 있다. 불과 몇 초 후에 사람들은 나를 쳐다보면서 내가 왜 그러고 서 있는지 궁금해하기 시작했고, 이내 내가 돌아서기를 원하는 듯 보였다. 누군가는 내가 그저 내 일을 생각하다 보니 그렇게 서 있었다고 생각할 수도 있었겠지만, 나는 돌아서 문을 본다는 최소한의 저항을 일으키는 사회적 규범을 위배하는 중이었다. 최소저항경로는 엘리베이터를 타는 것과 같은 사회 상황 외에도 도처에 존재하지만, 일상생활에서 내가 다른 경로를 실험해 보고 그에 대한 저항을 경험하기 전까지는 명확하게 느껴지지 않는다.

마찬가지의 역동이 특권과 관련하여 일어난다. 회사에서 승진하려면 멘토나 지지자가 여러분을 잠재력 있는 사람으로 보고, 여러분의 승진을 위해서 필요한 정보를 알려 주고, 가능성을 열어 주고, 기회를 주어야 한다. 사람들을 분리하고 특정 집단에 다양한 방법으로 특권을 부여하는 사회에서 차이라는 선을 넘어서면서도 사람들과 편안하게 지낼 방법은 많지 않다. 관리자는 최소저항경로를 설정하고 자신을 닮은 부하 직원에게 더 신경을 쓰게 되는데, 관리자는 대부분 백인, 이성애자, 비장애인, 남성이다.

관리자들은 자신이 최소저항경로를 걷고 있으며, 최소저항경로가 자신의 선택에 주된 영향을 미치고 있다는 사실을 인식하지 못한다. 그들은 자신과 닮지 않은 부하 직원을 교육할 때 비로소 최소저항경로를 깨닫게 된다. 자신과는 다른 사람을 대할 때 생기는 큰 저항은 같이 있을 때 느끼는 불편함 등 미묘한 감정에서 비롯될 수도 있다. 그 불편함만으로도 관계는 비효율적으로 흘러갈 가능성이 높다. 다만 애초에 이렇게 차이가 나는 부하 직원은 만나지도 않을 가능성이 크다.[2] 각 관리자가 최소저항경로를 따라 자신과 닮은 이들을 지원하게 되면, 특권과 억압의 조직적인 패턴이 자신의 의도나 의식 정도와 관계없이 유지된다.

어떤 사람들은 대안적인 경로가 존재한다는 것을 알면서도 최소저항경로를 따르지 않으면 안 된다는 두려움으로 인해 최소저항경로에 머무르게 된다. 노동자들을 해고하라는 지시를 받은 관리자는 이러한 업무를 혐오하고 상당한 고통을 느낄지라도, 결국 최소저항경로로 인하여 위험을 감수하기보다는 지시를 이행할 것이다. 그러한 업무를 그나마 덜 불쾌하게 하려고 관리자들은 '축소' 혹은 '전직지원 프로그램' 등의 표현을 사용해서 직원들의 생계를 빼앗아 가는 현실의 고통으로부터 도피한다(이 예에서 최소저항경로가 반드시 쉬운 것이 아님을 기억하자).

유사하게, 친구가 성차별적인 농담을 하거나, 너무 취해서 원치 않는 성관계를 거절할 수 없는 상태의 여성을 성적으로 유린하는 것을 보았을 때 남성들은 불쾌함을 느낄 것이다. 남성들은 어떤 식으로든 반대해야 한다고 압박감을 경험하겠지만, 여성의 편을 들어 남성들의 따돌림이나 조롱을 당할 위험을 감수하기보다는 최소저항경로를 선택하여 그 상황을 그대로 두고 위험을 피하는 선택을 할 수도 있다.

개인과 사회체계 간 관계의 다른 일면([그림 6-1]의 왼쪽 화살표)은 우리가 사회체계에 참여할수록 그 체계가 생긴다는 것이다. 예를 들어, 대학이라는 체계에서 학생과 직원, 교수가 함께 모여 관계하며 자신의 역할을 하기 전에는 아무 일도 일어나지 않는다. 사람들이 모여 체계를 생성하므로 사람들로 인해 그 체계가 상이해질 수 있으며, 체계로 인한 결과 또한 달라질 수 있다. 예를 들어, 1960년에 노스캐롤라이나주의 그린즈버러에서 네 명의 흑인 학생이 울워스(Woolworth)라는 식당에 들어갔다. 이 식당은 남부의 다른 상점들과 마찬가지로 유색인종을 손님으로 받지 않는 곳이었다. 이전에 이미 쫓겨난 경험이 있었지만, 네 학생은 그날 다시 식당에 들어가서 의자에 앉고는 메뉴를 달라고 했다. 이들은 백인 특권체계에 도전하고자 최소저항경로를 벗어났던 것이다. 이 일로 인하여 그들은 한참 동안 신체적·언어적으로 위협과 학대를 경험해야 했지만 버텼다. 이후 이들의 인종차별 철폐시위에 다른 사람들이 합류하여 식당 전체를 점유하게 되었고, 곧 비슷한 움직임이 남부 전역의 지역사회에서 일어났으며, 6개월 안에 26개 도시의 식당에서 분리정책이 사라졌다. 이러한 분리정책은 수영장, 도서관, 극장과 같은 공공시설에서도 주요한 이슈로 대두되었다.[3]

사회에서의 생활은 개인과 사회체계 사이의 역동적 관계를 통해 이루어지므로 둘 중에 하나만 보아서는 이해할 수 없다. 부루마불은 한 사람이 다른 사람에게서 모든 재산과 돈을 빼앗고 게임에서 탈락시키면서 이기는 게임이다. 그런데 주사위를 던져서 걸리는 땅을 매입하고, 건물을 지을 때 거금을 지불하여 호텔로 업그레이

드하고, 내 소유의 땅을 밟는 사람에게 꼭 통행료를 받아 내는 이유는 무엇일까? 우리는 이러한 탐욕스러운 행동을 어떻게 이해해야 할까? 우리가 탐욕스럽기 때문에 그렇게 행동하는 것일까? 탐욕은 동정심, 이타심, 두려움처럼 인간 동기 중 하나라는 점에서 대답은 '그렇다'이다. 그러나 사람들이 부루마불 게임을 하지 않을 때는 그렇게 무자비하고 탐욕적으로 행동하지 않는다는 사실은 어떻게 설명해야 할까? 다양한 상황 속에서도 우리는 동일한 인물이다. 따라서 우리의 사고, 감정, 의도, 성격에만 초점을 맞추어 행동의 차이를 이해하는 것은 한계가 있다. 앞의 질문에 대답하기 위해서는 그러한 선택을 하게 되는 상황, 그리고 다양한 선택을 할 수 있는 개인으로서의 우리 자신을 모두 고려해야 한다. 이 두 요소는 별개의 것이 아니라 서로 밀접하게 관련되어 있다.

　부루마불을 우리가 참여하고 있는 큰 사회체계로 생각해 보면, 사람과 세계가 함께 역동적으로 움직이면서 어떻게 특권과 억압을 포함한 사회적 생활 패턴을 생성해 내는지 알 수 있다. 사람들은 사회체계가 일어나도록 만든다. 부루마불 게임을 하고자 하는 사람이 없다면, 게임은 단지 뚜껑 안에 무수한 글자가 쓰어 있는 물건으로 가득 찬 박스일 뿐이다. 그러나 우리가 뚜껑을 열고 게임을 시작하는 순간 부루마불이라는 게임이 시작된다. 게임을 시작하기 위해서는 게임을 하는 사람이 있어야 하지만, 게임을 하는 사람과 그 게임 자체를 혼동해서는 안 된다. 우리는 게임이 아니고, 게임은 우리가 아니다.

　그러면 우리는 체계가 생기는 데 어떤 역할을 하는가? 우리가 무엇을 해야 하는지 어떻게 아는가? 인간으로서 우리가 내릴 수 있는 수많은 선택지로부터 우리는 어떻게 선택을 내리게 되는가? 그 대답은 개인과 사회체계 사이의 역동적 관계의 이면으로, 우리는 그 이면을 통해 순간순간 게임이 일어나게 하고, 동시에 게임에 참여하면서 인간으로서 생각하고 느끼고 행동한다. 이것은 체계가 로봇처럼 엄격하고 예측할 수 있는 방식으로 우리를 통제한다는 의미가 아니라, 체계가 최소저항경로를 통해 특정한 방향으로 이루어질 가능성을 높이는 방식으로 조직화된다는 것이다. 즉, 가정, 학교, 직장, 지역사회나 전체 사회 같은 체계는 체계 속에 참여하면서 내리는 선택과 복잡하게 상호작용하면서 사회 속 생활을 형성한다. 이러한 역동을 통해서 세상과 자신에 대한 경험, 다른 사람에 대한 지각, 체계와 관련하여 지속적으로 경험하는 현실이 생겨난다. 물론 사회 속 생활은 특권과 억압을 포함한 모든 종류의 결과를 초래한다.

특권과 억압에 참여한다는 것이 무슨 뜻인가

개인과 사회체계 사이의 관계를 사용해서 우리 자신과 세상을 이해하면, 조금 더 개방적으로 우리와 문제가 어떻게 관련되는지 볼 수 있게 된다. 예를 들어, 개인주의적 사고방식을 갖고 있는 백인 여성이 자신이 인종차별에 '참여'하고 있다는 말을 들으면, 자신이 유색인종에 대해 부정적인 인식을 갖고 있는 인종차별주의자라는 비난으로 받아들일 것이다. 개인주의적 관점에서 사람은 선과 악의 두 부류로 구분되므로 '인종차별주의'라는 단어는 비도덕적인 것, 결함 있는 성격을 의미한다. '~주의'라는 말은 사람들을 병들게 만드는 일종의 질병처럼 간주된다. 이에 우리는 전염되어 질병에 걸린 사람들을 건강하고 선한 사람으로 탈바꿈시키거나, 최소한 다른 사람들에게 전염시키지 못하도록 고립시킬 수 있는 치료 방안을 찾는다. 전염된 사람을 치료할 수 없다면 우리는 규칙과 법률을 통해서 병든 사람들의 행동을 통제해야 한다.

그러나 그 외에 다른 사람들은 어떠한가? 특권과 억압에 참여한 사람은 누구인가? 설문조사원에게 자신은 인종차별주의자가 아니며 유색인종에 반대하는 어떠한 것도 하지 않았고, 오바마(Obama)에게 한 번도 아니고 두 번이나 투표했다고 이야기하는 백인은 어떤 사람인가? 자신은 누구도 강간하지 않을 것이며 미국의 남녀평등헌법 수정안을 지지한다고 말하는 남성은 어떠한가? 개인주의적인 관점에서 바라보면 의도적이지 않게 누군가의 마음을 상하게 하거나 공공연하게 편견을 내보이지 않는 사람, 누군가를 해치지 않는 사람들은 문제가 되지 않는다. 또한 편견을 내보이는 사람을 비난하고 상처 입은 사람을 도우려는 사람들도 특권 및 억압과 관련 없어 보일 것이다. 개인주의적 시각에서 문제는 이들과 아무런 관련이 없는 것처럼 보일 것이다.

그러나 특권과 억압의 패턴에서 우리 모두는 참여자이고, 특권과 억압은 매일의 삶 속에서 의식적으로든 무의식적으로든 일어난다. 특권과 억압은 사회체계에 깊이 뿌리박혀 있으므로 생각보다 더 깊이 우리와 관련된다. 과학 교수들이 남학생들을 더 진지하게 대하는 경우를 생각해 보자. 이 교수들은 남성 특권 패턴을 계속 유지시키기 위해서 의식적으로 성차별주의적인 행동을 하는 것이 아닐 것이다.[4] 또한 이들이 나쁜 사람이기 때문에 특권이나 억압과 같은 부정적인 결과를 만들어 내는 것이 아닐 수 있다. 앞의 부루마불의 예에서처럼, 단지 최소저항경로가 체계의 작동 방식이므로 무심코 최소저항경로를 따르는 것이다. 결과를 수정할 수 있는 유일한 방법은 우리가 바라보는 방식, 즉 게임 방법을 변화시킴으로써 게임의 최소저항경로를 변화시키는 것이다.

물론 세상에는 마음속에 증오를 가지고 있어서 학대하고 때리고 강간하고 살해하는 사람들이 존재하고, 이들의 위험성을 간과해서는 안 된다. 그러나 역설적으로 이들은 특권체계에 변화를 이루어내는 과정에서 핵심적인 존재가 아니다. 이들 또한 자신보다 더 큰 체계의 참여자이며, 많은 대상 속에서 자신들의 분노를 특정 대상에게 조준하는 것뿐이다. 이들이 특권계층의 사람을 목표로 삼지 않고 주로 문화적으로 평가절하되고 배척받는 사람들을 목표로 삼는 것은 결코 우연이 아니다. 혐오범죄의 가해자는 대개 성격장애가 있어서 누군가를 희생시키는 데 힘을 쏟는 경향이 있다. 다만, 누구를 희생양으로 삼을지에 있어서 그들의 선택은 정신질환과 관련된다기보다 학습과 문화의 영향을 받아 최소저항경로를 따른다. 그리고 그 최소저항경로는 모든 사람이 참여하는 사회 속에서 형성된 것이다.

그러므로 누군가가 무자비하게 부루마불 게임을 하는 것을 보았을 때 우리는 부루마불이라는 하나의 체계가 다른 게임에 비해서 그러한 무자비한 행동에 어떠한 보상을 주는지 질문해야만 한다. 무엇 때문에 최소저항경로가 정상이고 당연하고 심지어 찬양할 만한 것이라고 생각하면서 그러한 무자비한 행동을 하게 되는 것일까? 우리 또한 부루마불 게임을 하고 있으므로 게임 안에서 체계가 이루어지게 만드는 주체이며, 최소저항경로는 반드시 우리에게 영향을 미친다.

보통 처음에는 자신은 무자비하거나 탐욕스럽지 않다면서 이런 점들을 부인하곤 한다. 그러나 다시 말하지만, 체계와 거기에 참여하고 있는 사람에는 차이가 있다. 무자비한 사람이기 때문에 최소저항경로를 따라서 무자비한 결과에 이르는 행동을 하는 것이 아니다. 우리는 단지 게임에서 점수를 얻어 이기고 싶을 뿐이다. 다른 사람들이 우리의 땅에 호텔을 짓고자 해서 신사적이고 친절하게 상대방의 돈을 받을 때, 타인의 돈을 기꺼이 받고 진심 어린 마음으로 고맙다고 말할 때, 미안하다고 말하면서도 다른 사람들의 돈을 싹싹 빼앗아 오거나 재산을 빼앗을 때, 우리의 모습은 무자비한 것이 아니다. 우리는 게임의 룰에 따라 게임을 할 뿐이다. 중요한 것은 우리가 이기려고 열심히 노력하지 않을 때조차 우리가 게임을 하고 있다는 사실만으로 게임을 지지하고 최소저항경로를 합법화하며 그것을 정상적이고 수용 가능한 것으로 만든다는 것이다. 이는 특히 우리가 그 결과에 대해 침묵할 때 더욱 그러하다.

　지금까지 말한 것이 대부분의 체계가 작동하는 방식 그리고 대부분의 사람이 특권체계를 포함하여 체계에 참여하는 방식이다. 선의를 가진 좋은 사람들이 체계가 불공정, 불공평, 고통 등을 생성하는 방식으로 작동하는 데 기여한다. 이러한 현상은 어디에나 존재한다. 나는 옷의 상표를 볼 때마다 이를 체감한다. 내 옷장 속 셔츠들이 어디에서 만들어졌는지 확인해 보면, 미국에서 생산된 브랜드로 보이지만 실제로 미국에서 만들어진 것은 세 벌에 불과하다. 나머지는 필리핀, 태국, 멕시코, 대만, 마카오, 싱가포르, 홍콩에서 만들어졌다. 내가 옷값으로 지불한 돈 중에 옷을 실제로 만든 사람들—주로 여성이나 아동일 텐데—에게 돌아갔을 돈은 티끌에 지나지 않을 것이고, 노동자들은 노예나 다름없는 열악한 상황에서 일했을 가능성이 높다. 아이패드나 아이폰 같은 애플의 생산품이 중국 공장의 노동자들을 자살로 몰아넣을 수도 있을 만큼 열악한 상황에서 생산되고 있다고 밝혀진 것처럼 많은 전기제품 생산과정에도 비슷한 일이 일어나고 있을 것이다.[5]

이렇게 극악무도한 식으로 노동자를 착취하는 유일한 이유는 자본주의 체계 안에서 이익을 극대화하기 위해서이다. 내 책상 위의 아이패드는 결국 내가 지불하는 돈이 있었기에 생산될 수 있었다. 내가 누군가의 고통을 전혀 의도하지 않았지만 나의 구매로 인해 결국 나는 고통을 초래하는 체계의 일부가 되고 만 것이다.

이러한 우리의 참여는 중요한 영향을 미쳤을까? 큰 양동이 안의 작은 물방울에 불과한 것은 아닐까? 이 질문을 하다 보니 1993년에 미시시피주와 미시시피강을 가로질러 일어났던 지독한 홍수가 떠오른다. 당시 뉴스는 사람들이 지역사회를 위협하고 있는 무자비한 물살을 막을 수 있는 둑을 짓기 위해 나란히 서서 열심히 일하는 모습을 담은 사진들로 가득 차 있었다. 사람들은 함께 수만 개의 모래주머니를 만들며 둑을 쌓았고, 물살이 마침내 잦아들었을 때 많은 것을 잃었지만 또 많은 것을 구할 수 있었다. 나는 그 일원이 되는 것이 어떤 느낌이었을지, 자신들이 얼마나 자랑스러웠을 것이며, 함께 일한 사람들과 얼마나 만족스럽게 유대감을 경험했을지 상상해 보곤 한다. 각자가 만들었던 모래주머니는 전체로 보았을 때는 작디작은 부분, 양동이의 작은 물방울에 불과하지만, 결국 놀라운 변화를 이루었던 것은 집단적인 노력이 이루어졌을 때이다.

체계에 참여하면서도 체계 안의 좋은 면들을 모두 끌어와 사회가 작동하도록 하려면 앞서 제시한 것과 같은 방식을 생각해 볼 수도 있지만, 사회는 해결책이 아니라 문제라는 모래주머니에 다른 모래주머니가 더해지는 부정적인 방식으로 작용되기도 한다.

우리는 의식적으로 특권과 억압이 지속되도록 지지하고 있는 것은 아니다. 그러나 어떠한 특권체계도 사람들의 동의 없이 존재할 수는 없다. 따라서 우리는 미래를 향해 조용히 어떤 근본적인 영향을 미치고 있는 것이다. 많은 남성이 다른 남성의 폭력에 대항하여 자신의 의견을 이야기한다면, 많은 백인이 인종차별주의에 대항하여 보다 공개적으로 반대한다면, 이것이 바로 혁명적인 변화를 위한 중요한 첫발이다. 반면, 우리 대부분이 그저 침묵으로 일관한다면 최소저항경로는 침묵을 동의와 지지로 해석할 것이다.

우리가 사회체계에 참여하는 한, 우리는 그 결과와 명확히 관련된다. 우리는 여기에 이미 참여하고 있으므로 이제 우리가 문제의 일부로 머무를지 혹은 해결책의 일부가 될지, 어떻게 참여할 것인지만 선택하면 된다. 그것이 바로 우리가 가진 힘이며 책임이다.

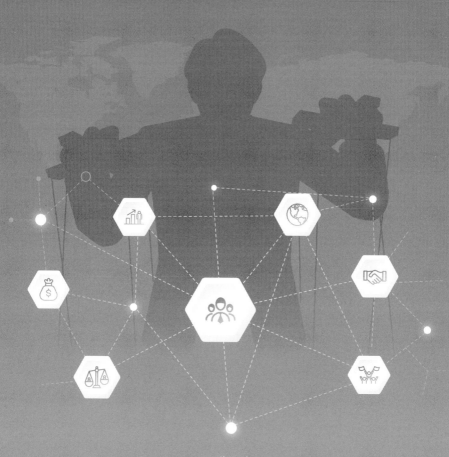

제7장

특권체계는 어떻게 작동되는가

대부분의 사람이 대부분의 경우에 최소저항경로를 따르면 특권과 억압의 패턴이 생긴다. 그렇다면 어떠한 사회체계에서 그러한 최소저항경로가 형성되는 것일까? 어떻게 그러한 사회체계는 조직화되고 다른 체계와 구별되는 것일까? 그러한 체계의 특성이 그 안의 참여자이며 특권과 억압이 일어나게 하는 주체인 개인에 대해 무엇을 말해 주는가? 부루마불 게임을 빗대어 마지막 질문에 대답해 보면, 게임 당사자의 특성에 대해 말하지 않고서는 게임에 대해 말할 수 없다. 즉, 체계의 구성원의 특성에 대해 말하지 않고서 우리가 하나의 사회체계에 대해 이야기할 수는 없다. 그 체계가 가족이건, 공동체이건, 사회이건, 글로벌 자본주의이건 모두 마찬가지이다.

특권을 중심으로 조직화된 체계는 세 가지 주요 특성을 가진다. 첫째, 특권층에 의해 지배되고, 둘째, 특권집단과 동일시되며, 셋째, 특권층을 중심으로 이루어진다.[1] 이 세 가지 특성에 의하면 특권층 구성원들이 그렇지 않은 사람들보다 우월하므로 특권층에 속한 사람들은 그에 상응하는 이익을 얻을 자격이 있다는 결론이 도출된다. 예를 들어, 가부장제는 남성이 지배자이고, 남성과 동일시되며, 남성 중심적인 특성을 가지고 있다. 마찬가지로 장애인차별주의는 비장애인들에 의해 지배되고, 비장애인과 동일시되며, 비장애인 중심으로 이루어진다.

지배와 통제

특권체계에서는 지배집단 구성원이 권력을 행사하고, 그들이 권력을 가지는 것이 자연스러워 보이도록 권력이 지배집단 구성원과 동일시된다. 예를 들어, 가부장제에서 권력은 남성 및 남성성과의 문화적 결합을 통해 남성에게 할당된다. 따라서 남성이 권력을 가질 때 자연스러워 보이고, 여성이 권력을 가질 경우 문제시된다. 한 여성이 권력의 위치에 있다면 이 여성을 예외로 치부하고 그녀의 권력에 대해서 집요하게 조사하며, 그녀의 권력에 대해 설명하도록 요구된다. 마거릿 대처(Margaret Thatcher)는 영국의 수상일 때 '철의 여인'으로 불리며 강단 있는 리더십으로 관심을 끌었는데, 반대로 여성으로서는 예외적인 강단 때문에 관심의 대상이 되었다. 남성이 수상일 때 '철의 남성'이라는 수사와 그의 강인함은 특별하게 여겨지지 않는다. 남성의 권력은 이미 당연한 것으로 간주되기 때문이다. 유사하게, 힐러리 클린턴(Hillary Clinton)이 미국의 대통령이 되었다면 그녀는 남성이 아님에도 남성성을 충분히 가지고 있는지 증명해 내야 했을 것이다. 이는 빌 클린턴(Bill Clinton)이 대통령이 되었을 때는 요구되지 않았던 것이다.

이러한 사고방식은 권력을 남성에게 주로 부여하는 구조에 힘을 싣는다. 대부분 조직의 권력구조 하부를 깊이 들여다보면 많은 여성을 보게 된다. 반대로, 권력구조의 위로 갈수록 여성의 수는 적어진다. 이것이 바로 남성지배체계의 정확한 모습이다.

한 사회체계가 남성지배적이라고 해서 모든 남성이 강하다고 말할 수는 없다. 대부분의 남성은 권력을 갖고 있지 않고, 자신이 원하는 바와 상관없이 남들이 하라고 요구하는 것을 수행해 내며 대부분의 시간을 보낸다. 그러나 남성지배는 모든 남성이 남성성과 결합된 문화적 가치로서 권력과 동일시할 수 있음을 의미하며, 다른 사람과의 관계에서 더 수월하게 권력을 얻고 행사할 수 있음을 의미한다. 반면, 남성지배하에서 여성은 남성의 말을 주의 깊게 경청하고, 커피를 가져다주고, 성관계를 용인하는 등 남성의 개인적인 요구를 충족시켜야 한다는 견해의 대상이 된다.

여성은 문화적으로 권력과 동일시되지 않기 때문에 여성이 권력의 위치에 있을 때에는 쉽게 의문이 제기된다. 여성 교수는 동료뿐만 아니라 학생들, 특히 남학생들에게 자신의 권위, 경력, 전문성 등에 대한 질문을 많이 받고, 매 순간 논쟁의 대상이 되거나 의문의 대상이 되고, 주저 없이 간섭을 받기도 한다.[2] 남학생들은 심지어 여자 교수의 외모에 대해 칭찬을 하거나 외면하거나 졸거나 잡담을 하기도 할 것이다.

꽤 경력 있는 여성 교수가 이런 말을 한 적이 있다. "나는 이 수업을 이전에도 했냐는 질문을 지금도 꽤 자주 받습니다. 내가 15~18년 동안 이 강의를 했고, 사실 학생들이 태어나기 전부터 오랫동안 가르쳤다고 대답하면 학생들은 진심으로 충격받더라고요."[3]

강인한 여성—뉴스 앵커나 대통령 후보 등—은 성적인 농담의 대상이 되거나 외모로 평가를 받곤 한다. 그들의 권력 가치를 약화시키거나 부정하려는 사람들은 권력의 위치에 있는 여성들을 공공연히 '나쁜 년' '레즈'로 지칭한다.[4] 여성들이 점심식사를 하려고 한데 모일 때 남성들은 여성들이 권력을 전복시키려고 공모하고 있는 것은 아닌지 의심하며, 감시하고 견제해야 한다고 생각한다. 이러한 남성의 불안은 농담의 형태로 드러나곤 하는데("무슨 꿍꿍이야?"), 이 말은 여성이 남성지배를 전복시킬 수도 있다는 가능성에 기초한 것으로, 성별과 관련된 역동을 명확히 드러내는 것이다. 여성이 자신만의 권력을 어느 정도 행사할 수 있는 곳인 가정에서조차 여성의 권력은 문제시된다. 여성에게 지배당하는 남성을 묘사하는 무수한 모욕적인 말이 있는 반면, 남성의 지배를 받는 여성에 대해서는 모욕적인 말이 거의 없다는 사실은 가부장적인 문화가 남성지배를 어떻게 합리화하는지 명확히 보여 준다.

가부장제가 남성지배적이라는 사실은 대부분의 남성이 지배적인 성격을 가지고 있다거나 타인을 통제하고자 하는 욕구나 바람을 가지고 있다는 의미가 아니다. '남성지배'는 남성을 강조하는 용어라기보다는 남성과 여성이 함께 참여하는 가부장제에서 성별에 따라 권력의 불평등이 존재하며 그러한 불평등을 옹호하는 최소저항경로가 있다는 것을 강조하는 말이다.

남성은 최소저항경로로 인해서 자신이나 타인, 사건을 통제하고 있는 것처럼 보이려고 노력한다. 예를 들어, 나는 어찌 답해야 할지 모르는 질문에도 답하고자 하는 나를 발견하고, 종종 여성과의 대화에서 더 주도적으로 되고자 하며, 내가 틀렸다는 것을 인정하고 싶지 않을 때도 있고, 공공장소에서 장소를 차지하고자 하는 마음이 들기도 하는데, 이럴 때 최소저항경로를 인식하게 된다. 몇 년 전 어느 날 나의 아내인 노라(Nora)가 어떤 주제에 대해 의문을 제기하며 대화가 시작되었던 적이 있었다. 나는 아내의 말에 바로 대응했고, 노라가 "당신 진짜 답을 아는 거야, 아니면 그냥 말하는 거야?"라고 질문할 때까지 내 말이 정확히 맞다는 듯이 말하고 있었다. 나는 내 마음속에 떠오르는 것이 무엇이든 얼마나 쉽게 주저 없이 이야기하는가를 깨닫고 놀라게 되었다. 아내의 질문에 대한 내

답은 "사실 잘 몰라."였다. 나는 내가 말하고자 했던 것이 사실인지 알지 못했고, 다른 사람들보다 그 사안에 대해 더 많이 알고 있는 것도 아니었다. 나는 그저 내 생각이 밖으로 나오도록 용인했을 뿐이다. 나는 노라가 옆에 앉아 내 말을 경청하도록 했던 것이다. 즉, 여성으로서 마땅히 따라야 할 경로인 잠자코 집중하는 것, 주저하는 것, 자기의심, 겸손, 굴욕감, 남성의 말을 지지하고 가능한 한 대화를 주도하지 않는 방식을 따르도록 했던 것이다. 노라가 주어진 길 밖으로 벗어났을 때, 그녀는 최소저항경로의 존재를 드러내며 전체 구조를 흔들었다. 노라는 남성이 침묵과 경청, 자기의심과 불확실성, 다른 사람을 지지하고 공간을 공유하는 것 등을 배워야 한다는 대안적인 경로를 제시했다.

그렇다면 왜 이러한 통제와 순종의 패턴이 최소저항경로라고 일컬어지게 되었을까? 그냥 남성은 통제적인 성향을 갖고 있고 여자는 주관이 뚜렷하지 않아서 그런 것일까? 이러한 질문에 대한 대답은 우리가 사는 문화에서는 남성이 통제하고, 시간과 공간을 점유하며, 다른 남성과 경쟁하고, 여성과의 관계에서 권리를 가진다는 이미지를 가지기 때문이다. 지배문화는 여성들로 하여금 주도적으로 행동하지 않도록 요구하고, 설사 주장적으로 행동하도록 요구할 때조차 여성은 남성이 모든 것을 알아서 하도록 허용하는 이미지와 일치하도록 요구한다. 이러한 이미지는 영화나 TV 프로그램, 광고나 문학에 이르는 다양한 문화 영역 전반에 걸쳐 있으며, 정치나 스포츠 뉴스에까지 영향을 준다.

이러한 이미지로 인하여 남성이 가진 권력과 통제에 가치를 두게 되고, 남성의 통제력을 남성에 대한 평가 기준으로 채택하게 된다. 이러한 이미지에 상응하는 남성들은 인정이라는 보상을 받게 되는 반면에, 충분히 남성적이지 않은 남성들은 (주로 다른 남성들의) 조롱이나 조소를 받게 된다.[5] 부루마불 게임을 하는 사람이 탐욕스러운 성향이 있어 게임에서 탐욕스러운 행동을 하는 것이 아닌 것처럼, 내가 대화를 주도하거나 답을 아는 것처럼 행동하려고 한다면 나 또한 통제적인 성향이 있어서 그렇게 행동한 것이 아니다.

데보라 태넌(Deborah Tannen)은 자신의 유명한 저서에서 성차가 대화에 미치는 영향 및 남성이 주로 대화를 통제하게 되는 이유에 대해 기술할 때 이 점을 놓쳤으며, 성차가 여성의 희생을 대가로 남성 특권을 촉진한다는 사실을 간과했다.[6] 태넌은 여성과 남성은 어린 시절부터 동성집단과 어울리면서 남성과 여성의 대화 방식에 차이가 있다는 것을 학습하게 되고 남성과 여성의 대화 방식이 달라진다고 주장했다. 그러나 그녀는 주변의 동료들이 어떻게 해서 성별로 구분되는 대화 방식을 학습하도록 만드는지에 대해서는 설명하지 않았다. 아이들은 가족, 대중매체, 학교의 어른들로부터 성별에 따른 상이한 대화 방식을 학습했을 수 있다. 즉, 아이들은 남성 특권이 재현되는 장면 중 하나인 사회에 참여하면서 성차에 따른 상이한 대화 방식을 배우게 되었을 것이다.

지배와 통제의 패턴과 그러한 패턴을 유지시키는 최소저항경로는 특권의 모든 체계에서 등장한다. 예를 들어, 백인 특권은 인종에 따른 권력 불평등에 여실히 반영된다. 아직 상당수의 레즈비언과 게이는 자신의 성적 지향을 숨긴 채 지내고 있으므로 권력을 가진 사람들의 성적 지향에 대해 확실히 말하기는 어렵지만, 권력이 이성애자에게 불평등하게 쏠리는 것은 사실이다.

여러분이 여성, 유색인종, 다른 여타의 정체성으로 특권의 범위 밖에 있다면, 지배와 통제의 패턴의 결과로 인하여 권력구조의 상부로 갈수록 자신과 비슷한 사람을 거의 볼 수 없게 될 것이다. 권력이 휘둘러지는 곳, 보상이 분배되는 곳에서 여러분의 관심사는 잘 반영되지 않을 것이고, 여러분은 스스로를 권력이나 영향력, 보상을 발휘할 수 있는 사람으로 지각하지 않도록 은근히 부추겨질 것이다. 스스로를 권력을 발휘할 수 없는 사람으로 보게 되면서 자신을 중요하지 않은 사람처럼 느끼게 되고, 실제로 자신을 경시하게 되는 경우가 다반사일 것이다. 이는 오바마(Obama)가 미국의 대통령으로 선출된 오늘날에도 유색인종에게 여전히 유효하다. 흑인에 대한 백인의 부정적인 인식이 오히려 높아졌을 뿐 아니라 백인지배적인 사회에서 오바마가 유색인종을 대변하여 옹호하는 것은 정치적으로 불가능하다. 이러한 현상은 종속집단에 소속된 한 개인이 이룬 가장 높은 수준의 성취조차 이 집단의 억압된 상태를 변화시키기에 충분하지 않다는 것을 보여 주며, 이는 특권체계가 지속되는 주요 이유가 된다.

특권과의 동일시

'남성들의 세상'이라는 표현은 남성의 손에 권력을 쥐어 주는 이 사회의 남성지배적인 특성을 지적하는 것으로, 백인들의 세상, 이성애자들의 세상, 비장애인들의 세상이라고 표현될 수도 있을 것이다. 특권을 가진 집단은 정상, 사회적으로 가치 있는 것의 기준이 되므로 직장에서의 권력 이상의 것을 가지게 된다. 한 체계가 남성동일시 혹은 백인 동일시라고 말하는 것은 이러한 의미이다.

유색인종 대학생이 캠퍼스 생활에 잘 적응하고 집단에 수용되기 위해서는 백인 중산층처럼 말하고, 옷을 입고, 행동해야 한다는 압박을 받는다.[7] 유사하게, 직장생활에서 문화적으로 적합한 복장, 헤어 스타일, 화법, 억양과 사용하는 어휘 등을 이야기할 때 사람들은 주로 백인과 관련되는 특성이 적절하다고 말한다. 유색인종은 많은 경우 아웃사이더로 지각되고, 상황에 따라 말하는 방법을 의식적으로 바꾸는 방식, 즉 '코드 전환(code switching)'[8]이라고 알려진 방식을 사용하며 사회에 조율해 나간다. 전화로 아파트를 알아볼 때 흑인들은 백인처럼 말해야 문제가 생기지 않을 것임을 알게 된다. 직접 방문했을 때 아파트는 이미 나갔다는 이야기를 듣게 될 경우, 이러한 노력은 물론 수포로 돌아가게 된다.[9]

특권집단은 인간성 및 전체 사회를 대표하는 것으로 간주되므로, '미국인'은 그 구성원의 다양성에도 불구하고 백인으로 정의된다. "미국인들은 다른 인종에 대해 보다 인내심을 가지는 법을 배워야 한다."라는 말을 들어 본 적이 있을 것이지만, 아시아인들이 백인에 대해 조금 인내심을 가질 필요가 있다거나 흑인이 미국 원주민에 대해 더 인내심을 가져야 한다는 말은 아마 들어 본 적이 없을 것이다. 이러한 말에서 '미국인'은 백인이고 '다른 인종'은 백인 이외의 인종이라고 할 수 있다. '다른 인종'은 체계가 특권층과 어떻게 동일시되는지 이해할 수 있는 핵심적인 단어이다. '우리'와 '그들'의 관계에서, '타인' '당신들'은 '우리'의 입장에서 보면 문제가 있고, 수용하기 어려우며, 좋아하기 어렵고, '우리'의 기준을 충족하지 못하는 사람을 의미한다.

그렇다면 누가 미국인인가에 대한 정의가 어떠한 영향을 미치는지 살펴보아야 한다. 미국인은 자신을 '아메리칸'이라고 생각하고 또한 아메리카와 미합중국을 같은 개념이라고 여긴다. 그러나 사실 그렇지 않다. 아메리카는 서반구, 즉 남아메리카, 중아메리카, 북아메리카를 모두 아울러 지칭하는 말로, '아메리칸'이라는 말은 미국인 외에도 다른 많은 사회를 포함하는 것이다. '아메리카'라는 명칭의 기원이 되는 아메리고 베스푸치(Amerigo Vespucci)라는 이탈리아인은 브라질 위쪽으로 가 본 적이 없다. 미합중국의 시민만이 아메리칸이라고 생각하는 사고는 미국인 외의 모든 사람은 '타인'이라고 인식하게 하고, 이는 국가 간 특권과 억압의 역동을 반영하는 것이다.

백인과 동일시하는 사회에서 기준이 되는 백인과의 관계에서 다양한 유색인종을 한데 묶어 '비백인'이라는 범주를 만들 필요가 있지 않는 한, 백인은 가장 당연시되는 인종이다. (이러한 관행의 영향을 알아보기 위해서는 백인이 비유색인이라고 불리는 사회를 상상해 보면 된다.)

백인 동일시로 인하여 어떤 사람이 범죄로 체포되든지, 노벨상을 받든지 간에 백인은 당연한 것으로 간주되고 백인으로서 규정되지 않는다. 반면에 그 밖의 사람들에게 인종 관련 이름표가 붙는 일은 흔해서 '흑인 대통령' '흑인 물리학자' '라틴계 작가' '아시아계 배우' 같은 다양한 단어가 존재한다. 한 무리의 백인 시민이 워싱턴으로 행진하여 인종과 관계없는 정책에 대해서 항거한다면 그날의 뉴스는 이러한 집회에 대해 보도하면서 구성원의 인종에 대해 언급하지 않을 것이고, 그 시위가 백인만으로 구성되어 있다는 것은 중요하게 생각되지 않은 채 시위자들은 단순히 조직의 구성원인 시민으로 묘사될 것이다. 그러나 멕시코계 미국인들이 유사하게 인종과 관계없는 정책에 대해 시위를 한다면, 그 시위는 멕시코계 미국인의 집회로 규정될 것이고, 시위자 중에 백인이 없는 이유에 대해 질문을 받게 될 것이다. 멕시코계 미국인들이 수적으로 백인에 비해 열세여서 이런 현상이 발생하는 것은 아니다. 이는 여성에게도 마찬가지여서, 여성이 수적으로 남성을 넘어서는 경우가 있음에도 늘 여성이라는 이름표가 붙는다.

이러한 동일시 패턴은 성별과 관련하여 사실 더 강력하다. 일반적으로 사람을 지칭할 때 남성 대명사를 사용하는 것은 흔한 일이며, 여성과 남성 모두를 지칭할 때 'guys'라는 단어를 사용하는 것, 남성과 전체 인간에 대해 표현할 때 모두 'man'이라는 단어를 사용하는 것도 흔한 일이다. 남성과 남성성은 인간성의 척도로서 간주된다. 예를 들어, 형제애(brotherhood)는 명백히 성별을 구분하는 단어이다. 여성은 어떻게 해도 형제가 될 수 없기 때문이다. 그러나 미국에서 제2의 국가처럼 여겨지는 〈America the Beautiful〉의 가사 중 "그대의 축복을 형제애로 베풀어 양안으로 펼치리(And crown thy good with brotherhood from sea to shining sea)"[10]에 묘사되어 있는 것처럼, '형제애'라는 단어는 강력하게 인간의 유대감을 표현하며 그 문화적 의미를 가진다. 형제애는 양질의 인간관계를 의미하며(〈표 7-1〉 참고), 사회적 차이를 가로지르는 따스함이나 긍정적 감정과도 관련된다. 또한 동료애, 공통된 관심과 감정, 우정, 친교 등을 위한 일반적인 역량을 의미하기도 하는데, 이 역시 명백하게 남성적인 것이다. 반면에, 흑인 여성은 자매애(sisterhood)라는 개념을 중요하게 사용하지만, 가부장적인 문화에서 이 단어는 누군가의 자매가 되는 것, 부모를 공유하는 여성이라는 생물학적인 측면 이상을 의미하지 않는다. 자매애는 관계의 특성에 대해 이야기할 때조차 그 의미가 수녀들이나 여성주의자와 같은 여성집단에 한정된다.

요약하면, 가부장제에서 남성이란 인간을 의미하며, 여성은 단지 여성인 것이다. 그러므로 여성이 사무실에서 축하를 받으며 노래 〈For She's a Jolly Good Fellow〉를 함께 부를 때, 누구도 이 모순에 대해 웃거나 반대하지 않는다. 남성 중심의 사회에서 여성이 남성을 평가하는 주된 기준과 관련되어 '남성 중 한 명'으로 간주되는 것은 영예로운 일이기 때문이다. 남성과 관련된 'fellow' 'fellowship' 등의 단어는 인간관계를 함축하는 반면, 여성과 관련된 단어들 중 그렇게 사용되는 경우는 없다. 〈America the Beautiful〉의 가사를 "그대의 축복을 자매애로 베풀어(crown thy good with sisterhood)"라고 바꾸었을 때 예상되는 반응들을 생각해 보라.[11]

표 7-1 남성 동일시된 언어

'형제애'가 남성 동일시된 언어로 사용되는 경우	
Sisterhood(자매애)	Brotherhood(형제애)
1. 자매로 이어진 관계 2. 수녀나 교회의 여성 구성원 같은 여성들의 집단 3. 관심사를 공유하는 여성들의 조직 4. 여성들 사이의 다정한 관계 혹은 동료애 5. 여성주의를 옹호하는 여성 공동체 혹은 연합체	1. 형제로 이어진 관계 혹은 형제관계의 질적인 측면 2. 우애가 좋고 동료의식이 높음 3. 조합원 혹은 무역 조직 4. 같은 직업에 종사하거나 관심사를 공유하는 사람 5. 인종과 국적, 신념과 관계없이 만인을 따뜻하고 동등하게 대해야 한다는 신념
Fellow	Fellowship
1. 남성 혹은 소년 2. 사람	1. 동료와의 관계; 인류에 대한 동료애 2. 우애로운 관계

남성 동일시는 사회의 다양한 영역에 촘촘하게 엮여 있다. 높은 지위의 직업은 대부분 남성성과 관련되어 공격성, 경쟁력, 정서적인 거리감, 통제와 같은 단어들로 묘사되며, 법률, 의학, 과학, 학계, 정치, 스포츠, 사업 등에서 성공하려면 이러한 역량들이 필요하다. 협조, 나눔, 정서적인 민감성, 양육적 태도와 같은 사회적으로 여성적인 것으로 간주되는 역량을 가졌기 때문에 기업의 관리자가 되거나, 대학에서 종신직을 받거나, 선출직에 진출할 가능성은 낮다. 이러한 현상은 사무직, 경찰, 소방관, 숙련된 건설업자 등 다른 고소득 직업에서도 마찬가지이다.

이러한 현상은 여성을 어려움에 빠뜨린다. 문화적으로 여성적이라고 여겨지는 이미지에 맞추지 않으면 여성은 남성 동일시된 사회에서 잘 살기 위해 필요한 자질들을 가지지 않았다는 말을 듣는다. 그러나 여성들이 성공을 위해 남성적인 방식을 추구하면 충분히 여성스럽지 않고, 양육적이지 않고, 냉정하며, 못됐다는 비난의 대상이 된다. 학생들은 남성 교수에게는 별로 요구하지 않는 양육적이고 정서적인 보살핌을 여성 교수에게 기대하다가, 정작 여성 교수가 너무나 따스하거나 양육적일 때에는 그 여성 교수의 신뢰성, 역량, 권위 등을 훼손하고 폄하한다. 남성 동일시된 체계 안에서 여성들이 성공한 교수나 관리자의 전형적인 모델로 수용되는 동시에 진정한 여성으로 평가되기는 어렵다. 이것이 바로 사회적 억압의 특징 중 하나인 이중구속의 예로, 여성은 무엇을 하든지 평가절하된다.[12]

일의 세계 또한 경력 및 성공을 위한 중요 시점을 정의하는 데 있어 남성과 동일시되어 있다. 대부분의 조직에서 커리어라고 하는 것은 거의 완전히 일에 몰두하는 것을 의미해서, 아이를 돌보아 주고 집안일을 책임질 사람이 없는 한 일과 가정 모두에 몰두하는 것은 불가능하다. '새로운 아버지상'에 대해 활발한 논의가 이루어지고 있기는 하지만, 집안일을 책임지는 사람은 거의 항상 여성이다. 게다가 커리어를 쌓는 주요한 시기가 여성이 가정을 시작하는 최적의 시기와 항상 중첩된다. 따라서 여성의 삶에서 요구되는 것들은 여성의 커리어와 더 큰 갈등을 빚어, 중요한 일들은 남성의 삶의 요구사항과 훨씬 수월하게 맞아떨어진다.[13] '전문직' '직업'이라는 단어는 표면상으로는 성별과 관련되지 않는 것처럼 보이지만 사실상 남성과 동일시된다.

남성 동일시는 물론 더 미묘한 형태로 나타나서 대중문화부터 시작해서 일상의 구석구석에서 발견되기도 한다. 켄 번즈(Ken Burns)는 야구에 대한 PBS 다큐멘터리에서 "야구는 우리가 누구인지를 정의한다."라고 말했다. 여기서 우리가 누구를 말하는지에 대해 깊이 생각해 볼 필요는 없을 것이다. 그가 야구를 정의할 때 여성이나 여성이 사회를 보는 방식을 이야기했다고 생각되지는 않는다. 그러나 그 말이 남성에게 해당되는 것이라면, 남성 동일시된 사회에서 이 말은 관련된 모든 사람에게 해당되는 것으로 여겨질 것이다. 백인이나 비장애인 동일시가 유색인종이나 장애인의 존재를 무시하는 것과 마찬가지로, 남성 동일시는 여성의 존재에 대한 무시로 이어진다. 어느 날 내가 비행기 예약을 하며 예약번호를 받았는데, 담당 직원이 "PWCEO."라고 말한 후 내가 제대로 들었는지 확인하면서 "피터(Peter)의 P, 윌리엄(William)의 W, 찰스(Charles)의 C, 에드워드(Edward)의 E, 오스카(Oscar)의 O입니다."라고 덧붙여 설명한 적이 있듯이 말이다.

관심의 중심

체계는 특권집단과 밀접하게 연관되므로 최소저항경로 또한 특권집단이 누구이고, 그들이 무엇을 말하고 행동하는지, 어떻게 그렇게 말하고 행동하는지에 집중된다. 뉴스에서 묘사, 인용, 기술되는 사람은 대개 이성애자, 백인, 중산층 이상의 남성이라는 것을 알 수 있다. 라틴계나 백인 여성 혹은 흑인이 뉴스에 등장한다면 보통 그들이 살해 등 어떤 사건의 희생자이거나 그들이 폭동이나 살인, 강도, 도둑질 등의 가해자였을 때이다. 물론 오바마 대통령이나 대통령 후보였던 힐러리 클린턴, 미국 연방대법원 대법관인 소니아 소토마요르(Sonia Sotomayor), 이 외의 다른 흑인 운동선수와 같은 예외적인 경우도 있다. 운동선수의 경우 유색인종이 더 특출하다고 여겨지는 몇 안 되는 분야이지만, 대부분의 경우 유색인종이나 소수집단이 성공한 인물이 되는 것은 이례적인 일이다.

텔레비전이나 영화를 보면, 세상의 중요한 일은 항상 이성애자, 백인, 비장애인 남성에 의해 일어난다.[14] 가장 강력한 인물이 여성, 게이나 레즈비언, 트렌스젠더, 장애인, 노동자, 흑인, 라틴계나 아시아계로 나오는 경우는 흔치 않으며, 그러한 경우가 있다고 하더라도 극이 진행되면서 그들이 계속 살아남지 못한다. 노동자 계층 인물이 극의 중심이 되는 경우 또한 드물며, 주요 인물로 등장하게 된다고 하더라도 주로 범죄자나 무지하고, 잔혹하고, 편협하고, 피상적이며, 비도덕적인 인물로 묘사되는 경우가 대부분이다.[15] 유색인종이 주요 인물로 설정되는 경우 또한 드물고, 게이 남성이 권력을 가지고 있을 때 모순적으로 인식되며, 권력을 가진 레즈비언은 여성적이지 않다고 폄하된다.

이제까지 본 영화 중 인간이 경험할 수 있는 가장 강력한 것을 묘사했거나, 용기와 성장, 영혼의 여정을 그렸거나, 자신을 시험하고 자신의 정체성이나 인생의 속성이 무엇인지 잘 그려 냈다고 생각하는 영화 열 편을 생각해 보자. 그 영화 속 주요 인물들, 특히 용기, 성장, 여정, 시행착오, 놀라움 등의 중심인 인물을 생각해 보자. 아마도 십중팔구는 백인, 앵글로색슨, 비장애인, 이성애자 남성일 것이다. 사실 이에 해당하는 사람은 전 인류의 20%도 되지 않음에도 불구하고 말이다.

지난 50년 동안 아카데미에서 작품상을 탄 영화들을 생각해 보자(〈표 7-2〉 참고). 영화사에서 걸작으로 평가되는 영화 중 유색인종을 극의 중심에 둔 영화는 단 한 편도 없으며, 〈드라이빙 미스 데이지(Driving Miss Daisy)〉나 〈밤의 열기 속으로(In the Heat of the Night)〉가 백인과 공동 주연급 정도로 다루어졌다. 인디언에 초점을 맞춘 〈늑대와 춤을(Dances with Wolves)〉 또한 미국 원주민을 타자인 백인 남성의 눈으로 본 것이다. 비유럽계 문화에 초점을 맞춘 작품은 〈마지막 황제(The Last Emperor)〉〈슬럼독 밀리어네어(Slumdog Millionaire)〉〈간디(Gandhi)〉 등 세 편에 지나지 않는다. 〈아웃 오브 아프리카(Out of America)〉는 아프리카가 배경이지만 이야기 자체는 백인에 중점을 두었고, 아프리카 대륙에서 벌어지는 유럽인들의 착취에 대해서는 비판적인 언급조차 없다. 여성에 중점을 둔 영화는 〈밀리언 달러 베이비(Million Dollar Baby)〉〈시카고(Chicago)〉〈아웃 오브 아프리카〉〈애정의 조건(Terms of Endearment)〉〈사운드 오브 뮤직(The Sound of Music)〉 등 다섯 편에 지나지 않고, 이 리스트 중에서 게이나 레즈비언이 주요 인물인

표 7-2   1965~2015 아카데미 작품상 수상 영화

2015 〈스포트라이트(Spotlight)〉	1988 〈레인 맨(Rain Man)〉
2014 〈버드맨(Birdman)〉	1987 〈마지막 황제(The Last Emperor)〉
2013 〈노예 12년(Twelve Years a Slave)〉	1986 〈플래툰(Platton)〉
2012 〈아르고(Argo)〉	1985 〈아웃 오브 아프리카(Out of America)〉
2011 〈아티스트(The Artist)〉	1984 〈아마데우스(Amadeus)〉
2010 〈킹스 스피치(The King's Speech)〉	1983 〈애정의 조건(Terms of Endearment)〉
2009 〈허트 로커(The Hurt Locker)〉	1982 〈간디(Gandhi)〉
2008 〈슬럼독 밀리어네어(Slumdog Millionaire)〉	1981 〈불의 전차(Chariots of Fire)〉
2007 〈노인을 위한 나라는 없다(No Country for Old Men)〉	1980 〈보통 사람들(Ordinary People)〉
	1979 〈크레이머 대 크레이머(Kramer vs. Kramer)〉
2006 〈디파티드(The Departed)〉	1978 〈디어 헌터(The Deer Hunter)〉
2005 〈크래쉬(Crash)〉	1977 〈애니 홀(Annie Hall)〉
2004 〈밀리언 달러 베이비(Million Dollar Baby)〉	1976 〈록키(Rocky)〉
2003 〈반지의 제왕(Lord of the Rings)〉	1975 〈뻐꾸기 둥지 위로 날아간 새(One Flew Over the Cuckoo's Nest)〉
2002 〈시카고(Chicago)〉	
2001 〈뷰티풀 마인드(A Beautiful Mind)〉	1974 〈대부2(The Godfather, Part Ⅱ)〉
2000 〈글래디에이터(Gladiator)〉	1973 〈스팅(The Sting)〉
1999 〈아메리칸 뷰티(American Beauty)〉	1972 〈대부1(The Godfather, Part Ⅰ)〉
1998 〈셰익스피어 인 러브(Shakespeare in Love)〉	1971 〈프렌치 커넥션(The French Connection)〉
1997 〈타이타닉(Titanic)〉	
1996 〈잉글리쉬 페이션트(The English Patient)〉	1970 〈패튼 대전차 군단(Patton)〉
1995 〈브레이브하트(Braveheart)〉	1969 〈미드나잇 카우보이(Midnight Cowboy)〉
1994 〈포레스트 검프(Forrest Gump)〉	1968 〈올리버(Oliver!)〉
1993 〈쉰들러 리스트(Schindler's List)〉	1967 〈밤의 열기 속으로(In the Heat of the Night)〉
1992 〈용서받지 못한 자(Unforgiven)〉	
1991 〈양들의 침묵(The Silence of the Lambs)〉	1966 〈사계절의 사나이(A Man for All Seasons)〉
1990 〈늑대와 춤을(Dances with Wolves)〉	1965 〈사운드 오브 뮤직(The Sound of Music)〉
1989 〈드라이빙 미스 데이지(Driving Miss Daisy)〉	

영화는 없다.

〈셀마(Selma)〉〈컬러 퍼플(The Color Purple)〉처럼 종속집단에 대해 다룰 때, 진지한 관심을 받고 아카데미 작품상을 받을 확률은 매우 낮다. 〈셀마〉의 경우 아카데미 주제가상만을 수상했으며, 〈컬러 퍼플〉은 아카데미 11개 부분 후보에 올랐지만 〈아웃 오브 아프리카〉에 밀려 단 하나의 상도 수상하지 못했다.

종속집단에 초점을 맞춘 영화들은 흔히 '여성영화(chick flicks)' '흑인영화' '게이 영화' '레즈비언 영화'라는 식으로 한정되어 불리지만, '남성영화' '백인영화' '이성애자 영화'라고 불리는 영화는 없다. 지배집단에 동일시하는 사회에서 남성, 백인, 이성애자가 주인공인 영화들은 모든 사람(혹은 적어도 중요한 사람들)에 대한 것으로 간주된다.

장애인에 초점을 맞춘 〈킹스 스피치(The King's Speech)〉〈레인 맨(Rain Man)〉〈포레스트 검프(Forrest Gump)〉〈뷰티풀 마인드(A Beautiful Mind)〉와 같은 경우 이러한 현상을 잘 반영한다. 이 영화들의 주인공은 장애를 가졌지만, 영화는 장애가 있기 때문에 경험하게 되는 삶의 경험에 대한 것이라기보다는 장애 그 자체에 대한 것이 대부분이다. 유색인종에 초점을 맞춘 영화에서도 이러한 측면은 마찬가지여서, 〈노예 12년(Twelve Years Slave)〉〈크래쉬(Crash)〉〈밤의 열기 속으로〉〈드라이빙 미스 데이지〉와 같은 영화는 인종을 이야기의 주요 주제로 사용한다. 아카데미 작품상을 수상한 영화 중 주요 인물이 게이, 레즈비언, 트랜스젠더인 작품은 성적 지향이나 성 정체성이 영화의 주된 주제가 된다. 그러나 영화가 지배계층의 구성원에 초점을 맞출 때 그 이야기는 인간 전체의 경험처럼 기술된다.

특권체계는 지배집단을 중심으로 이루어지므로 배제된 사람들은 자신의 삶이 주류문화에서 지워지고 무시받는다고 느끼는데, 이는 대개 사실이다.[16] 흑인, 라틴계, 백인 여성 학생들은 교수가 자신에게 발언 기회를 주지 않거나, 자신들의 말에 귀 기울이지 않으며, 자신이 이야기하는 동안 말을 끊지 않는 경우가 거의 없다고 말한다. 반면, 남성들은 어린 시절부터 지나치리만큼 교사의 관심을 많이 받는다는 연구 결과가 있다.[17] 이러한 패턴은 여성과 남성이 공존하는 거의 모든 곳에서 일어나며, 직장에서도 반복된다.

이러한 일들이 일어나는 이유 중 하나는 남성에게 관심이 쏟아지는 사회에서 그 관심에 부응하는 것이 남성에게는 최소저항경로가 되기 때문이다. 예를 들면, 남학생들은 수업 시간에 발언권이 주어지지 않았더라도 우선 생각나는 대로 말하고 본다. 남학생이 자발적으로 대답하지 않을 경우에도, 교사들은 여학생들에 비해 남학생들에게 더 많은 관심을 가지고, 가까이 다가가서 무언가 흥미롭고 생산적인 답변을 내놓지 않을까 기대하며 더 자극하고 향상시키려 한다. 여학생들에 대해서는 가치 있는 답변을 내놓을 거라고 기대조차 하지 않는 경우가 다반사이다.[18] 이러한 태도는 타인의 희생 위에 지배집단의 구성원, 즉 남학생에게 의도적으로 관심을 가지려고 해서 생긴 것이 아니다. 이러한 태도는 단순하게 최소저항경로를 따른 것으로, 특권과 억압의 중심에 존재하는 관심과 무시를 보여 주는 것이다.

소외된 집단이 관심의 중심이 될 때는 사회가 얼마나 지배집단 중심으로 이루어졌는지를 논의할 때뿐이다. 여성들은 여성 직원 모임을 형성하고 때로는 남성 중심적인 문화를 극복할 필요가 없는 여자대학에 입학하기도 한다. 흑인들은 흑인 전용 기숙사나 클

럽을 만들거나, 캠퍼스 내에 흑인을 위한 '안전지대'를 조성하기도 하고, 식당에서 자신들만의 테이블에 앉기도 한다.[19] 학교는 여성이나 유색인종에 초점을 맞춘 특별 프로그램을 만든다. 여성들은 '딸들의 엄마 직장 체험'을 기획하고, LGBT 학생들은 자신들의 존재 자체를 알리기 위하여 행진을 하기도 한다('우리는 도처에 존재한다'고 알리기 위해서……).

아주 작은 것일지라도 지배집단으로부터의 관심을 다른 곳에 돌리려고 하면 지배집단은 불공평하다고 불평하거나, 스스로 마땅히 가져야 하는 것을 잃는다고 느끼면서 되돌리라고 요구한다. 남성들이 대화에서 압도적으로 많이 말할 때, 사람들은 남성과 여성이 거의 동일하게 대화에 참여하고 있다고 생각한다. 그러나 여성들이 전체 대화의 1/3이나 1/4 동안 이야기할 경우 남성들은 그 여성이 지배적이라고 생각한다. 종속집단에게 특별한 관심을 보일 때 지배집단은 그 불공평에 강력하게 항의하며, '아들들을 직장에 데려가는 날은 왜 없는가?' '게이나 레즈비언에게 왜 관심을 가져야 하는가?' '우리는 언제 백인 역사의 달을 만들 것인가?' 등으로 반응하곤 한다.

늘 그렇듯이, 종속집단의 구성원은 이러지도 저러지도 못한다. 관심을 받지 못하면 최소저항경로로 인해 무시되고 폄하된다. 그러나 자신의 존재에 대해 이야기하려 하거나 관심을 요구한다면 설친다거나 특별대우를 요구한다고 비난받는다. 이러한 이유로 백인 여성과 유색인종은 편견에 찬 시선을 받으며 '관심종자'라고 불리게 된다.

'주의(–ism)'로 끝나는 말

'인종차별주의' '성차별주의' '장애인차별주의' '트렌스젠더 공포 증' '이성애중심주의' 등의 용어는 대부분 사람들의 정서와 행동을 기술하는 것이다. 인종차별주의는 결함 있는 성격이나 태도, 고정 관념 덩어리, 부정적인 의도, 차별하거나 상처를 주고자 하는 욕구 나 바람, 증오 등을 가진 특성으로 인식된다. 이러한 견지에서 인종 차별주의를 변화시키기 위하여 노력한다는 것은 인종차별주의자 의 감정, 사고, 행동의 변화를 위해 노력한다는 것을 뜻한다.

그러나 인종차별주의는 사람들이 살아가고 일하는 체계 안에서 생긴 것이다. 마치 사회적 진공 상태에서 사는 것처럼 성격이나 행 동 이외의 다른 것들은 중요하지 않다고 무시하는 것은 옳지 않다. 사회학자 데이비드 웰먼(David Wellman)은 인종차별주의에 대해 정의할 때, 개인적인 특성도 중요하지만 개인적인 특성을 넘어 보 다 폭넓은 정의가 필요하다고 주장했다. 인종차별주의는 의식적이 든 그렇지 않든 특권과 억압의 패턴이 생겨나고 이어지고 유지되 도록 하는 모든 것을 말한다. 이러한 정의를 다른 형태의 특권에 확 장한다면, '주의(–ism)'로 끝나는 말은 개인적 적대감이나 편견 이 상을 의미하며, 사실상 특권을 조장하는 과정에서 사람들이 하거 나 하지 않는 모든 요소를 포함한다.[20]

웰먼이 말하고자 하는 것을 제대로 이해하기 위해서는 사람들의 행동과 말뿐 아니라 사람들이 행동하지 않는 것, 말하지 않는 것에 도 주의를 기울여야 한다. 예를 들어, 특권과 억압이 생겨나고 유지 될 때 침묵의 역할을 생각해 보자. 인간은 누가 괜찮고 누가 괜찮지 않은지 판단할 때 여러 가지 기준을 사용한다. 다른 사람들의 견해에 개의치 않는 사람들이 있기는 하지만, 대부분의 사람은 다른 사람들이 비난할 법한 일은 피하려 한다. 그러나 다른 사람들이 자신의 행동에 대해 별말이 없다면 가해자는 그러한 침묵을 자신의 행동에 대한 찬성으로 마음대로 해석해 버린다.

1800년대 후반부터 1940년대 중반까지 남부 백인들은 3,000명 이상의 흑인에게 정당한 이유 없이 폭력을 행사했다.[21] 이러한 폭력의 가해자는 소수였지만, 사회에서 이러한 폭력이 비난의 대상이 되거나 적극적인 반대에 부딪힐 것이라고 생각했다면, 그러한 잔혹한 행동을 저지를 수 없었을 것이다. 폭력 행위는 신문에 미리 광고되었고, 다양한 지역에서 수많은 관중을 불러 모았으며, 사진으로 인화되어 엽서로 상품화되기도 했다.[22]

폭행을 가한 자들이 자신이 속한 공동체의 모든 사람을 개인적으로 알 수는 없다. 그러나 가해자들이 그토록 확신에 차서 자신들의 행동이 괜찮다고 생각했던 이유는 백인지배적인, 백인 동일시된, 백인이 중심인 사회에 살고 있었기에 가능했던 것이다. 또한 그 사회가 흑인들의 생명에 가치를 두지 않고 공개적으로 고문하고 살인하는 것을 문제 삼지 않으며, 심지어 범죄로 간주하지 않았기 때문에 이러한 행동들이 가능했던 것이다. 가해자들이 아니라, 인종 차별주의라는 공포를 목도하면서도 집단적으로 침묵했던 연방정부를 포함한 사회, 폭력만큼이나 요란하게 많은 메시지를 전달하며 침묵을 유지했던 그 사회가 실제적인 권력을 가지고 있었다 할 수 있다. 각 개인이 어떻게 느꼈는지는 큰 영향력이 없었던 것이다.[23]

남부든 북부든 대부분의 백인이 폭력에 대해 침묵했던 것처럼, 대부분의 남성은 성 학대 및 폭력에 침묵을 지키고 있다. 자신들은 절대로 폭력을 행하지 않을 것이며 개인적으로는 폭력을 인정하지 않음에도 성 학대 및 폭력에 대해서는 침묵을 지킨다. 유사하게, 대부분의 백인은 인종차별주의가 자신들의 지역사회와 직장에 어떤 식으로 영향을 미치고 있는지 인식하려고 노력하지 않는다. 백인들은 특권과 억압을 유지시키는 노골적인 행동들은 잘 인식해서 차별에 대해 질문을 받으면 "맞아요. 차별은 끔찍한 일이에요."라고 답할 것이다. 이 말에 대한 진심을 의심할 필요는 없다. 그러나 백인들은 침묵, 무관심, 호기심의 부재가 노골적인 인종차별만큼이나 강력한 효력을 발휘한다는 점은 인식하지 못한다. 억압은 늘 집단적인 침묵을 통해 유지된다. 교실이나 직장에서 인종 문제가 어떤 식으로 효력을 발휘하는지 알아채지 못하는 교수나 관리자는 유색인종에 대해 어떠한 악의도 가지지 않은 선한 사람일 수도 있다. 다만, 그들이 선한 사람이더라도 그들이 한 행동이 아니라 그들이 하지 않은 행동이 중요하다.[24]

이런 생각을 하다 보면, 나는 대낮에 몇몇 백인 남성이 길에서 한 유색인종을 폭행하는 장면을 떠올리게 된다. 나는 구경하고 있는 백인집단 쪽에 서 있다. 백인집단은 누구도 해하고 있지 않으며, 맞는 사람에 대해 어떠한 악의도 없고 오히려 안타까워하고 있다. 우리는 공격하는 사람을 응원하지도 않고 그 행동에 대해 찬성한다고 표명한 적도 없다. 우리는 그저 침묵을 지키면서 속으로 이 폭력은 그저 개인적인 행동이라고 생각하고 있을 뿐이다. 이때 공격자 중 누군가가 갑자기 행동을 멈추고 우리를 바라보면서 이렇게 말하면 어떨까? "우리의 행동에 찬성해 줘서 얼마나 고마운지 여러분이 알았으면 합니다. 여러분이 없었으면 이렇게 할 수 없었을 거예요."

인종차별주의와 다른 형태의 특권은 일상에서 매일매일 이런 식으로 지속된다. 단순히 억압을 멈추기 위해 어떤 것도 하지 않기 때문에 특권과 억압은 유지된다. 대부분의 백인은 노골적인 적대감이나 악의를 표출해 내기 때문에 인종주의에 연루되는 것이 아니다. 이들은 인종차별주의를 지속시키는 커다란 문화적 흐름에 그저 묵인하고 방관하기 때문에 인종차별주의에 동참하게 된다.[25] 이렇듯 대다수 지배집단의 구성원들은 아무것도 하지 않고 단지 침묵하기 때문에 자신이 인식하지도 못한 사이에 모든 형태의 특권과 억압의 지속 과정에 참여자가 된다.

'주의(–ism)'로 끝나는 말과 우리 자신은 어떻게 관계되는가

지배집단의 구성원들은 특권을 중심으로 이루어진 사회에서 자신들은 아무런 영향을 받지 않고 매일매일 살아갈 수 있다고 생각할지도 모른다. 그러나 이것은 헛된 희망이며, 부인이라는 악몽이 되기도 한다. 지배적인 문화라는 유유한 흐름에서 뿜어져 나오는 특권과 억압을 정상적이고 일상적인 특징으로 만들어 버리는 사고, 태도, 심상을 내면화하지 않고, 그러한 흐름에 상처받지 않고 예외가 될 방법은 없다.

물론 어떤 의미에서는 나 또한 인종차별주의, 성차별주의, 장애인차별주의, 이성애중심주의를 내면화해서 자동적으로 영어로 꿈을 꾸고 특정 음식을 선호한다. 그러지 않았으면 좋았겠지만 어쩔 수 없다. 사실 이 사회에서 모든 백인이 인종차별주의 경향을 가지고 있다는 생각은 나름 합당한 것이다.[26] 영어로 의사소통하지 않는 사람을 만나고 나서야 나는 모든 사람이 영어로 말하는 것이 당연할 것이라고 생각했던 나의 선입견을 알게 된다. 사람들을 직접 만나지 않고도 이 사회의 문화에 근거해서 선입견을 가지게 되기도 한다. 나는 인종차별주의가 서로 약간은 다른 방식으로 모든 사람에게 영향을 미치고 지울 수 없는 흔적을 남긴다고 생각한다. 그렇지 않다고 가정하는 것은 그저 바라는 것에 몰입해서 있지도 않은 상상 속 세상에서 사는 것과 같다.

지배집단의 구성원 중 누구도 특권에서 자유롭지 않으므로 내적으로, 또 주변의 세계와 관련하여 특권의 문제를 풀어 나가야 한다. 특권체계는 지혜나 선이 무엇인지, 하지 말아야 하는 것이 무엇인지에 대해 알지 못했던 어린 시절에 우리에게 건네진 것이다. 그래서 우리는 무비판적으로, 무엇인지 제대로 알지 못한 채, 순진하게 특권을 받아들였다. 우리가 그것을 받아들였다는 사실은 수용해야 하지만, 그것은 잘못이 아니며, 우리가 받아들이지 않으려고 노력하지 않았다고 해서 죄책감을 가질 이유는 없다. 다만 현재도 여성, 유색인종, 장애인, LGBT 집단 등 억압을 받을 이유가 없는데도 삶에서 지대하게 억압의 영향을 받는 사람들이 있다. 이제는 모두가 이 문제에 마주해야 한다.

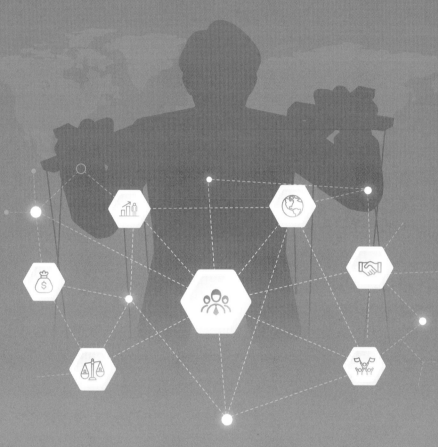

제8장

어려움에서 빠져나가기: 부인과 저항

자신이 불공정이나 고통의 근원일 수도 있다고 생각하고 싶은 사람은 없다. 따라서 자신이 불공정 및 고통의 근원일 수도 있다는 생각을 조금이라도 하게 되면, 사람들은 그 고리에서 벗어날 궁리를 하게 된다. 그러나 우리는 아무리 벗어나려고 노력해도 문제의 부분이므로, 최소저항법칙을 사용해서 문제를 부인하려 해도 결국 늘 문제와 연결된다. 자신이 문제의 부분이라는 생각에서 벗어나서 무감각해지려고 노력한다는 것을 인식할수록 우리는 더욱 깨어나게 되어 결국 해결 과정의 참여자가 된다.[1]

부인과 최소화

어려움에서 빠져나가는 가장 단순한 방법은 연결고리의 존재를 부인하는 것이다.

"인종차별주의나 성차별주의는 더 이상 문제가 아니야. 젊은 세대들은 그런 문제가 없잖아."

"특권 같은 게 어디 있어."

"열심히 하는 사람한테 아메리칸 드림은 여전히 유효해."

"우리 직장에는 장애인이 없어서 별 문제가 없어."

"소수인종 우대정책 때문에 지금 어려운 사람은 오히려 백인과 남성이야."

『Atlantic Monthly』 잡지 커버 문구, "여성들이 세상을 지배하고 있다!"[2]

부인은 문제의 존재는 인식하지만 그렇게 큰 문제는 아니라고 주장하며 최소화하는 경향과 밀접히 관련된다. 여성과 유색인종은 종종 징징거린다고 비난받으며, 그들의 현실이 그렇게 최악은 아니므로 그저 극복해야 한다는 메시지를 받는다. 억압에 대한 부인은 특권에 대한 부인과 같다. 또한 억압과 특권에 대한 부인은 우리 모두가 이들에 어떻게든 관련되어 있다는 연결고리를 끊는 것과 같은 것이다.

지배집단은 부인할 때 자신들이 다른 사람의 삶의 경험에 대해 왈가왈부할 수 있는 입장이 아니라는 사실을 알아차리지 못한다. 아이가 넘어졌을 때나 악몽을 꾸었을 때 아이들이 무엇을 경험한지도 모른 채 이 정도는 아무것도 아니니까 울지 말라고 타이르는 어른들처럼 말이다. 지배집단은 자신의 현실을 다른 사람에게 강요할 수 있는 문화적 권한을 가졌다고 착각하고, 다른 사람의 경험에 대해 멋대로 해석하며, 타인이 말하는 바가 타당할 수 있는 가능성을 부인한다.

부인의 방식 중 하나는 종속집단이 더 유리한 입장에 있다고 보는 것이다. 내가 아는 한 여성은 흑인들의 강인함과 깊이를 자신도 얻고 싶어 하고 부러워하곤 했는데, 이러한 특징은 몇 세기 동안 지속된 인종차별주의에서 흑인들이 살아남기 위해 가지게 된 것이다. 이 여성은 인종차별주의에 대한 주제가 화두로 떠오를 때마다 흑인들이 갖는 강점을 나열했고, 이 강점들이 백인들이 가진 특권보다 더 중요하다고 말하는 듯했다. 동경과 원망이 섞여 있는 그녀의 어

---

1 역자 주: 『Atlantic Monthly』 잡지 커버 문구에서 "여성들이 세상을 지배하고 있다!"라고 표현하며, 남성이 오히려 더 문제에 봉착해 있다고 표현한 바 있다.

조에 담긴 결핍을 느낀 순간, 나는 그녀가 자신이 가진 백인 특권을 고려하기가 쉽지 않겠다고 생각하게 되었다. 이 여성은 보고 싶지 않은 일들은 보지 않도록 방어적인 자세를 취하고 있었기 때문에 누군가를 부러워하면서도 특권이 공존할 수 있다는 역설을 생각조차 할 수 없는 것처럼 보였다.

부인이 더 이상 통하지 않을 때에는 특권을 말하는 사람을 공격해서 그 사람의 평판을 떨어뜨리기도 한다. 예를 들어, 나는 오랜 시간 남성이나 백인을 혐오한다고 비난받았고, 백인으로서의 죄책감으로 고통스러워하며, 백인이자 남성인 나 자신을 혐오하고, 게이이고, 공산주의자이고, 남성의 배반자이고, 분열주의적이고, 인종차별주의자이며, 얼간이이자 바보라고 비난받았다. 이런 비난을 하는 사람들은 하나의 세계관만이 존재할 수 있다고 생각하기 때문에, 그들과 내가 현저하게 다른 세계관을 가지고 있을 때 나의 견해는 무조건 잘못되었다고 생각한다. 반대의 견해는 틀렸다고 비난할 뿐 아니라 부적절한(악한) 동기를 갖고 있는 것처럼 몰아가기 때문에 미국은 점점 분열화되고 마비되었다.[3]

메신저에 대한 공격이 더 이상 효과를 발휘하지 않을 때, 더 미묘한 부인―불공정과 고통에 대해 무감각해지거나, 불공정과 고통을 인식하지만 도덕적인 영역으로 바라보지 않거나, 이에 대해서 우리가 할 수 있는 것이 아무것도 없다고 느끼는 종류의 부인―이 효과를 발휘하게 된다.[4]

희생자 탓하기

비극적인 일이 일어났을 때 우리는 희생자를 비난하면서 문제를 회피하기도 한다.[5] 한 남성은 성희롱을 경험했다고 이야기하는 여성이 과도하게 예민하다고 비난할 수도 있다. 또한 이 남성은 여성이 성희롱이 일어났던 장소에 왜 있었는지 의아해하거나, 가해자에게 미묘한 메시지를 보냈을 가능성이 있다고 추측하며, 어떤 식으로든 성희롱을 '불러왔을 것'이라고 이야기하기도 할 것이다. 여성이 유리천장을 뚫지 못하면 남성들은 그 여성이 필요한 자질이 없었기 때문이라고 이야기할 것이다. 여성이 공개적으로 정서를 드러냈을 때, 남성은 여성이 감정적이므로 잠재력을 발휘하기 어렵다고 지적할 것이다. 그러나 반대로 여성이 정서를 드러내지 않는다면, 충분히 여성스럽지 않으며, 너무 딱딱하고, 남자 같다고 비난한다. 여성이 다정하면 성관계를 원한다고 생각하는 반면, 다정하지 않으면 꽉 막히고 냉정하며, 못됐고, 나쁜 일을 당해도 싸다고 이야기할 것이다.[6]

희생자에 대한 비난은 특권을 방어하는 가장 흔하고 효과적인 방법이다. 유색인들은 조금 더 백인같이 보였으면 그러한 어려움을 경험하지 않았을 것이라거나, 게을러서 가난을 면치 못한 것이라거나, 범죄율이 높은 가난한 동네에 계속 방치된 채 사는 것이 문제라는 말을 듣는다. 라틴계 사람들은 조금 더 똑똑했거나 부지런했거나 교육을 더 받았다면 지금보다 나았을 거라는 말을 듣곤 한다. LGBT 집단은 자신들의 정체성을 선택했기 때문에 스스로 문제를 초래했다는 말을 듣는다. 장애인들은 몸과 마음의 상태에 따라

할 수 있는 것과 할 수 없는 것이 결정된다는 말을 듣는데, 이는 모든 사람이 비장애인이 만들어 낸 사회적·물리적 세계의 틀 안에서 살아가야 한다는 생각에 기반한 것이다.

개인주의적 사고를 중심으로 이루어지는 사회에서는 모든 부정적인 일은 누군가의 잘못 때문에 생긴다고 여겨진다. 이러한 사회에서 지배집단은 불행에 대항할 힘이 없어서 고통을 겪을 가능성이 높은 사람들에게 비난의 화살을 돌리는 식으로 자신들의 권위를 사용한다.

다른 것으로 치부하기

불편한 현실을 부인하는 더욱 미묘한 방식은 그 현실에 다른 이름을 붙이고, 현실을 인식하는 척하지만 그러한 현실을 변화시키기 위해 노력해야 할 의무는 피하는 것이다. 이러한 현상은 모든 종류의 특권에서 발생한다. 학교의 분리는 인종에 대한 것이 아니라 이웃의 문제이고, 가난은 그저 '불운한 것' 혹은 '특권을 받지 않은 것'이다.

이러한 현상은 성별과 관련하여 특히 더 강력하다. 남성과 여성은 다른 문화에서 왔다는 주장을 하며 남성 특권은 성, 생물학, 인류학적 주제 사이의 재미있는 힘겨루기로 축소된다. 강간은 부정적인 형태의 성관계, 오해, 소년이 한 미숙한 행동 이상으로 간주되지 않는다.

이러한 속임수에 머물게 되는 이유 중 하나는 다른 집단범주와 다르게 여성과 남성이 서로 의존하기 때문이다. 대부분의 백인에게는 유색인종이 필요하지 않지만, 성별에 기인한 관계는 많은 사람에게 중요하고, 특히 이성애자들에게는 삶의 토대가 된다. 모든 이는 부모와 형제자매가 있지 않은가! 그렇다면 남성 특권의 고통스러운 현실을 직면하지 않은 채 우리는 어떻게 이런 친밀한 관계를 유지할 수 있을까? 가부장적인 문화는 특권과 억압의 현실을 다른 무엇인가로 바꾸어 버리고, 그 현실을 가릴 수 있는 심상이나 사고들로 이루어진 이념을 통해 세상을 보게 한다.

남성들은 여성에 대한 폭력이나 성에 대한 농담, 집에서 청소하고 기저귀나 가는 처지에 대해 농담을 하며 여성을 조롱한다. 만약 주제가 인종이었다면 그런 농담에 웃는 건 상상도 못할 일이다. 이러한 현상은 성과 관련된 억압이 다른 형태보다 덜 심각하기 때문이 아니라 우리 삶에 너무 깊숙이 박혀 있기 때문에 일어난다. 즉, 여성에 대한 억압을 문제 삼아 직면하기보다는 정상적인 것처럼 보이게 하려고 엄청난 노력을 기울이고 있는 것이다.

지금 이대로가 낫다

부인과 다른 것으로 치부하는 전략이 함께 작동하면, 그냥 지금 이대로가 모두에게 낫다는 주장에 봉착하게 된다. 남성 특권을 중심으로 한 촘촘한 이데올로기로 인하여, 여성이 지배적이고 중대한 결정을 할 수 있는 강한 남성을 선호하고, 성관계 시 '싫다'라고 말하더라도 암묵적으로는 그것이 '좋다'를 의미한다고 생각하게 된다. 또한 여성이 강간, 학대, 폭력을 경험했다면 여성의 잘못이 있었을 것이고, 남성 우월성은 생물적으로 부여된 것이며, 남성은 가족을 부양하고, 여성은 아이와 가정을 돌보며 집에 있어야 한다는 일련의 메시지가 전달된다.

이러한 신념에 반하는 증거가 아무리 많아도, 여성이 남성의 지배에 불만을 제기하고, '아니'라는 말은 진짜 '아님'을 의미한다고 아무리 주장해도 소용없다. 여성이 실질적으로 가장 역할을 한 역사가 더 길고 집에서 남성을 내조하는 것은 오히려 역사상 변칙적인 것이라고 아무리 말해도 소용없다.[7]

모두를 위해 바람직한 것이라며 현재의 상태를 합리화하는 것은 인종을 중심으로도 이루어진다. 백인들끼리 사는 것이 자연스러운 인간의 경향성이기 때문에 유색인종도 분리되어 사는 것을 선호할 것이라고 주장하지만, 사실 여기서 분리는 경제적인 의미와 더 관련된다. 유색인종은 끼리끼리 살고 싶어서라기보다는 경제적인 여유가 없어서 백인의 이웃이 되기가 어려운 것이 현실이다. 실제로 흑인들은 모든 인종이 한데 어우러진 곳에서 더불어 살아가는 것을 선호한다. 인종적으로 통합된 지역사회 및 학교를 형성하지 못하게 하는 것은 수입도, 직업도, 교육도 아닌 백인의 거부이다.[8]

이데올로기에서 진실은 중요하지 않다. 이데올로기는 현재의 상태를 정상적이고, 합리적이고, 불가피한 것으로 만들어서 현 상태를 유지하는 것을 그 목적으로 한다. 그래서 이데올로기는 지배집단이 특권과 억압의 고리에서 책임을 피할 수 있게 돕는다.

의도한 것이 아니면 괜찮다

잘못된 일의 원인으로 개인을 비난하고 죄책감을 느끼게 하는 문화에서는 혼란스러운 의도와 결과를 피하기 어렵다. 선한 의도는 나쁜 결과를 일으킬 수 없으므로, 나쁜 일이 일어났을 때는 나쁜 의도가 원인이 되어야만 한다. 즉, 나의 의식적인 의도는 내 행동의 결과와 직결되므로, 내 의도는 그게 아니었다고 말할 수 있다면 의도한 일은 실제로 일어나지 않은 것이다.

'그럴 의도는 아니었어.'라는 말은 의도와 관계없이 어떤 결과가 일어날 수도 있는 현실을 직시하기도 전에 대화를 끝마치게 한다. 인종에 대한 편견이나 악의를 가지고 있지 않다고 생각하는 교수는 자신이 수업 시간에 백인들만 호명한 결과로 누군가는 상처받는다는 것을 의식하지 않는다. 여성 동료에게 반복적으로 성적 농담을 하는 남성에게 그만하라고 화를 내면, 그 남성은 방어적인 태도로 그저 농담이었고, 그 여성이 너무 매력적이어서 그랬으며, 기분 나쁘게 할 의도는 아니었다고 말한다. 그 남성의 의도와 상관없이 그는 여성의 기분을 상하게 했고, 그 여성은 전보다 안전함을 느끼지 못하며 혼자서 이 상처를 어루만져야 한다는 것을 그 남성은 모른다. 남성은 의도가 없었으므로 상대방에게 아무런 영향도 미치지 않은 것처럼 행동한다. 그 말이 농담이었다는 것을 알게 되면 상대방에게 끼친 영향도 없어지는 것처럼 말이다.

통찰은 때로 예상치 못한 결과를 낳기도 한다. 예전에 한 중년 남성이 여성에게 문을 열어 주는 것이 맞는지 염려하며 "규칙이 변하고 있는 것 같아요. 공손하다고 생각해서 했던 일들이 여성들을 화나게 만드네요."라고 말한 적이 있다.

그 남성의 딜레마에 대해 들으면서 나는 한 온라인 토론에서 어떤 여성이 이야기했던 말을 떠올리게 되었다. 그 여성은 어떤 남성이 자신을 위해서 서둘러서 달려와 문을 열어 줄 때 불편한 마음이

들고, 자신이 차에서 내릴 때 남성이 서둘러 문을 열어 주려 하는 순간 스스로 얼마나 바보같이 느껴지는지 모른다고 말했다. 이 여성은 그러한 '문 열어 주기 시전'을 반대했다. 그러한 행동은 마치 남성은 독립적이면서 통제의 위치에 있는 반면, 여성은 스스로 할 수 있는 일도 무기력하게 상대방에게 맡기는 것처럼 보이게 해서 결국 여성보다 남성을 위한 것이라는 주장이었다. 이 여성은 문을 열어 주는 행동이 남성은 적극적이고 유능하며 독립적인 반면 여성은 수동적이고 무기력하며 의존적이라는 문화적인 메시지를 전달하기 때문에, 남성이 여성을 계속해서 통제하도록 만드는 방법이라고 지적한 것이다.

이에 한 남성이 자신들은 누구도 지배하려 하는 것이 아니며 그저 예의 바르게 행동한 것뿐이라고 뒤에서 소리 질렀다. 그녀는 그 행동에는 남성들의 의도 이상의 것이 있다며 그 남성의 의견에 반대했다. 예의상 그렇게 행동했다면 예의는 쌍방향으로 이루어지는 것이므로 여성도 남성을 위해서 문을 열어 주어야 한다는 의무감을 느꼈을 거라는 것이 그 여성의 의견이었다. 종속집단이 지배집단에게 결정권을 위임했던 시대처럼 그 행동이 일방향으로 진행되는 시대가 있었지만 말이다.

그 남성은 문을 열어 주는 것은 남성이 여성을 기다리면서 하인이 되는 것에 가깝다고 대응했다. 그러자 그 여성은 그렇다면 여성이 정작 도움이 필요할 때에는 남성의 도움을 받기가 왜 그렇게 힘든지, 왜 가정과 학교에서 지루하고 단순한 노동은 늘 여성의 몫인지 되물었다.

대화는 한동안 이런 식으로 진행되었다. 여성은 여성들이 원하지 않았던 결과에 반대했고, 남성은 자신들이 갖지 않았던 의도에 대해 방어했다. 그러나 의도와 상관없이 결과는 중요하다. 지옥으로 가는 길은 선의로 포장되었다는 말도 있지 않은가. 우리의 행동과 말의 의미는 우리 자신에게 달려 있는 것이 아니다. 의미는 사적인 것이 아니고 우리가 사는 문화와 맥락에 의존하기 때문이다. 남성은 그저 친절을 베풀고 싶었다고 생각할 수 있겠지만, 문을 열어주려고 서둘렀던 행동으로 인해 자신의 생각이나 의도 이상의 결과가 없었다 말할 수는 없다. 가부장제 사회에서는 예의와 같이 사람들이 따르는 형식들 또한 가부장적일 가능성이 높다. 즉, 토론에서 남성과 여성이 말한 것은 모두 사실이어서, 남성이 자신을 높이기 위해 여성을 깔아뭉갤 의도는 없었겠지만 남성이 하는 행동은 종종 그러한 결과로 귀결된다.

이러한 측면에서 '그럴 의도가 없었다'는 방어가 진짜 어떤 의미인지 생각해 보는 것이 필요하다. 흑인 매니저의 은퇴 파티에서 백인 동료가 사진을 모아 슬라이드를 만들었는데, 사진 중 하나는 흑인들이 행복하게 수박을 먹고 있는 것이었다. 흑인이 수박을 먹는 이미지는 흑인들이 게을러서 단 음식이나 먹고 복잡한 일을 할 수 있을 정도로 총명하지 않다는 오랜 고정관념을 반영하는 것이다. 그 슬라이드쇼를 본 흑인들은 충격을 받거나 화가 날 수밖에 없었다. 동료에게 이에 대해 따졌을 때 그 동료는 "나는 인종차별주의자가 아니고 그럴 의도가 없었다."라고 반응했다.

'의도가 없었다'는 것은 '나는 그러지 않았다. 그런 말을 한 적이 없다.'를 말하는 것으로, 이는 사실은 아니다. 무엇이 말해졌는가? 대부분의 경우, 의도가 없었다는 말은 '나는 그렇게 행동하지 않았고 그렇게 말하지 않았다.'가 아니라 '나는 그 문제에 대해 생각해 본 적이 없다. 나는 그런 생각을 하도록 강요되지 않아야 한다. 내가 하지 않은 일에 책임질 필요는 없다.'라는 방어를 의미한다. 내가 즉흥적으로 누군가의 차를 훔치고 잡혀서 판사 앞에 갔을 때, 나는 아무것도 의도하지 않았고, 그저 차를 원했던 것이지 그렇게 생각을 많이 한 것이 아니라고 한다면 어떨까? 아니면 나는 차 주인이 싫어할지 생각해 본 적이 없으며, 차를 훔쳐서 체포될 거라고는 생각해 본 적이 없다고 말한다면 어떨까? 그러면 의심할 여지 없이 판사는 차 주인의 마음을 헤아려야 한다는 법은 없지만, 나의 행동이 초래하는 결과를 인식하고 책임져야 한다는 것을 상기시켜 줄 것이다.

특권은 그러한 인식과 책임에 반하여 작동한다. 기업의 관리자는 고용, 멘토링, 승진 등에서 인종과 관련된 패턴을 인식하고 있어야만 했다. 백인 동료는 모욕적인 고정관념 뒤에 숨겨진 문화적인 메시지에 대해서 생각했어야 했다. 토론에서 남성은 성희롱을 받는 입장에서 여성의 경험이 어떤지 알아야 했다. 그러나 그들은 그렇지 않았고, 이러한 패턴은 이례적인 것이 아니라 통상적인 것이다. 왜 그런 것일까?

개인주의적인 모델에서는 사람들이 무감각하고, 무심하고, 편견에 차 있거나, 너무 바빠서 관심을 기울일 수 없으며, 특히나 지배집단의 사람들이 그렇다고 말할 것이다. 망각의 사치는 이러한 의식적인 의도의 결핍을 최소저항경로로 연결시켜서, 자기도 모르게 쉽게 따르게 만든다. 권리를 가지고 있다는 생각과 우월감은 대부분 특권의 근간이 되고, 너무나 깊고 확고해서 사람들은 별생각 없이 특권을 행동으로 표출한다. 특권집단은 의도한 것이 아니었다고 말할 테고 실질적으로 그들의 말이 진실이기는 하다. 의도한 것이 아니었다는 말은 무장해제적이어서 효과적인 방어가 된다. 그들은 생각하지 않았고 개의치 않았으며 인식하지 않았다. 그러나

'생각하지 않았다. 신경을 못 썼다. 인식하지 못했다'는 식으로 상처를 주는 것이 바로 특권의 문제이다.

나는 좋은 사람이다

안 좋은 일이 나쁜 사람에게만 생긴다면, 나는 나쁜 사람이 아니기 때문에 그런 문제들은 나와 상관없다고 주장하며 빠져나올 수 있다. 그런 편협한 인간이 아직도 존재한다니 끔찍하지 않냐고, 어떤 남성들은 여성을 제대로 대할 줄 모른다고, 어떤 사람들은 자신이 이해하지 못하는 것들에 대해 너무 인내심이 부족하다고 이야기할지도 모른다. 자신은 KKK 단원이 아니고, 가족들이 노예를 소유한 적도 없고, 인종에 따른 차이를 인식하지 않고, 여성을 좋아하고, LGBT 집단과 무난히 잘 지내며, 장애인 주차구역에 주차하는 것은 생각조차 해 본 적이 없다고 하며 자신과는 너무나 다른 사람들이 세상에 있다는 듯 말할지도 모른다.

자신이 선한 사람이라고 설정하면, 예의 바르고 도덕적이고 좋은 의도를 가진 자신 같은 사람들이 있는 반면 악하고, 결함이 많으며, 혼자서 계속 문제를 만드는 사람들이 있다는 것에 대해 부정적으로 느낄 수도 있지만 오히려 동정하게 되는 경우도 있다. 혹은 사회 문제의 결과로 고통받는 사람들을 동정할 수도 있다. 이 모든 현상 속에서 자신은 그저 밖에서 안의 상황을 들여다보는 제3자의 입장이 된다. 혹은 문제를 생각할 때마다 기분이 나빠지므로 자신을 희생자처럼 바라보는 순간 또한 있을 것이다.

그러나 나의 침묵, 무반응, 특권과 억압의 현실에 대한 나의 수동적인 수용으로 인해 나 또한 강간범이나 KKK 일원만큼이나 많은 문제에 연루되고 일부분이 된다는 것이 현실이다. 우리 모두는 사람들을 개인으로 보는 관점을 선호하고 어떤 범주에 속한 사람으로 판단하고 싶어 하지 않기 때문에 자신이 문제의 참여자라는 사실을 쉽게 잊는다.[9] 그러나 우습게도 범주에 속해서 원하는 것을 가질 수 있을 때에는 한 범주의 구성원으로 봐 주기를 원한다. 예를 들어, 우리는 상점에 갔을 때 상점 직원이 우리를 개인적으로 알지 못할지라도 존중의 태도로 대해 주기를 원한다. 직원들이 우리에 대해 아는 것은 우리가 속한 인종, 연령, 성별, 장애 여부, 계층 등의 범주와 그 범주에 대한 그들의 지식뿐이며, 그들이 우리의 신용카드나 수표를 의심이나 불신 없이 받을지는 이 지식에 근거한다. 다른 사람과의 관계에서 나는 중요한 사람이니 집중하라고 주장하고 싶지는 않지만, 그들이 나를 그러한 사람으로 생각하고 알아서 나를 적절한 범주로 분류해 주기를 바라기도 한다.

　일상에서 일어나는 사회적인 관계는 이런 식으로 작용된다. 많은 사람이 타인을 잘못된 범주에 넣고 그 사람의 개인적인 측면을 고려하지 않은 채 부적절하게 대하기 때문에 저항이 일어난다.

　우리는 양방향 모두로 갈 수는 없다. 즉, 내가 특정 사회범주에 소속되는 것이 이익을 주기 때문에 그러한 범주화를 기꺼이 받아들인다면, 어떤 사람들은 잘못을 하지 않았음에도 특정 범주에 소속되었다는 이유로 부정적인 경험을 하게 된다는 것을 받아들이는 것이다. 결국 그들의 희생으로 우리가 혜택을 받은 것이므로 우리는 이 문제에서 자유롭지 않다.

　몇 년 전 ABC 뉴스는 황금시간대에 〈True Colors〉라는 다큐멘터리를 방송한 적이 있다. 〈True Colors〉는 앞에서 언급한 현상을 매우 인상적으로 묘사했는데, 한 사람은 흑인이고 다른 한 사람은 백인이라는 사실 외에는 거의 모든 면에서 유사한 두 남성에 초점을 맞추었다. 제작진은 몰래카메라와 마이크를 사용해서 구직 상황이나 차를 잠근 채 내린 상황, 아파트 세를 얻거나, 구두나 차를 구입하는 등의 다양한 상황에서 어떤 일이 일어나는지 보여 주었다. 두 남성을 대하는 사람들의 태도는 일관되게 상이했다. 백인 남성이 쇼핑몰에서 구두를 볼 때 백인 점원은 먼발치에서부터 웃으면서 다가와서 손을 내밀었고, 백인 남성은 신발 몇 켤레를 보다가 상점을 나왔다. 몇 분 후 흑인 남성이 그 상점에 들어갔을 때 직원은 이 남성의 바로 옆에 있었음에도 처음부터 끝까지 남성을 무시했다. 흑인 남성과 백인 남성의 행동은 몇 켤레의 신발을 집어 보거나 왔다 갔다 하며 특정 제품을 조금 더 유심히 쳐다보다가 상점을 나오는 것으로, 전혀 다르지 않았다. 다만, 흑인 남성의 경우에만 그 시간이 영원처럼 길어 보였을 뿐이다.

나는 강연에서 이 다큐멘터리를 보여 주고 백인 청중에게 비디오에서 누구와 자신을 동일시하는지 질문하곤 하는데, 백인들은 일관되게 아무와도 동일시하지 않는다고 반응한다. 그들은 흑인 남성이나 두 남성에게 완전히 다르게 반응한 백인 점원의 모습 속에서 자신을 보지 않았다. 청중은 우대를 받은 백인과도 자신을 동일시하지 않았는데, 일상생활에서 백인으로서 자신과 다른 백인들이 받는 우대를 인지하지 못하는 것이다. 그렇기에 이들은 특권이 특히나 다른 백인들과의 관계에서 자신들에게 어떻게 나타나고 있는지 인식하지 못하고 있으며, 특권이 효력을 발휘하는 상황에 자신이 어떻게 연결되어 있는지에 대해서도 망각한다. 백인들은 자신이 백인이라는 단순한 사실 때문에 누가 보아도 인종차별적인 행동을 한 백인 점원이 사회적으로 자신을 어떻게 대하는지, 이러한 태도가 유색인종과 백인에 대한 대우에 어떻게 다르게 작용하는지 알지 못한다.

백인 특권에 대한 이러한 무시가 보여 주는 것은 특권으로 인해 특권을 받는 사람들이 현재 사회에서 어떤 일이 일어나고 있는지 눈감고 있다는 사실이다. 루스 프랑켄버그(Ruth Frankenberg)는 자신이 인터뷰한 백인 여성에 대해 다음과 같이 기술했다. "베스(Beth)는 자신의 삶에 영향을 미친 인종적 특권보다는 흑인들의 경험에 영향을 준 인종적 억압을 더 날카롭게 인지하고 있었다. 그래서 베스는 흑인 지역사회에 대한 경제적 차별의 현실에 민감하면서도, 자신의 삶에 대해서는 인종적으로 중립적이고 비정치적인 견해를 가지고 있었다."[10]

이러한 현상을 바라보는 또 다른 방식은 백인 여성과 유색인종 여성은 불평등한 대우를 받는 반면, 남성과 백인은 그렇지 않다는 것이다. 그러나 이는 논리적으로 불가능한 것이다. 불평등이라는 것은 동등하지 않은 것을 의미하므로 덜 받는 사람과 더 받는 사람 모두를 기술하는 것이다. 막대기를 잘랐을 때 더 긴 부분이 있으면 더 짧은 부분이 있기 마련이다. 그렇지 않은 척하는 것은 특권을 생성하는 또 다른 방식이며, 그것으로부터 혜택을 받는 자가 존재하지 않는 것처럼 만든다.

차이가 특권으로 변형되는 사회에 살고 있는 한 중립은 없다. 내가 여성보다 남성의 말에 더 집중하는 회의에 있다면, 나는 특권을 받는 쪽에 있다. 다른 남성들은 내가 그 특권을 의식적이든 그렇지 않든 수용하기를 바랄 것이다. 남성 특권이 작동하기 위해서 다른 남성들은 나의 동의가 필요하고, 내가 그 경로에 저항하여 이러한 현상에 주목한다면, 남성들의 방어적인 저항은 나에게 마구 쏟아질 것이다. 남성 특권을 유지하기 위해서 내가 개인적으로 여성에게 적대적일 필요는 없다. 분명한 의도의 부재만으로도 특권은 알아채기 어려워지고 특권의 작용 방식에 대해 이의를 제기하기가 더 어려워진다.

인종도 성별과 유사하다. 백인은 다른 백인의 동의가 필요하고, 침묵은 해명할 일이 없음을 확증하는 것이다. 신발 상점 점원의 인종차별주의적인 행동은 다른 백인들이 자신의 편향된 행동에 대해 문제를 제기하지 않을 것이라고 생각하기 때문에 가능하다. 이러한 과정에서 최소저항경로가 만들어진다. 모든 백인은 자신들이 의식적이든 그렇지 않든 어떤 길을 따라야 할지, 그 가정에 동조할지 아니면 이의를 제기할지 선택하도록 되어 있다.

우리의 경험이 현실적인 것인지 서로를 보며 확인할 때, 우리 주변의 사람들은 우리가 어떤 길을 간다면 그 길을 받아들였기 때문이라고 해석할 것이다. 백인, 남성, 이성애자, 비장애인이기 때문에 누군가가 나를 우대한다면, 내 의도와는 상관없이 나는 그 길을 수긍하고 함께 특권의 길을 걷는 것을 의미한다. 아무것도 하지 않거나 중립적이거나 관련되지 않는 것 같은 것은 없다. 모든 순간에 사회적 관계는 우리 자신과 관련되어 있고, 우리는 어떻게든 참여하고 있으므로 그 결과가 무엇인지 인식해야만 한다.

나와는 관련이 없다

기업이나 대학, 조직에서 가장 흔히 사용하는 회피 방법 중 하나는 문제를 조각조각 나누고 분리하여 대중적인 요구를 충족시킬 만큼 지위가 높은 사람을 문제해결의 책임자로 앉힌 후 그 책임자에게 실질적으로 문제를 변화시킬 만한 권위와 자원을 주지는 않는 것이다. '다양성'은 이러한 책임자의 직함을 명명할 때 가장 흔히 사용되는 단어로, '다양성 담당 부사장'과 같은 직함은 체계의 문제를 한 명의 개인적인 책임으로 축소하고 특권과 억압의 현실을 모호하게 만들어 가려 버린다.

불만, 좌절, 책임을 다른 곳에 쏟게 함으로써 개인과 조직 모두를 은폐하기도 한다. 조직의 대표나 CEO는 멋진 책자에 조직의 변화를 이루기 위한 노력을 드러내고, 행정가들은 문제가 되는 일들을 다양성 사무국에 던져 주고 관심을 꺼 버리는데, 이러한 부서들은 재정이 얼마 없고, 부서 관련자들이 이미 초과근무를 하고 있으며, 근무 담당자도 얼마 없는 경우가 대부분이다. 대학에서 교수들은 수업에서 특권에 대한 문제를 논의하기 꺼리고, 필요할 때는 인종, 민족학이나 여성학 등 관련 학과에 학생들을 의뢰한다. '나와는 관련이 없다'면서 모두에게 해당되는 문제를 소수의 몇 안 되는 영역에 돌리고 대부분의 사람은 책임으로부터 벗어나 버린다. 예를 들어, 학생들이 배우는 왜곡된 과학의 역사에서 볼 수 있듯이 교수들은 교수법과 실습에서 만연한 성차별주의, 식민주의와 인종 관련 문제를 다루지 않는다.

'나와는 관련이 없다'는 미묘한 형태의 부인이지만, 결과는 미묘하지 않다. 이러한 형태의 부인은 유색인종을 다양성 사무실의 부서장으로 임명하면서 변화의 짐을 종속집단에 지우고, 지배집단의 조직이나 개인들은 변화를 위한 책임에서 회피할 수 있도록 만든다. 결국 이들이 보여 주는 의지와 노력은 보여 주기 식인 것이다.

지긋지긋하다

앞에서 언급한 모든 시도가 실패로 드러날 때, 지배집단은 특권과 억압에 대해 듣는 것이 얼마나 지긋지긋한지 이야기하기 시작한다. 특히 인종의 문제에 대한 토론에서 지배집단은 "당신은 늘 그러네요."라고 말한다. 내가 '늘'이 얼마나 자주인지, '그러네'가 무슨 의미인지 물으면, 그들은 다소 애매하게 "뉴스에서 그러잖아요." "항상이요."라고 대답한다.

"매일이요?"

"그런 것 같은데요."

"매시간, 매분이라는 이야기인 건가요?"

"물론 그렇지는 않아요."

대화는 이런 식으로 진행된다. 나는 현실을 객관적으로 말하고 싶어서가 아니라 강요되는 느낌 때문에 그들이 점점 짜증을 낸다는 것을 안다. 여러분이 무언가로 짜증이 나고 자꾸 이의 제기를 받을 때, 그 일은 도처에 깔려 있는 것만 같고 탈출구는 없는 것처럼 느껴질 수 있다. 지배집단은 특권과 억압의 문제가 망각의 사치를 망가뜨리기 때문에 이에 대해 듣고 싶어 하지 않는다. 특권과 억압의 이슈를 너무나 자주 이야기해서 지배집단의 구성원들이 불편해진 것이 아니다. '항상'이라는 말을 바꾸어 말하면, 자신들이 보고 싶어 하지 않는 것을 보게 하고 불편하게 만드는 주제를 생각하게 한다는 의미이지, 늘 말한다는 의미가 아니다.[11]

대부분의 형태의 특권과 관련하여 유사한 형태의 역동이 작용된다. 중산층은 복지, 가난, 계층에 대한 대화가 지긋지긋하다고 말할지도 모른다. 비장애인은 장애인의 권리에 대해 듣는 것이 지겹다고 말할 것이다. 작은 비판에도 남성들은 자신이 욕받이가 된 것처럼 심하게 공격받는다고 느낀다. 사실 '남성 특권'이나 '가부장제' '남성의 폭력'에 대해 이야기하자마자 남성들은 '또 시작이군.' 하는 듯 성가신 듯한 표정으로 눈동자를 굴리기 시작할 것이다.

그러나 특권에 대한 지배집단 구성원의 기본적인 대응은 주로 침묵을 취하거나, 문제가 될 만한 말이나 행동은 하지 않는 것이다. 물론 우리 사회는 남성, 백인, 비장애인, 이성애자를 중심으로 동일시되어 있기 때문에 이러한 특권을 가진 사람들에게 사람들의 이목이 쏟아지는 것은 당연한 일이다. 그러나 이러한 집중과 남성, 이성애자, 비장애인, 백인이라는 범주를 면밀히 들여다보고 조사하는 것은 다른 문제이다.

지쳤다는 불평을 하는 또 다른 이유는 인생은 모두에게 어려운 것이기 때문이다. 그래서 "너의 어려움에 나를 끌어들이지 마라. 나는 내 문제가 있다."라고 반응하게 된다. 많은 남성과 백인은 실직에 대한 걱정이 너무나 많기 때문에 자신들이 도대체 왜 백인 여성이나 유색인종이 직장에서 경험하는 어려움들을 들어야 하고, 심지어 그런 문제를 해결하기 위해 노력해야 하는지 이해하지 못한다. 매리언 라이트 에델먼(Marian Wright Edelman)이 말한 "미국에서 흑인으로 사는 건 너무나 지치는 일"이라는 표현에 백인들은 한 치의 망설임도 없이 자신들도 똑같다고 말할 것이다.[12]

물론 백인들의 삶도 지치고 힘든 것일 수 있다. 만성적인 불안정과 불확실성, 경쟁적인 자본주의 사회 속에서 지쳐 있기 때문에, 특권과 억압에 대한 말들은 지긋지긋할 수 있다. 그러나 특권 및 억압에 대해 지긋지긋하게 들어야 하는 것과 매일매일 억압의 현실에서 살아야 하는 것은 별개의 문제이다. 백인들을 그토록 지치게 하는 일들, 하루 종일 일하고 밤에는 공부해야 하는 부모나 노동자, 배우자의 일은 사회에서 백인이기 때문에 겪어야 하는 것과는 아무런 관련이 없다는 사실을 백인들은 빠르게 방어적으로 간과한다.

반면, 종속집단의 구성원들은 불가피한 삶의 고달픔 외에도 억압이 자신의 삶에 던져 주는 작고 미세한 자갈더미와 매일 고군분투해야 한다. 이 고군분투는 단지 그들이 '잘못된' 범주에 들어가 있기 때문에 생기는 것이다.

'지긋지긋'하다고 방어하면서 지배집단은 자신이 희생자이므로 보호받아야 한다고 요구한다. 이는 여러분에게 상처를 준 사람에게 그 일에 대해 따져 물었을 때, 당신이 그 일을 자꾸 상기시켜 자신의 행동에 대해 부정적으로 느끼게 되므로 그 사람이 화가 난다고 말하는 상황과 같다. 이때 여러분은 그 사람을 화나게 만든 것에 대해 사과해야 할 것처럼 느낄지도 모른다. 이는 상처 주는 행동을 하면서 자신은 억울하다고 방어하는 아이와 같은 행동이다.

특권으로 인해 지배집단은 자기중심적이고 책임감이 없으며 어른스럽지 않게 행동하게 된다. 그러나 지배집단은 실상 조직과 제도와 관련해서는 책임자의 위치에 있으며, 어른의 권위를 갖는다. 부인과 방어라는 순환이 깨지지 않는 한, 특권의 복합성으로 인하여 현 체계는 유지된다. 지배집단에게 이의를 제기하려면 결국 어떻게 지배집단이 성장을 방해하고 있는지, 그러한 태도가 지배집단을 포함한 모두를 퇴행시킨다는 것을 알게 해야 한다.

책임을 져서 어려움에서 벗어나기

특권과 억압의 멍에를 짊어진다면 죄책감과 불편한 감정을 느끼게 되므로 사람들은 그 감정을 떨쳐 버리고자 무엇이든 하려 한다. 그러나 내 사전에서 멍에를 짊어진다는 것은 행동하고, 의무감을 갖고, 개입하는 것이다.

어른은 책임을 지고 아이는 그렇지 않기 때문에 멍에를 짊어지는가를 보며 어른과 아이를 구분할 수 있다. 어른으로서 나는 내가 할 수 있는 것에 대해서 책임을 다해 행동하고 변화를 이루어 내기 위해서 나의 힘과 권위를 사용할 의무가 있다. **개입한다는 것은** 더 큰 무언가의 일부가 되어 함께 책임을 지는 것이고, 그렇기에 고립된 개인으로 혼자 하는 것이 아니다. **의무감을 갖는다는 것은** 책무를 지는 것 이상을 의미하는데, 나를 다른 사람들과 연결시키고, 내가 타인에게 어떻게 영향을 미치는지 인식하며, 좋든 싫든 우리는 이 사회에서 함께라는 것을 인식함을 뜻한다. **행동한다는 것은** 변화를 이루어 낼 수 있는 나의 잠재력에 집중해서 비슷하게 느끼는 사람들과 연대를 형성하는 것이다.

책임을 회피하는 것은 급류에 흘러가는 나무 조각과 같지만, 책임감을 가지는 것은 방향키를 갖고 앞으로 나아가는 것과 같다. 책임을 회피했을 때에는 사회가 생성하는 결과에 내가 관련되는지 마치 선택할 수 있는 것 같은 환상과 부정 속에 살게 되지만, 책임감을 가졌을 때에는 자신이 세상과 관계하며 살아가는 사회적 동물이라는 것을 자연스럽게 수용한다.

지속적으로 책임을 회피하면 우리는 진정으로 살아 있다는 느낌으로부터 멀어지게 된다. 특권과 억압을 중심으로 이루어진 어려움에 대해서 이야기하지 않고는 다른 사람들과 가까워질 수 없기 때문에 우리는 인간성으로부터 멀어져 결국 고립될 것이다. 세상이 더욱 연결될수록 환상과 부인 속에서 살기 어려워지기 때문에 거리를 유지하고 유대를 부인하는 데 더 많은 노력이 요구된다. 지속적인 환상과 부인의 결과, 죽음에 이를 정도로 수많은 상처로 피 흘리는 사람들의 고통을 보고도 치료하지 않는 사람이 되고 만다.

지배집단은 모두가 연결되어 있는 이 고리를 수치심이라는 끔찍한 고통으로 보기보다는 도전과 기회로 보고 감싸 안아야 한다. 그러한 길이 항상 우리가 있어 왔고, 현재도 위치해 있으며, 또한 앞으로 나아가야 할 곳이다.

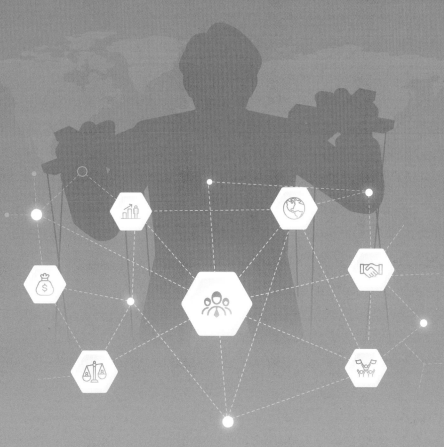

제 9 장

우리는 무엇을 할 수 있을까

이 책을 시작할 때 우리 모두는 문제의 일부가 될 수밖에 없다고 이야기한 바 있다. 그렇다면 이제 우리가 어떻게 하면 해결의 참여자가 될 수 있는지 생각해 보아야 한다.

'우리'는 동질집단을 제외한 모든 집단을 지칭하는 것으로, 성별, 인종, 성적 지향, 장애, 사회계층 등이 교차한다는 관점에서 우리를 정의하고 우리가 무엇을 할 수 있을지 생각해 보아야 한다. 예를 들면, 이성애자 백인 여성은 남성 특권에 반하여 고군분투하는 여성으로서 이 질문을 받아들일 수도 있지만, 다른 사람의 희생을 대가로 백인, 이성애자, 비장애인이 혜택을 받는 시스템에서 백인이자 이성애자, 비장애인의 관점에서 이 질문을 받아들일 수도 있다. 이 여성이 기업의 관리자일 경우와 대학에 다니며 밤에는 월마트에서 일하는 경우, 이 질문은 다르게 받아들여질 수 있다. 질문을 받은 사람이 동성애자인 흑인 10대나 휠체어를 사용하는 라틴계 변호사, 정부 지정 보호소 내 학교에서 학생들을 가르치는 미국 원주민 여성 혹은 직업을 구하기 어려운 노동자 계층 백인 남성, 지역학교 위원회 리더가 되려고 선거 유세를 하는 무슬림 여성일 경우에도 각각 답변이 상이할 것이다.

우리는 사회적 특성에 따라 사회 속에서 다른 위치에 놓이고, 지위에 따라 세계관과 자원, 권력, 취약성, 위험 등에서도 차이를 경

---

* 제9장은 앨런 G. 존슨(Allan G. Johnson)의 저서 『The Gender Knot: Unraveling Our Patriarchal Legacy』의 한 장인 'Unraveling the Gender Knot'에서 발췌 및 수정되었으며, 템플 대학 출판사의 허락하에 사용되었다.

험하게 되므로, 우리의 사회적 지위에 따라 우리가 무엇을 할 수 있을까 하는 질문에 대한 반응은 다를 것이다. 예를 들어, 특권에 대해서 소리 높여 전하고자 하는 나의 선택은 위험을 내포하기도 하지만, 내가 가진 다양한 특권과 정체성 때문에 나는 높은 신용과 같은 혜택을 받기도 한다. 나의 사회적 지위가 달랐다고 해도 나는 여전히 같은 의견을 이야기했겠지만, 내가 감당해야 하는 위험은 상당히 달랐을 것이다.

이 장의 나머지 부분에서 여러분은 때때로 '저자가 누구 이야기를 하는 거지? 나는 아닌데.'라고 생각할 수도 있다. 진정 여러분의 이야기가 아닐 수도 있지만, 여러분의 정체성의 다른 부분으로 관점을 옮겨서 내가 지금 여러분에게 고려해 보라고 독려하는 이야기를 듣고 자신의 관점이 어떻게 달라지는지 살펴보았으면 한다. 그렇게 시도하다 보면 이러한 이야기들이 결국 여러분에 대한 것일 수도 있다고 재고해 볼 수 있을 것이다.

사회 속에서 각자의 위치가 다르기 때문에 이러한 질문을 던지는 이유나 애초에 질문을 받게 될지 여부 자체가 다를 수 있다. 지배집단의 사람들은 특권의 억압적인 효과를 고통스럽게 인식하지만 그러한 고통에서 도피할 방법을 찾아서 자신들의 삶을 계속 영위하려는 모습을 보이기도 한다. 이러한 현상은 남성과 백인들에게 특히 많이 나타나서, 백인이나 남성들은 성별이나 인종에 따른 많은 결과로부터 자신을 분리시키곤 한다.

특권체계는 상당히 오랫동안 이어져 왔다(성별의 경우는 몇천 년에 걸쳐 이어졌다). 이러한 관점에서 보면, 변화를 위해 노력해야 한다는 말은 상당히 위압적이다. 세상을 변화시키는 일이 오로지 개인에게 달려 있다고 보면 당연히 시작하기도 전에 압도되고 패배감을 느끼게 될 것이다. 우리는 실패가 두려울 수도 있고, 다른 사람들이 우리에 대해 뭐라고 생각할지, 자신에 대해 몰랐던 것을 발견하게 되지 않을지, 직업을 잃으면 어떨지, 공격받거나 사회에서 추방당하면 어떨지 등의 두려움을 느끼게 된다. 또한 자녀들이나 나이 든 부모를 돌보는 것이나 학교 또는 직장 등 삶 속에서 만나는 수많은 사람과 잘 어우러지는 것이 우리의 몫이라고 생각할 수도 있다. 그러나 여전히 많은 사람이 작은 것이라도 변화를 이루고 무엇인가 해야 한다는 압박감을 느끼고 있다. 이 장은 그러한 사람들을 염두에 두고 쓴 것이다.

이제까지 이 책의 상당 부분은 세상이 어떻게 작동되는지, 이런 세상에서 우리는 어떻게 그 참여자가 되고 있는지 기술하는 데 할애되었다. 이제 사회체계와 우리 자신 모두를 변화시키기 위하여 우리가 어떠한 역할을 할 수 있을지 살펴보려고 한다. 이 과정은 변화가 어떻게 일어나고, 그 변화가 우리 자신과 어떻게 관련되는지와 관련된 몇몇 강력한 미신으로부터 시작한다.

세상은 원래 이랬고
앞으로도 쭉 그럴 것이라는 미신

우리가 역사를 공부하지 않았다면 세상은 원래부터 이랬다고 믿기 쉽다. 그러나 돌아보면 백인 특권은 단지 수백 년 동안 지속되어 온 것이고, 남성 특권은 약 7,000년 동안 존재했던 것이다.[1] 인류가 지구상에서 10만 년 이상 생존했던 것을 감안하면, 백인 특권이나 남성 특권은 그리 오래된 것이 아니다. 또한 역사는 인간이 변화를 이루어 내기 위해 함께 협력했던 수많은 사례를 보여 준다. 따라서 우리는 앞을 내다볼 때 '모 아니면 도' 식으로 한 방향만을 보는 것이 아니라 현실이란 항상 유동적이고 변화무쌍한 것이므로 언뜻 보기에는 변하지 않고 영원할 것 같은 것도 꼭 그런 것이 아님을 기억해야 한다. 현재의 체계가 영원할 것 같다고 느끼는 이유는 우리가 늘 짧은 순간만 집중할 수 있으며 우리 삶이 단기라는 한계를 가지기 때문이다. 아주 긴 관점에서 보면 모든 것은 계속 진행되는 과정에 있으며, 특권체계 또한 예외가 아니다.

역사의 모든 지점 또한 과정이라고 말하는 목소리가 있다. 이들은 국제적인 자본주의나 서구 중심의 문명화, 과학기술, 가부장제, 백인 특권 등 영원해 보이는 것들도 사실 변화되는 과정 속 아주 잠시 동안의 일시적인 상태라고 말한다. 체계는 사람들이 그 안에 참여할 때만 이루어지기 때문에 창조와 재창조의 역동적인 과정의 상태에 있을 수밖에 없다. 남성이 여성을 통제하려고 하고 여성은 그러한 태도를 허용하는 최소저항경로가 생기고 특정 남성이 그 경로에 걸맞은 행동을 하면서 남성 특권의 현실이 생기고 현실로 존재하게 된다. 그러나 남성들이 통제하지 않기로 선택하고 다른 남성의 통제적인 행동을 제지하고자 하며 여성들이 종속적인 상태를 거부할 때, 이들은 최대저항경로를 선택하는 것이고 변화는 가능해진다.

최대저항경로는 항상 우리의 선택지 안에 있다. 체계는 그 참여자의 선택, 동의, 저항, 창조성의 방향에 따라 그 안정성이 달라지고, 어떤 선택은 체계의 영속을 불가능하게 만든다. 이에 더해 자본주의와 각각의 주정부, 가정과 경제, 사회와 지구(기후 변화와 같은) 등 체계 간의 역동적인 상호작용이 긴장이나 모순, 갈등을 만들고 변화를 불가피하게 만들기도 한다.

억압적인 체계는 우리 삶과 상상력을 너무나 철저히 제한해서 우리가 한정된 것만을 보게 만든다. 이 때문에 체계는 안정적인 것처럼 보인다. 한 체계가 너무나 오래되어서 과거가 집단적인 기억을 넘어설 만큼 이어지면, 그 체계 안에 정립된 인간의 조건이 정상적이고 피할 수 없는 인간의 조건인 것처럼 헷갈리기 쉽다. 영원할 것이라는 환상으로 인하여 근본적이고 장기적인 관점에서는 억압이 안정적이지 않다는 사실은 가려진다. 억압의 체계는 다른 가능성을 볼 수 없을 만큼 아주 철저하게 우리의 삶과 상상력을 제한하기 때문에 안정적으로 보인다. 그러나 한 체계가 다른 누군가를 종속하고 착취하려는 의도를 중심으로 작용될 때 그 체계는 궁극적으로 저물 수밖에 없다. 그 체계는 현실이 가진 통제할 수 없는 근본적인 속성이나 기본적인 인간의 필요와 가치관에 모순되기 때문이다. 지난 20년 동안 여성주의자들이 남성의 지배와 폭력에 대항한 결과, 가부장제는 점점 취약해지고 있다. 이에 대한 남성의 저항, 방어성, 반발 또한 너무나 강력해서, 상당수의 남성은 자신의 몫이 충분하지 않다고 불평하고, 특히 이전 같으면 자신의 삶뿐 아니라 여성과 다른 남성의 삶까지 통제할 수 있었던 남성성이라는 문화적 규준에 자신들이 현재는 도달할 수 없다는 데 강한 불만을 품고 있다.[2] 여성에 대한 공포와 분개는 너무나 널리 퍼져 있어서, 성희롱이나 성폭력의 가해자로 비난받을까 하는 두려움부터 소수우대정책이나 이혼 양육권 결정에 대한 반대까지 다양한 양상을 띤다.[3]

어떤 체계도 영원히 지속되지 않는다. 특권에 대해서는 더욱 그렇다. 무엇이 이 체계를 대체할지 알 수 없지만, 한 체계가 사라진다는 사실에는 변함이 없다. 중요한 것은 한 체계가 얼마나 빨리, 어떻게 사라질지, 다음에 무엇이 올 것인지, 그리고 그것이 조금 더 빨리 덜 파괴적이고 덜 고통스럽게 올 수 있도록 하기 위해서 우리가 제대로 된 역할을 하고 있는지이다.

간디의 역설과 효과가 없을 것이라는 미신

변화를 향한 움직임의 여정에서 우리가 가장 처음 마주하는 것은 하나의 체계가 너무나 거대하고 강력해서 우리의 노력이 효과가 없을 것이며 아무런 변화를 이루어 내지 못할 수도 있다는 생각이다. 사회체계를 하나의 전체로서 단기적인 시각으로 바라본다면, 그러한 두려움은 타당한 것이다. 그러나 어떤 것을 해도 소용없을 것이라고 생각한다면, 우리는 이미 실패할 준비를 하고 있는 것과 같다.

우리의 노력이 아무 소용이 없을 것이라는 믿음을 부수어 버리기 위해서 우리는 긴 안목에서 복잡한 변화의 과정과 관련하여 자신을 보는 관점을 달리해야 한다. 변화의 과정은 우리가 시간과 관계하는 방식에서 시작된다. 동성결혼 합법화나 여성 대통령, 유색인종 대통령 당선 같은 많은 변화는 매우 빨리 일어나서 우리는 그 변화가 일어나는 과정을 이미 목격하고 있다. 그러나 특권체계의 변화는 훨씬 크고 복잡해서 우리 삶이 지속되는 시간보다 훨씬 오래 걸릴 수도 있다. 따라서 특권체계를 변화시키기 위한 우리의 노력이 효과적이었는지 알고자 할 때 인간의 수명을 기준으로 삼아서는 안 된다.

　대신에 필요한 것은 '시간영속성'으로, 대상영속성과 유사한 의미의 개념이다. 아주 어린 아이들은 대상영속성이 아직 발달되지 않아서, 쿠키나 장난감을 들고 있다가 등 뒤로 숨기면 사라진 물건의 이미지를 내적으로 지닐 수 없고 쿠키나 장난감이 등 뒤에 존재한다고 생각하지 않는다. 이 시기의 어린아이들에게 볼 수 없는 것은 존재하지 않는 것과 같다. 그러다가 이후 아이들은 사물이나 사람이 시야에 없더라도 존재한다는 정신적인 능력을 갖게 된다. 변화를 위해서는 시간과 관련해서 유사한 능력이 필요하다. 즉, 우리가 이 시대에 체계의 변화를 직접 관찰할 수는 없을지라도 언젠가 일어날 것이라는 지식과 신념을 간직하는 것이다.

　우리의 선택이 얼마나 영향력이 있을지에 대해 명확히 하는 것 또한 필요하다. 간디(Gandhi)는 각 개인의 개인적 노력은 아무런 효과가 없을 수도 있지만, 그럼에도 노력하는 것은 너무나 중요하다고 말한 적이 있다.[4] 이는 사회와 개인의 관계에 대한 매우 중요한 역설에 대한 것이다. 사회체계가 나무이고 각 개인이 나뭇잎이라고 가정하면, 나뭇잎 하나가 나무의 생명에 근본적인 역할을 하는 것은 아니지만, 나뭇잎을 모두 모아 집단적으로 보면 나무의 생존에 중요한 영향을 미치게 된다.

　나뭇잎과 같이 우리 각자의 영향력은 크지 않을 수도 있지만, 개인이 한데 모여 조직을 형성하고 협력하게 되었을 때 장기적인 관점에서는 대중을 이루어 중요한 역할을 하게 된다. 따라서 변화를 위한 더 큰 움직임의 일원이 되기 위해서는 이러한 역설과 함께 살아가는 법을 배워야 한다.

　또 다른 역설은 우리가 어디로 가는지 모른 채 기꺼이 여행해야만 한다는 것이다. 우리의 노력이 한데 어우러져 어떤 영향력을 발휘할지 확신할 수 없다고 하더라도, 우리는 옳다고 생각하는 것에 대한 신념을 가져야 한다. 우리는 어디로 가고 싶은지 혹은 무엇을 발견하고자 하는지 알지 못한 채 여정을 시작해야 하는 개척자와 같다. 한 번도 가 본 적이 없는 길을 걷고 있기 때문에 목적지로 염두에 두었던 곳은 고사하고 어디에 도달할 수 있을지조차 알 수 없지만, 만약 개척자들이 처음부터 목적지를 알고자 했다면 아예 출발도 하지 못하고 아무것도 발견하지 못했을 것이다.

특권과 억압의 체계에 대한 대안을 찾는 여정도 같다. 대안이 무엇인지 모르고 한 번도 경험해 본 적이 없을지라도, 현재 모습에서 벗어나 가능하다고 확신하는 방향으로 가야 한다. 체계가 어떻게 작동하고, 우리가 어떻게 그에 참여하고 있으며, 자신의 다양한 정체성을 바라보는 관점에 의문을 제기하고, 자본주의와 희소성, 경쟁이 더 나은 삶을 살고자 하는 개인적인 욕망들과 어떤 방식으로 갈등을 빚어내는지 살펴보는 것만으로도 충분하다. 이럴 때 미래와 가능성에 보다 개방적으로 준비되었다고 말할 수 있다. 스스로의 정체성과 세상의 작동 방식에 의문을 제기할 때 예상하지 못했던 일이 일어난다. 반대로 우리가 요지부동하고 움직이지 않는다면 그런 일은 마음속에서조차 일어나지 않을 것이다. 개척자와 같이 행동으로 시작했을 때에만 대안을 발견하게 된다. 우리가 과거에 어디에 있었고, 현재 어디에 있고, 미래에 어디로 갈 수 있을지에 대한 관점에 변화를 가져오기 위해서 우리는 전진해야 하고, 대안은 이렇게 나타나기 시작한다.

아무런 효과가 없을 것이라는 미신은 장기간에 걸친 사회적 변화에서 우리 역할의 중요성을 흐릴 뿐 아니라 타인과의 관계에서 우리가 가진 힘을 보지 못하게 한다. 우리의 힘을 잘 인식하고 있지

만 사람들이 싫어할까 봐 스스로가 가진 힘을 사용하기를 주저하
며 내가 할 수 있는 일은 아무것도 없다는 신념에 매달리는 사람도
있을 것이다. 즉, 자신이 가진 힘을 부인하면서 책임에서 벗어나려
고 하는 것이다.

　자신의 힘을 인식하고 사용하기 꺼리는 태도는 다양한 방식으로
나타난다. 신입사원 고용 과정에서 "이 지원자는 우리 회사와 잘
맞지 않는 것 같습니다."라는 말에 나머지 사람들이 침묵으로 일관
하거나 지원자의 강점에 대해 말하기 주저하는 상황이 있을 수 있
다. 이때 누군가는 지원자의 경력사항이 충분한데도 이 지원자가
남성, 백인, 이성애자, 비장애인이 아니어서 '우리 회사가 원하는
인재상이 아니다.'라는 말을 듣는 것이 아닌지 생각하지만, 이 말을
해야 할지 말아야 할지 고민할 것이다. 이는 일상생활에서 일어나
는 무수한 작은 순간 중 하나이지만, 이 순간 집단이 침묵한다면 특
권체계에서 이 일은 별 문제가 아니라고 확인해 주는 셈으로 매우
중요한 순간이기도 하다. 이러한 명백한 합의와 공모를 타개하기
위해서는 단 한 사람의 시도만으로도 충분하다. "어떤 면에서 잘
맞지 않는다는 건가요?"와 같은 간단한 질문으로도 우리는 그 순간
변화를 만들어 낼 수 있다. 우리는 이런 질문을 던지는 것이 얼마나
타인을 불편하게 만드는지, 이 질문을 한 사람을 사람들이 얼마나
무시, 배척 혹은 공격하면서 불편함을 떨쳐 내려 하는지 안다. 매
순간 우리 모두는 소리 높여 주장을 할 역량이 있다는 사실을 인식
하면서도 더 소리 높여 주장할지, 아니면 침묵 속으로 들어갈지 둘
중 하나를 선택하는 입장에 놓인다. 이때 우리가 침묵을 선택한다
면 우리의 행동이나 말이 영향력이 없기 때문이 아니라 우리가 감
히 영향력을 행사하지 않기로 선택했기 때문이다.

타인에게 영향력을 발휘할 수 있는 힘은 불편함을 초래하는 능력 이상으로 강력하다. 최소저항경로가 우리에게 영향을 미치는 것과 마찬가지로, 우리가 다른 길, 즉 최대저항경로를 선택하는 것을 보았을 때 타인 또한 자신의 행동에 의문을 품기 시작한다.

이런 식으로, 우리는 의식하지 못하는 사이에 서로서로 지속적으로 영향을 미치게 된다. 우리 가족이 코네티컷 남서쪽으로 이사 갔을 때 좋았던 것 중 하나는 숲을 가로지르는 아름다운 산책길이었다. 때때로 숲속 길에서 사슴의 발자국을 보았는데, 내가 지나는 길에 동물이 머물렀다고 생각하면 즐거웠다. 그러나 이내 나는 내가 만든 오솔길이 아니라 다른 사람이 만든 길을 따라가고 있는 게 아닐까 생각하게 되었고, 내가 시작해서 끝낸 것이 무엇이고 내 선택이 무엇인지 혼란스러워졌다. 내 선택이 다른 사람에게 영향을 미치는 것처럼 다른 사람들의 선택이 내 선택에 영향을 미칠 수 있다는 것을 알게 된 것이다.

타인이 이제까지와 다른 선택을 할 수 있도록 돕는 가장 단순한 방법은 공개적으로 다른 선택을 하는 것이다. 우리 자신의 참여 방식에 변화를 준다면 다른 사람들 또한 다른 선택을 할 수 있게 되고 동시에 원래 했던 방식을 유지하기도 더 어려워진다. 타인을 변화시키려고 노력하는 대신에 우리는 저마다 자신만의 속도와 방법으로 변화에 동참할 수 있다는 가능성을 제시할 수 있다. 이렇게 해서 변화의 고리는 최소저항경로와 억압적인 체계를 지속하도록 만드는 방어를 유발하지 않으며 그 영역을 확장할 수 있다.

효과를 발휘하기 위해서 사람들의 마음을 변화시킬 필요는 없다. 사실 마음의 변화는 체계의 변화에서 상대적으로 작은 부분이다. 뿌리 깊은 여성혐오자를 여성주의 옹호자로 변화시키거나 명백한 인종차별주의자를 인권운동가로 변화시키기는 어려울 것이다. 그러나 특권체계의 핵심 가치에 모순되는 새로운 길에 대해 사람들이 우호적인 시각을 가질 수 있도록 돕는 것은 가능하다. 우리는 특권을 뒷받침하는 경로들 외에도 수많은 길이 존재한다는 것을 알리고 변하기 힘들 정도로 굳건한 인종차별주의자와 여성혐오자들의 자손들이 의견을 바꾸도록 도울 수 있다. 남성의 부양자 역할에 대해 남성들의 태도가 변화하고 있다는 연구 결과는 이러한 태도 변화가 한 세대 안에서가 아니라 세대 간에 일어나고 있다는 것을 보여 준다.[5] 이러한 결과는 개인을 변화시키는 것보다 전체 문화를 변화시키는 것이 더 중요하다는 것을 보여 준다. 특권에 힘을 실어 주는 특성 및 가치관은 이제까지는 정상적이고 당연한 것으로 여겨졌지만, 전체 문화가 변화하면 그 정당성을 잃게 되고 특권에 대한 의문이 제기된다. 이때 분리, 폭력, 착취, 불공평하게 분배된 재화, 권력, 자원, 기회로 점철된 특권의 구조는 지속될 수 없다.

이는 동성결혼에 대한 사회적 수용이 미국에서 그토록 빠른 시간 안에 이루어진 이유가 무엇인지 잘 설명해 준다. 게이와 레즈비언들은 자신의 일상생활을 이성애자에게 너무나 잘 드러냈고, 자신들이 다른 사람들과 마찬가지로 인간이라는 단순한 사실을 보여 주며 정상성의 범위 밖에 있었던 문화적인 가치와 신념이 극적으로 변화하도록 했다.[6]

과학에서 한 패러다임은 이런 식으로 다른 패러다임으로 변화한다.[7] 몇백 년 동안 유럽인들은 별, 행성, 태양이 지구 주위를 돈다고 믿었지만, 코페르니쿠스(Copernicus)와 갈릴레오(Galileo)는 천문학적 관찰을 하며 변칙점을 발견하고 자신들이 관찰한 바는 우세한 패러다임과 다르다고 말했다. 태양과 행성이 지구 주위를 돈다면 태양과 행성의 움직임은 달라야 한다고 생각했던 것이다. 관찰이 누적되면서 지구 중심적인 패러다임을 유지하는 것이 점점 어려워졌고, 결국 변칙적 관찰이 누적되면서 코페르니쿠스는 새로운 패러다임을 제시하게 되었다. 물론 코페르니쿠스는 이단이라고 박해받을 것에 대한 두려움이 너무나 커서 자신의 발견을 출판하지 않았고, 100년 후에야 갈릴레오가 그러한 견해를 수용하고 자신의 불운한 운명에 봉착하게 되었다. 어쨌거나 증거가 너무나 많아지면 새로운 패러다임은 결국 오래된 것을 대체할 수밖에 없다.

유사하게, 특권체계는 차이와 관련하여 사회적 삶이 조직화되는 패러다임 및 세계관에 기초해 있다. 따라서 현재의 패러다임이 이제껏 제대로 작동한 적이 없었으며, 모두가 수용할 수 없는 결과만을 산출해 왔다고 확실한 증거를 제시함과 동시에 공개적으로 이의를 제기하고, 대안을 선택하면서, 기존의 패러다임과는 다른 생생한 차이를 보여 주면 기존의 패러다임은 약해진다. 예를 들어, 사람들이 가진 선입견과 그 합리성이 모순적이라는 것을 지속적으로 지적할 수 있다. 다양한 삶의 방식을 제시하면서 사회가 특권과 억압을 중심으로 하지 않을 수 있는 대안에 무게를 더 실어 볼 수도 있다. 물론 이러한 노력은 하루아침에 혼자서 이루어 낼 수 있는 것이 아니며, 한 사람의 영향이 크지 않을 수도 있다. 그러나 간디의 언급과 유사하게 시인 보나로 오버스트리트(Bonaro Overstreet)가 "내 안의 완고한 부분"이라고 표현한 것이 어디에 놓이도록 선택하는 문제는 중요한 것이다.[8] 특권, 억압, 더 나은 사회를 향한 움직임이 과거에 이미 여러 번 있었고 미래에 다시금 있을 것이라는 사실은 우리의 작지만 겸손한 선택에 달려 있다.

완고한 부분: 우리는 무엇을 할 수 있을까

'우리는 무엇을 할 수 있을까?'라는 질문에 대해 12단계에 달하는 프로그램이나 매뉴얼화된 지침이 있다고 대답할 수는 없다. 우회하거나 넘어갈 수 있는 방법 또한 없기 때문에, 문제에서 벗어날 수 있는 유일한 방법은 정면돌파뿐이다. 억압이 없다고 생각하는 척하거나 저절로 없어질 것이라고 생각한다고 해서 억압이 종결되지는 않는다.

변화를 위해 애쓰는 사람들이 특권과 억압에 관심을 가지자고 주장할 때, 어떤 사람들은 이것이 분열을 조장한다면서 불평할 것이다. 그러나 지배집단의 구성원이 종속집단에게 배타적이거나 차별적으로 행동하면서 두 집단 사이의 차이를 명확하게 만들 때 지배집단이 분열을 조장한다고 비난하는 경우는 거의 없다. 분열에 대한 비난은 차이가 특권으로 어떻게 이어지는지 살펴보자는 목소리가 있을 때에만 등장한다.

특권이 현실이라는 말은 분열을 일으키지만 엄밀히 말하면 이미 존재하는 분열에 대한 인식을 높이는 것이며, 현재의 상태가 정상적이고 별 문제 없다는 인식에 대해 이의를 제기하는 정도에서 분열을 일으키는 것이다. 특권은 우리가 서로를 구분하게 만들고, 진실에 침묵하게 하며, 나의 경험과 지식에서 유리되어 살게 한다는 점에서 가장 악랄한 방식으로 분열을 조장한다. 그렇다면 정면돌파해서 문제에서 빠져나간다는 것은 어떤 것일까? 변화를 이루어 내기 위해 우리는 무엇을 할 수 있을까?

특권과 억압이 존재한다는 사실을 인정하기

특권이 존재하지 않는 것처럼 행동하기 때문에 특권은 유지된
다. 특권은 많은 인간의 기본 가치와 모순되므로 특권을 인식하는
순간 특권에 반대하는 마음이 생길 수밖에 없다. 소련과 동유럽 국
가의 모순이 자국민들 사이에 널리 알려지면서 그 억압적인 제도
는 놀라우리만치 빠른 속도로 분해되었다. 비슷한 일이 중동의 혁
명의 싹을 틔운 '아랍의 봄'에서도 목격된다.

최소저항경로를 인식하는 것과 최소저항경로에 머무르는 것은
별개의 문제이다. 수많은 최소저항경로를 따르면서 동시에 체계가
어떻게 작동하는지 인식하는 것은 불가능하다. 미국 대통령 선거
가 있던 2016년 가을, 다양한 토론과 선거 연설이 있었지만 여성에
대한 남성의 폭력이나 인종적 분리나 차별, 경찰의 불법 행위 등 특
권과 억압과 관련된 주제는 거의 논의되지 않았다. 민주적 사회주
의자라고 스스로를 규정한 버니 샌더스(Bernie Sanders)가 없었다면
불평등과 희소성, 착취를 만들고 지속하는 자본주의의 역할을 조
명할 수 없었을 것이다.

사람들은 경제적 · 정치적 · 사회적 삶이 조직되는 체계에 대해
검토하지 않은 채 사고방식의 변화만이 특권의 문제를 풀기 위한
방법이라고 착각한다. 자신에 대한 이해 및 우리가 체계에 참여하
는 방식에 대한 이해 등의 사고방식 변화는 중요하지만 그것으로
충분하지 않다. 사고방식의 변화는 체계 변화를 위한 실질적인 노
력으로 이어져야 한다. 부루마불 게임과는 달리, 현실에서는 결과
가 마음에 들지 않는다고 바로 게임을 그만둘 수 없다. 그렇기 때문
에 체계 속에서 우리의 참여 방식이 변화하도록 노력하는 방법밖

에 없다.

이 길은 너무나 회피하고픈 길일 것이므로, 여러분 중 누군가는 이 책을 읽고 곧 잊어버리고 말 수도 있다. 비판적인 인식을 유지하기 위해서는 책임과 노력, 타인의 도움과 지지가 필요하다. 인식은 어떤 순간에는 지속되다가 다른 순간에는 잊히는 것이기도 해서, 인식을 줄곧 유지하기 위해서는 그 인식이 우리 삶의 일부분이 되어야 한다.

관심 가지기

변화는 특권과 억압의 작용 방식 및 그 안에서 우리의 참여 방식에 대해 이해할 때 시작된다. 의견을 갖는 것은 쉬운 일이지만, 스스로 말하고자 하는 것을 진정으로 알기 위해서는 노력이 필요하다. 가장 간단한 방법은 특권에 대한 독서를 시작하는 것이다. 개인 교사가 있다면 몰라도, 독서 없이 특권에 대해 이해하기란 쉽지 않다. 대다수의 사람, 특히 종속집단은 특권과 억압이 자신들의 삶 자체와 관련되어 있기 때문에 이미 알아야 할 것들은 다 알고 있다고 생각한다. 그러나 한 개인보다 훨씬 규모가 큰 조직과의 관계에 대한 분석은 개인의 경험을 넘어선 것이므로 그러한 생각은 옳지 않다. 물고기가 물의 존재에 대해 깨닫는 가장 마지막 존재인 것처럼, 사람들이 자신의 삶이 놓여 있는 사회체계에 대해 이해하는 데에는 상당히 오랜 시간이 걸린다.

또한 특권과 억압이 정당화되고 자연스럽고 옳은 것이라고 믿게 만드는 문화 속에 살면서 우리의 마음이 어떤 영향을 받았는지에 대해 알기 위해서는 열려 있어야 한다. 정신의 재구성은 어렵고 복잡한 일로,[9] 활동가들이 서로 대화하고 서로의 글을 읽는 데 많은 시간을 할애하는 데는 이유가 있다. 현상을 명확히 보는 것은 쉬운 일이 아니기 때문이다. 주변에 의문을 제기하며 도전하는 사람이 없다면 우리는 잘난 체하거나, 독선에 빠지게 되거나, 모든 문제에 대한 답을 알고 있다고 생각하는 오만에 빠지기 쉽다. 그러므로 현재의 상태에 비판적인 사람들은 자기비판적인 면을 가지게 된다. 이러한 사람들은 진실이 얼마나 복잡하고 알기 어려운지, 그러한 진실을 향한 노력이 얼마나 힘든 것인지 안다. 변화를 위해 노력하는 사람들은 경직되거나 '정치적 올바름' 때문에 비난받지만, 실제로 이들은 가장 자기비판적인 사람들이다.**1**

특권에 대한 문헌은 엄청나게 많다. 대중문화와 주류 출판계에서 특권이 무시되어 있기 때문에 잘 몰랐을 뿐이다. 이는 백인과 남성이 대중문화를 장악하고 현재의 상태, 특히 자본주의에 대한 의문을 무시하며 기득권의 이익을 대변한다는 점을 감안하면 놀라운 것이 아니다. 대중문화는 평등이나 정의와 거리가 먼 주제에 주로 초점을 맞추고 개인주의적 모델을 삶에 적용하며 종속집단이 서로 맞서도록 만든다. 그들은 남성성의 현실이나 남성의 폭력, 남성 특권에 대해 비판적으로 살펴보기보다는 남성과 여성의 뇌 차이에

---

1 '정치적 올바름'은 사회운동가들이 사용한 표현으로, 자신의 언행이 정치 원칙과 일관되는지 감찰하고 평가할 수 있는 방법 중 하나였다. 남성 특권이나 여성의 억압에 대해 논의하면서 백인 여성의 경험에만 전적으로 집중한다면, 남성 특권에 반대하면서도 백인 특권은 지지하는 것이기 때문에 '정치적으로 올바르지 않다'고 간주했다. 이후 이러한 표현은 반대자들에 의해 왜곡되어서, 지배집단이 결과를 고려하지 않은 채 표현할 수 있는 자유를 가지는 것에 대한 침해를 의미하게 되었다. 이처럼 이 표현은 특권과 억압의 현실을 별것 아닌 것처럼 만들어 버리며 원래의 의미를 잃게 되었다.

대해 집중하곤 한다. 대중문화는 여성주의를 기꺼이 비난하는 여성이 있으면 잡지 첫 면에 바로 장식하며, 사회에서 소외된 위치에 있는 유색인종이 소수인종 우대정책에 대해 비난하거나 유색인종이 받는 불이익은 자신들의 잘못이라고 비난할 때 더 빠르게 발언의 기회를 준다. 동시에 미디어는 특권에 대해 알려진 대부분의 사실을 묵살하여, 책 리뷰나 언론학자, 편집자, 블로거, 칼럼리스트, 출판사를 통해 특권이 노출되지 않는다. 그러므로 현재 무슨 일이 일어나고 있는지 알고 싶다면 그에 대한 자료를 찾기 위해서 노력해야 한다.

혼자 공부하며 이미 있는 것을 다시 만들 필요는 없다. 많은 사람이 이미 많은 작업을 해 놓았다. 모든 것을 다 알 수는 없고, 무엇보다도 의미 있고 사려 깊은 방식으로 행동하기 위해서는 더욱 그럴 필요가 없다. 인종, 계층, 성에 대한 기본서들(이 책 마지막의 '주제별 참고자료'를 참고하라)에서 시작하자. 여성학에 남성이 낄 자리가 없다고 느끼는 남성들은 가부장제나 성 불평등에 대해 남성이 쓴 책부터 시작해 볼 수 있다. 백인들은 다른 백인들이 인종에 대해 쓴 글부터 시작해 볼 수 있다. 지배집단의 구성원들은 종속집단의 작가들이 쓴 글 또한 읽어야 한다. 그들이 특권체계가 작동하는 방식을 알아내기 위해 많은 노력을 기울여 왔던 사람들이기 때문이다.

독서는 단지 시작이다. 결국 어떤 지점에서 여러분은 자신과 세상을 바라보고, 삶의 맥락 속에서 특권체계가 어떻게 조직화되고, 자신이 그 속에서 어떻게 참여하고 있는지 바라보아야 한다. 일단 '최소저항경로'가 마음속에서 활성화되면 도처에서 최소저항경로를 목격하게 된다. 이러한 경험들이 처음에는 매우 부담스러울 수 있지만, 그 경로가 얼마나 강력한 것인지 알게 될수록 최소저항경로와 대안적 선택 사이에서 더 좋은 선택을 하게 된다.

인류학자처럼 사는 것은 도움이 된다. 다른 사람과 자신을 자세히 들여다보면서 참여자—관찰자의 역할을 하고, 관찰 속에서 계속적으로 떠오르는 패턴을 발견해 보자. 여러분은 낯선 곳에서 이방인이 된 것처럼 자신이 있는 곳이 어떤 곳인지는 모르지만 모른다는 것은 아는 자세, 즉 불교에서 말하는 초심자의 마음으로 지내 볼 수 있다. 이런 경험을 하면서 잘못된 가정을 인식하게 되고, 모든 것은 보이는 것과 다르다는 것을 알게 될 것이다. 이러한 과정은 지배집단에게는 힘들 수 있다. 지배집단 특권은 지속적으로 다른 사람의 문제를 해결하기 위해서 노력하지 말라고, 다른 사람들의 문제는 그들 스스로 알아서 해결해야 한다고 말한다. 지배집단은 자기가 있는 곳에 대해 배울 필요가 없는 인내심 없고 오만한 여행객의 덫에 걸리게 된다. 그러나 책임을 진다는 것은 해야 할 것이 무엇이고, 지금 어떤 상황이며, 대안은 무엇인지 다른 사람들이 알려 줄 때까지 기다리지 않는 것을 의미한다. 지배집단의 구성원들이 특권과 억압 속 자신의 역할을 받아들인다면, 경청하고, 관찰하고, 질문하고, 또다시 듣고, 이러한 현상이 왜 생겼는지 파악하는 일을 주체적으로 하게 될 것이다. 그렇지 않을 경우, 편안하지만 눈은 가려진 특권의 길로 되돌아가서 다시 문제의 일부분이 되고, 비난을 받으며, 문제가 생기는 데 역할을 하게 될 것이다.

경청하는 법을 배우기[10]

주의 깊은 경청은 지배집단의 구성원들에게는 특히 어렵다. 최소저항경로가 자신들을 관심의 중심에 놓았고 이러한 방식이 그들 스스로에게도 익숙하기 때문이다. 누군가가 여러분에게 당신의 행동이 특권에 힘을 실어 주는 것이라고 대놓고 이야기한다면, 자신을 중심에 놓는 태도에서 잠시 물러서서, 방어하거나 부정하고 싶은 마음이 들어도 한번 저항해 보자. 상대방이 너무 민감하고 유머 감각이 없는 것 아니냐고 대응하지 말고, 여러분은 상대방과 다르게 받아들였다고 설명하지 않은 채 있어 보자. 그런 의미가 아니었다고 혹은 그냥 농담이었다고 말하지 말자. 여러분이 평등과 정의를 얼마나 중요시하며, 상대방의 말에 얼마나 상처받았는지 이야기하지 말자. 농담을 하거나 귀엽고 매력적으로 보이려고도 하지 말자. 이처럼 심각한 주제에 대해 이러한 반응을 해도 괜찮다고 생각하게 만드는 것은 오직 특권뿐이기 때문이다. 그들이 말하는 것을 듣고 심각하게 생각해 보자. 그 순간에는 그들의 말이 진실이라고 생각해 보자. 최소저항경로를 고려했을 때 그들의 말은 사실일 가능성이 높기 때문이다. 그다음 여러분과 그들의 이야기가 어떤 관련이 있는지 생각해 보고 무엇이라도 해야겠다는 책임의식을 가져 보자.

오랜 기간 동안 나는 사회 불평등에 대해 가르쳤고 성별, 인종, 계층에 대한 세미나 및 토론을 주도했다. 어느 날 한 흑인 학생이 나에게 다가와서, 내가 자신의 말을 반복적으로 끊으며 백인 학생들에게는 절대 그러지 않는다고 말한 적이 있다. 그 학생은 자신이 무시당하고 자신의 말은 중요하지 않게 간주되는 것 같다고 말했다.

나는 그 학생의 표현이 맞을 수도 있다는 것을 인식하지 못한 채, 난 그렇게 행동하려 한 것이 아니며, 그녀를 다른 학생만큼이나 존중하고, 특권과 억압의 이슈에 내 인생을 바쳤는데 그런 일을 했을

리가 없으며, 그녀가 너무 민감하고, 심지어 자신의 자신감 부족을 나한테 덮어씌우는 것 같다고 부인하고 방어했다. 나의 행동은 백인으로서 최소저항경로를 보인 것으로, 나는 심지어 그 학생이 대화 속에서 자신을 더 내세우고 주장적이 될 것을 제안하기도 했다.

무례하게도, 나는 그 학생이 느낀 부분에 대해 부인하며, 나 자신의 생각이 그녀의 개인적인 경험보다 낫다고 생각하면서, 내가 아닌 그 학생에게 문제가 있는 것이라고 말했던 것 같다. 또한 나는 그런 의도가 아니었으므로 실제로 그런 행동이 존재하지 않았다고 부인하고, 내가 한 행동들, 나 자신 그리고 그 학생에 대해 잘 알고 있는 것처럼 반응했던 것이다. 그때 내가 아무리 부드럽고 합리적인 말투와 선한 의도를 갖고 말하였다 해도, 나는 내 자리에 편하게 머물도록 선을 그었던 것이다.

인종차별주의는 대부분 이런 식으로 일어나서, 일상생활에서 백인에게 우호적일 가능성을 높여 주며, 백인이 직업을 얻고, 집을 사고, 학교에서 좋은 성적을 받고, 의료보험의 혜택을 받고, 수용받으며 안전함을 느낄 가능성을 높여 준다. 이러한 태도는 외견상 악의적이거나 비열하지는 않지만 매우 일상적인 형태의 인종차별이다. 그러나 그 효과가 누적되었을 때 뉴스에 나오는 그런 인종차별적 행동보다 더 해로울 수 있다.

여러분은 그녀의 말이 진실일지 궁금할 수도 있다. 내가 진짜 백인 학생들보다 그 학생의 말을 끊었을까? 그 학생이 내가 '선한 백인'으로서 '결백'한지 나를 시험대에 올려놓으려고 했다면 진실이 중요할 것이다. 그러나 그녀는 나보고 죄책감과 수치심 속에서 겸손하라거나, 나에게 나쁜 백인 중 한 명이라는 것을 인정하라고 한 것이 아니었으며, 용서를 구하고 잘못을 바로잡으라고 요구한 것도 아니었다. 그녀는 인간 대 인간으로 내가 자신의 경험을 보고 듣기를 원했고, 나 자신의 경험이 나에게 현실인 것처럼 나에 대한 그녀의 경험이 그녀에게는 현실일 수 있음을 고려해 주고, 내가 우리에게 일어난 일에 책임감과 관심을 가지고 바라보기를 원했던 것이다. 그리고 그러기 위해 그녀는 상당한 용기를 내어 교수에게 대담하게 맞섰던 것이다.

그 후 나는 그녀가 말하고자 했던 나의 행동이 그녀의 상상이나 그녀가 지어낸 말이 아닐 수 있다는 것을 인식하지 못했던 것, 그리고 내 수업에서 절대 일어나지 않았으면 했던 일이 생긴 것에 대해 사과했다. 또한 내가 관심을 갖고 알아야 하는 것이 있다면 무엇이든지 그렇게 하겠다고 말하면서 우리 둘 모두의 바람대로 그러한 일은 다시는 일어나지 않을 거라고 언급했다.

나는 잃을 결백이 없었기 때문에 그날 심판대에 오른 것이 아니다. '선량한 백인'이라는 말은 인종이라는 현실로부터 우리를 분리시키는 것으로 허구적인 개념이다. 그렇다고 내가 백인으로 태어난 것을 원죄로 느껴서 평생을 죄책감과 수치심 속에서 살아야 하는 것도 아니다. 그날 있었던 일은 나에 대한 것은 아니었지만 그녀에 대한 것도 아니었다. 그날 있었던 일은 과거로 인해 반복되는 유산으로, 그 학생과 나는 우리 나름의 방식으로 세상과 자신을 명확하게 파악하고 이해하려고 했고, 그래서 나는 우리가 같이 설 수 있는 공동의 공간을 발견했다고 믿는다.

작은 위험을 감수하고 행동해 보기

특권과 억압에 관심을 가질수록 여러분은 특권 및 억압과 관련하여 노력할 기회를 더 많이 갖게 될 것이다. 그러한 기회를 찾기 위해 원정을 떠날 필요는 없다. 기회는 도처에 있고, 그 시작은 우리 자신과 관련이 있다.

예를 들어, 남성 특권으로 인하여 내가 대화를 주도하게 된다는 것을 인식하면서, 나는 남성이 회의에서 여성의 반대 없이 주제를 쉽게 정하고 간섭하며 지배적일 수 있다는 것을 깨닫게 되었다. 대부분의 구성원은 여성으로 이루어져 있지만 소수의 남성이 대화의 대부분을 주도하는 집단에서 이런 모습은 더욱 눈에 띈다. 회의에 참여하다 보면 어느 순간 우세한 남성의 목소리가 들려오면서 남성 특권이 만개되는 모습이 눈에 띌 때가 있다.

더 많이 알게 되면서, 나는 더 경청하고 덜 이야기하려고 노력해야 했다. 때때로 이런 노력은 인위적으로 느껴지기도 해서, 다른 사람들이 내 침묵으로 생긴 여백에 발을 들여놓도록 천천히 열 이상을 세기도 했다. 시간과 노력을 통해서 새로운 방법은 점점 실천하기 쉬워졌고, 나는 더 짧은 시간 내에 나 자신을 검열할 수 있게 되었다. 그러나 인식은 절대 자동적이거나 영원한 것이 아니어서 특권체계가 존재하는 한 새로운 방식들이 선택지에 있다가 없어질 수도 있다.

변화를 위한 노력은 행동의 문제이기 때문에 결국 개인의 변화로 모든 것이 이루어진다고 생각할 수도 있다. 개인의 관점에서는 우리의 행동이 우리 자신의 정체성과 직결되므로 어떤 의미에서는 맞는 말이다. 그러나 핵심은 우리의 선택을 우리가 참여하는 체계로 연결시키는 것이다. 우리가 개방적으로 우리의 행동을 변화시킬 때, 그것은 체계가 일어나는 방식에 변화를 주는 것이며, 이는 다른 사람의 행동에 영향을 주고 환경을 변화시켜 체계가 작동하는 방식을 더욱 변화하게 만들 수 있다. 그렇게 하면서 우리는 특권과 억압의 패턴을 포함하여 체계와 개인 사이의 역동에 변화를 가져올 수 있다. 이보다 더 강력할 수는 없을 것이다.

때때로 최소저항경로에서 벗어나면서 체계가 어떻게 조직화되는지에 주의를 환기시킬 수 있다. 이후에 다시 논의하겠지만, 조직 내의 권력과 자원은 백인 남성에게 가장 먼저 돌아가고 백인 여성이나 유색인종은 가장 늦게 그 혜택을 받게 된다. 최소저항경로에서 벗어나면서 이러한 패턴은 더 잘 인식되고, 이러한 패턴을 비판하면서 우리의 행동 변화가 이루어진다. 이러한 변화는 체계 그 자체를 노출시키면서 행동의 변화 이상을 가져오기도 한다.

인식 수준이 높아질수록 직장, 미디어, 가족, 지역사회, 종교단체, 정부, 길가, 학교 등 도처에서 일어나고 있는 일에 대해 의문을 품게 된다. 의문이 한꺼번에 떠오르는 것은 아니지만 갑작스럽게 느낄 수도 있다. 그러나 모두 혼자서 짊어져야 하는 것이 아님을 기억한다면 이후의 예에서 볼 수 있는 것과 같이 놀랍게도 단순한 방식으로 변화가 가능하다는 것을 알게 될 것이다.

개인주의 모델하에서는 동료의 격려 없이 고립되어서 혼자 변화를 이끌어 내야 할 것처럼 느낄 가능성이 높다. 이런 생각을 물리치기 위해서는 '내가 무엇을 할 수 있을까?'가 아니라 '우리가 무엇을 할 수 있을까?'라고 질문해야 한다. 아프리카계 미국인 작가이자 연설가, 노예제도 폐지주의자인 프레드릭 더글라스(Frederick Douglass)가 했던 조언 "조직하라, 조직하라, 조직하라." 그리고 "감히 문제를 제기하고 목소리를 내서 자신을 드러내라."를 기억하자.

우리는 자원해서 개입하고, 목소리를 내고, 참여하고, 항거하고, 청원을 쓰거나 청원에 서명하고, 행진하고, 드러내야 한다. 집회나 지역사회 회의, 모임, 공적 증언, 비공식적 수업이 있다면 가서 존재감을 더해야 한다. 모든 억압적인 체계는 침묵과 무대응으로 간접적으로 동의를 표하는 사람들을 자양분으로 해서 성장한다.[11] 오드리 로드(Audre Lorde)가 이야기했듯이, 우리의 침묵은 우리를 보호하지 않는다.[12] 따라서 공모하지 않아야 한다. 모든 체계와 관련된 결속과 정상성의 가정을 없애기 위해서 침묵을 깨고, 혼자 하는 것이 너무 위험하다고 느껴지면 함께 할 누군가를 초대해야 한다. 여러분이 행동하지 않는다면 침묵은 동조로 받아들여질 것이다. 침묵이 보복과 위해를 피하는 데 어떤 식으로 도움이 되는지, 어떻게 지배집단과의 결속을 드러내는지 인식해야 한다. 특권과 억압이 일어나는 과정에서 여러분이 어떠한 역할을 할 수 있는지 인식할 수 있도록 이 모든 것을 기회로 삼아야 한다. "오늘 내가 침묵으로 공모했고 이것이 그 결과이다. 다음에는 다르리라."

이와 같은 경험은 지배집단이 개인적으로는 비인종차별주의자, 비성차별주의자, 비이성애우월주의자, 비장애인차별주의자이면서 공적으로는 적극적인 반인종차별주의, 반성차별주의, 반이성애중심주의, 반장애인차별주의가 되는 것 사이의 차이를 발견하도록 돕는다.

여러분 자신부터 최소저항경로에 대해 동의와 지지를 철회할 방법을 찾으라. 이 방법은 생각보다 간단해서, 인종차별주의적이거나 이성애중심주의적인 농담에 웃지 않거나 그런 농담이 전혀 즐겁지 않다고 표현하고, 미디어에서 보이는 성차별주의를 반대하는 내용의 편지를 국회의원이나 신문사의 대표 및 편집장에게 보내는 것과 같은 방법이 있을 수 있다. 나의 경우에 지역사회 신문 헤드라인에서 성희롱을 '거친 행동'이라고 표현하는 기사를 보고 성희롱은 남

성 특권을 주장하는 것이며 거친 것과 다르다고 지적하는 편지를
보낸 적이 있다.

　동의를 철회할 때에는 평상시처럼 흘러가는 흐름을 멈추는 것에
그 핵심이 있다. 여러분 스스로가 현재의 상태에 동조하지 않는다
는 것을 보여 줌으로써 다른 사람들에게 현재의 상태를 인식하고,
숙고하고, 의문을 던질 기회를 주면서 모든 사람이 현재의 상태에
동조한다는 가정을 깨 버릴 수 있다. 이때가 차별, 폭력, 희롱에 대
한 사고방식 등의 현실이 무엇이고, 현실이 사람들의 삶에 어떻게
영향을 미치는지에 대해 솜씨를 발휘해 대안을 제시할 최적의 순
간이다.

　소속감을 확실히 느끼기 위해 다른 사람과 비교하는 인간의 성
향으로 인해 인간 사회에서 깊게 자리 잡아 당연시되는 가정은 붕
괴될 수 있다. 통찰이라는 진주를 만들어 내기 위하여 굴에 모래알
을 첨가하는 것처럼, 특권체계를 휘젓고 파헤쳐 모두가 특권의 실
체를 볼 수 있도록 드러내야 한다. 이는 현재의 체계가 바람직하고
불가피한 것이라는 생각에 대해 의구심이라는 씨앗을 심고 그 씨
앗이 어떻게 자라나는지 보는 것과 같다.

　용기를 내어 자신을 포함한 사람들이 불편하도록 만들라. 다음 학교
모임이 있을 때 왜 교장이나 행정직원들은 거의 항상 백인 남성이
고, 그들이 감독하는 교사와 저임금의 근로자들은 백인 여성이나
유색인종인지 질문해 보자. 스포츠팀에서 마스코트로 사용하는 이
미지나 상징이 미국 원주민의 유산을 착취하는 것은 아닌지 의문을
제기해 볼 수도 있다.[13] 또한 예배, 직장, 지역정부에서 특권과 차이
에 대해 유사한 질문을 던져 볼 수도 있다.

　이러한 행동은 실제로 해 보기 전까지는 별 의미가 없다고 느껴

질 수 있다. 그러다가 오랜 저항을 멈추고 행동해 보기로 마음먹기 시작할 때 여러분은 스스로를 포함해서 사람들을 불편하게 만들기가 얼마나 쉬운지 걱정하기 시작할 것이다. 그러나 현 상태에 대해 이의를 제기하는 간단한 행동 안에 다른 사람들을 휘저을 수 있는 영향력이 내재되어 있다는 것을 기억하자.

어떤 사람들은 타인을 불편하게 만드는 것은 옳지 않다고 이야기할지도 모른다. 그러나 특권체계는 그보다 훨씬 악랄하므로 그 체계가 유지되는 것은 결코 좋은 일이 아니다. 게다가 진정으로 중요한 일이라면 어려울 수밖에 없다. 중요한 일들은 대개 기본 가정에 대해 이의를 제기하고, 우리 역량과 안정감의 한계점까지 우리를 내몰기도 하며, 의심과 공포와 같은 상대하기 어려운 감정들을 맞닥뜨리게 한다. 이러한 감정들을 감내할 수 없다면 우리는 피상적인 겉모습을 뚫고 들어가기 어려우며 깊숙이 내재되어 있는 다양한 가치를 알고 변화를 이루어 내기 힘들 것이다.

또한 역사를 보건대, 체계에 변화를 일으키는 과정에서 불편함은 불가피한 것이다. "유순함은 변화를 만들지 못한다."라고 윌리엄 갬슨(William Gamson)이 사회운동에 대한 자신의 연구에서 말한 바 있듯이,[14] 변화의 움직임은 원래의 것을 기꺼이 부수고, 권력에 있는 자들을 움직일 만큼 불편함을 초래했을 때 이루어진다. 여성들은 남성들과 합리적으로 토론하고 자신들의 지위가 가진 장점을 보여 주면서 투표권을 갖게 된 것이 아니라, 조롱과 추방의 위험을 무릅쓰고 투표권을 쟁취한 것이다. 이 과정에서 여성들은 감옥에 투옥되는 위험을 감수해야 했고, 어떤 여성들은 파업 금식 중 튜브를 통해 음식을 먹도록 강요되기도 했다.[15] 흑인들은 투쟁, 행진, 항거, 직면, 시민 불복종 등의 방법을 통해 분리정책, 차별, 경찰의 폭력 행위의 변화를 꾀했고,[16] 백인들은 폭력과 위협으로 이에 반응하 곤 했다. 더그 맥애덤(Doug McAdam)이 시민권 시대에 대한 자신의 연구에서 밝혔듯이, 흑인의 데모에 대한 백인의 폭력이 너무나 극 단적이어서 정부가 시민권 법률을 제정하지 않을 수 없을 때에야 연방정부는 비로소 시민권 법률을 제정했다.[17]

이는 오늘날에도 다르지 않다. 월가 점령 시위, '흑인 목숨도 소중 하다' 운동, 드림 디펜더스와 같은 시민집단, 스탠딩록 인디언 보호 구역의 수질보호를 위해 있었던 '물의 보호자들' 운동 등 지역사회 나 대학에서 조직화된 항의와 파업에서도 마찬가지이다. 대규모의 데모를 통해 유색인종에 대한 경찰의 폭력은 전국적인 이목을 끌게 된다. 2015년에 미주리 주립대학교의 학생들이 캠퍼스에서 발생한 인종차별 사건에 대해 항의하기 시작했을 때 대학 측이 제대로 반응 하지 않자, 학생들은 파업을 조직하고 대학 총장의 사임을 요구했으 며, 이로 인하여 주정부와 입법부의 관심을 받게 되었다.[18]

유사하게, 캠퍼스 내의 운동가들이 성폭력 사건에 대해 대학 측 이 오랫동안 조직적으로 적절하게 대처하지 않은 것에 대해서 이 의를 제기하고 공식적인 불만을 제기했을 때에서야 연방정부는 조 사에 착수했으며, 마침내 성폭력에 대한 인식을 촉발시켜 전국의 대학에서도 개혁에 대한 요구가 촉구되었다.

프레드릭 더글라스는 "권력은 요구 없이는 아무것도 내어 주지 않는다. 이제까지 그랬고 앞으로도 그럴 것이다."라고 말했다.[19] 나 는 누구보다도 더글라스가 틀렸다고 믿고 싶다. 또 불평등과 불필 요한 고통을 종식시키기 위해 그저 억압의 현실을 가리키면 된다 고 믿고 싶다. 그러나 역사에서 나의 믿음이 옳다고 말할 근거는 발 견되지 않는다.

문제를 분명하게 언급하라. 말은 중요하다. '형평'이나 '정의'를 '다양성'으로 대체하고, 이것이 대화에서 어떠한 변화를 일으키는지 보자. 특권과 억압의 현실에 직면하는 것보다 숫자놀음에 초점을 맞추거나 차이 자체가 문제라고 주장하는 것이 훨씬 수월한 일이다.

왜곡되어 이해되는 경우가 많은 '특권'이나 '인종차별주의'와 같은 핵심 단어의 의미를 명료하게 제시하자. 이러한 개념이 왜곡되면 논쟁에서도 실제 문제의 초점이 흐려진다.

제6장의 [그림 6–1]에 기술된 개인과 사회체계 사이의 관계에 대해서 즉시 설명할 수 있도록 준비하자. 기본적인 사회학 모델은 개인주의적 사고방식이 가진 덫을 피하기 위한 필수적인 도구이다. 개인주의적 사고방식은 모든 것은 개인의 경험, 정체성, 권리, 선악 이상이 아니라고 말하며, 다양한 개인의 경험 안에서 특권체계는 사라진다.[20] 이에 대적하기 위해서, 나는 모든 수업을 시작할 때 학생들이 칠판 위에 제6장의 사회학 모델을 그리게 하고, 세상이 실제로 어떻게 작용하는지 설명할 때마다 그 모델을 상기시키고 현실로 다시 돌아오도록 한다. 여러분도 여러분만의 방식으로 이 모델을 사용할 수 있을 것이다. 종이 한 장에 그림을 그려서 벽에 붙이는 것도 방법일 것이다.

공개적으로 대안을 제시하라. 공개적으로 대안을 선택했을 때 최소저항경로는 더욱 존재감을 드러낸다. 모래가 껍질을 뚫고 들어와 성난 조개와 같이, 새로운 경로는 체계 내에서 긴장을 유발하고 항상 해결을 향해 움직인다. 우리가 다른 사람에게 무언가에 대해 설득할 필요는 없다. 간디가 말했듯이, 변화는 우리 자신으로부터 시작된다. 우리 자신이 세상에서 보고자 하는 변화 자체가 되려고 노력할 때 변화는 이루어지는 것이다. 효과가 없을 거라고 생각한다면 기존의 경로에서 조금이라도 벗어났을 때 사람들이 어떻게 반응하는지 살펴보자. 조금이라도 다른 경로를 선택하는 사람들의 행동을 무시하는지, 설명을 요구하는지, 이의를 제기하는지 볼 수 있을 것이다.

다른 경로를 선택할 때, 우리가 다른 사람에게 영향을 미치고 있는지 알 수는 없지만 영향을 주고 있다고 가정하는 것이 이롭다. 최소저항경로 외에 다른 방식이 존재한다는 것을 알고, 어떤 사람들은 그런 대안을 선택한다는 것을 목격하면, 전에는 가능하지 않던 일들이 가능해진다. 사람들은 대안적 행동, 이전에는 해 보지 않았던 것, 기존의 방식에 저항감을 불러일으키는 것을 시도하기 시작한다. 이러한 대안이 긴 안목에서 어떤 효과를 가져올지 예측하기 어렵지만, 변화를 이끌어 내지 않을 거라고 확언할 합리적인 이유는 없다.

특권을 중심으로 사회체계가 조직화되는 방식이 변화해야 한다고 적극적으로 주장하라. 사회에서의 인간관계는 복잡하고 특권은 어디에나 있기 때문에, 있을 수 있는 행동 목록 또한 끝이 없다. 여러분은 다음과 같은 방법으로 다른 사람과 함께 노력해 볼 수 있다.

- 직장 내 공평을 주장하자. 직장 내 공평은 동일한 업무에 대한 동일한 급여, 생계 유지를 위한 최소한의 급여, 모두에게 공정한 고용과 승진을 의미한다.
- 특권을 둘러싼 인식과 훈련을 강화하자. 이는 직장이나 학교, 건강보험관리공단, 경찰에까지 도처에 존재하는 암묵적 편향의 영향을 최소화하기 위한 보호 절차 등을 말한다.
- 여성, 유색인종, 장애인의 능력을 평가절하해서 장래성 없는

일만 제시하거나 유리천장과 같은 한계를 짓는 움직임에 반대
하자.

- 수백 년 동안의 폭력과 현재까지 지속되고 있는 미국 원주민의
  문화, 땅, 삶의 방식을 파괴하는 체계적인 시도로부터 회복할
  수 있도록 미국 원주민의 투쟁을 지지하자.

- 어머니, 아이들, 장애인이 자신의 신체와 삶을 통제할 수 있는
  권리를 가지도록 지지하자.

- 장애인에게 우호적이지 않은 기업은 지지하지 말자.

- 불공정한 노동과 관련된 기업은 지지하지 말자. 이들 기업은
  낮은 임금을 주면서 노동조합을 와해시키려고 노력하곤 한다.
  노동운동은 인종차별, 성차별, 장애인차별과 오랫동안 연관되
  어 왔으며, 노동조합은 과도한 자본주의로부터 노동자를 보호
  하려고 노력하는 몇 안 되는 조직이다.

- 계층의 분열이 직장과 학교에서 어떻게 재현되는지, 이러한
  분열이 모든 노동자를 어떻게 억압하는지 인식하자. 대학생들
  은 대학 직원들이 생활을 유지할 수 있을 정도의 급여를 받고
  있는지 조사하고, 그렇지 않다면 직원들의 권리를 증진하기
  위해 목소리를 높여야 한다. 지배집단이 미국은 계층 없는 사
  회라고 주장하기 때문에,[21] 계층 이슈는 미국에서 없는 것처럼
  치부된다. 그러한 침묵은 깨져야 한다.

- 미국을 포함해 전 세계에서 일어나고 있는 부와 권력의 집중
  현상에 반대하자. 부와 권력이 한쪽에 집중되면 하층민, 노동
  자, 중산층은 경제회복기에는 혜택을 받지 못하고, 경제가 내
  리막길일 때에는 가장 먼저 고통을 경험한다. 정치나 공직
  후보자에게 계층 문제가 자본주의 정치경제와 연결된다는 것

을 알리고 이러한 현실을 바꾸도록 요구해야 한다.

• 자본주의 체계의 작동 방식과 그 대안이 무엇인지 공부하자. 다른 사람들과 모여서 모든 사람을 위해 움직이는 경제체계를 설계해 보고 여러분이 그 사회에서 가장 운 없는 축에 속한다면 그 사회가 어떤 모습이기를 바랄 것인지, 그 사회는 어떻게 움직일지, 여러분이 현재 속한 사회와 그 사회는 어떻게 다를지 생각해 보는 것도 도움이 될 것이다.

• 인간 외의 다른 종에 대한 인류의 착취와 파괴를 중단하기 위해서 특권과 억압에 대한 지식을 적용해 보자. 다른 종에 대한 인간의 착취와 파괴는 지배와 통제라는 특권의 지도 이념의 직접적인 결과이다.

• 복지 프로그램을 처벌적으로 해체하는 움직임에 반대하고 여성들의 부인과 건강 서비스 사용을 제한하는 시도에 반대하자.

• 가정, 직장, 길가 등 도처에서 발생하는 폭력과 괴롭힘에 대항하여 목소리를 내자.

• 남성의 폭력에 희생되는 여성에 대한 서비스를 지원하자. 지역사회의 성폭력 위기센터나 가정폭력을 경험한 여성을 위한 쉼터에서 자원봉사를 하고, 남성의 폭력에 대해 개입 및 치료하는 기관에 합류해서 힘을 실어 주어야 한다.

• 직장, 노동조합, 학교, 전문가협회, 종교단체, 정치 정당 및 공원이나 길가, 쇼핑몰 등 공공장소에서 일어나는 괴롭힘을 확실히 사라지게 도울 수 있는 정책을 옹호하자.

• 폭력적인 포르노를 퍼뜨리는 극장 및 온라인 사이트와 그러한 사이트를 이용하는 사람들에 반대하자. 이것은 검열에 대한 논쟁보다는 여성 억압에 있어 포르노의 역할에 대해 상세히

설명할 표현의 자유와 관련된다.

- 직장, 교육, 종교, 가정에서 특권을 지지하는 핵심 가치의 형성 과정에 대해 의문을 제기하자. 최소저항경로로 인해 여성 군인이 전투에서 중요한 역할을 하거나 승진해서 조직의 상위에 이르는 것은 진전이라고 인식된다. 그러나 정치경제적 조직들이 통제와 지배를 중심으로 조직화되고 그를 넘어서 경쟁과 폭력의 사용으로 이어지게 될 때 사회 속 대다수의 사람에게 어떤 일이 일어나는지와 관련하여 의문을 제기할 수 있다. 지배집단이 백인 여성이나 유색인종과 같은 종속집단의 구성원들과 특권의 억압적인 체계를 통제할 수 있는 권한을 선택적으로 공유할 때 이것을 진전이라고 말할 수 있을까?

- 최소저항경로를 벗어나는 사람을 공개적으로 지지하자. 위험을 감수하는 사람을 보았을 때 느낀 반가움을 사적으로 이야기할 기회가 있을 때까지 미루지 말자. 혼자 있을 때까지 기다리는 것이 안전하게 느껴질지 모르지만, 그것은 타인에게 도움이 되는 행동은 아니다. 누군가 위험을 감수하고 있는 그 상황에서 전해지는 격려가 가장 도움이 된다. 여러분이 지지하는 행동이 용기 있는 행동인 것과 같이, 여러분도 미루지 말고 용기를 내어 공개적으로 자신의 지지를 표명해야 한다.[22]

- 동성애자들이 자기 자신일 수 있는 권리를 보장하고, 자유롭게 이동하고 세상에서 굴욕을 느끼지 않을 수 있도록 힘을 실어 주자. 동성애공포증, 트랜스공포증, 이성애중심주의에 대한 인식을 높이고, 학교 행정가나 교사에게 LGBT인 학생들이 어떻게 지내고 있는지 질문해 보자. 교사나 행정가들이 알지 못한다면 그러한 부분에 대해 탐색할 것을 요청해서, 학생들이 인생에서 가

장 취약한 시기에 타인의 폭력의 피해자가 되거나, 왕따를 당하거나, 억압되지 않도록 해야 한다. 성 정체성과 성적 지향이 논의될 때 남성 특권과의 관계에 대해 의문을 제기하자. 이런 질문을 던지기 위해 질문에 대한 답을 반드시 알아야 하는 것은 아니라는 것을 기억해야 한다.

이 과정을 거치면서 기억해야 할 것은 다음과 같다.

교차성(여러 가지 형태의 특권이 서로 결합하고 상호작용한다는 개념)에 관심을 가지자. 남성 특권과 인종, 사회계층, 성 정체성, 성적 지향 사이의 관계에 대해서 여성운동 안에서도 상당한 논란이 있다.[23] 백인 중산층 및 상류층 이성애자 여성주의자들은 다른 여성에게는 치명적일 수 있는 주장을 해서 비난받곤 한다. 이들 여성주의자가 주장하는 유리천장, 즉 여성이 상위권 기업이나 전문직에서 밀려나는 현상에 대한 관심은 노동자집단이나 다른 종속집단에는 별로 도움이 되지 않는다. 또한 어떤 종류의 억압이 더 중요하고 관심을 쏟아야 하는지, 다른 결과보다 더 억압적인 결과를 가져오는 억압은 무엇인지에 대해서도 논란이 있다.

이러한 갈등에서 벗어나는 한 가지 방법은 남성 특권은 남성지배를 강조할 뿐 아니라 지배와 통제를 가치 있게 여기고 증대시킨다는 점에서 문제가 된다는 사실을 기억하는 것이다. 이런 의미에서 모든 종류의 억압은 공통의 뿌리를 가지고, 그러한 뿌리에 관심을 기울이다 보면 특권의 가치 또한 낮아진다. 소수에 속하는 사람 중 여성이나 유색인종이 더 큰 파이 조각을 갖도록 하는 과정이 성차별이나 인종적 억압의 종식으로 이어지지는 않는다. 지배와 특권의 원칙을 중심으로 조직화된 사회에서 핵심 문제를 확인한 후 변화를 이루기 위해서는 특권의 원칙을 강화하는 모든 종류의 특권에 초점을 맞추어야 한다. 성, 장애, 인종, 계층, 자본주의 중 무엇에서든지 문제를 옳게 파악한다면, 우리는 결국 같은 방향으로 가게 될 것이다.

다른 사람과 협동하라. 변화 작업은 혼자의 노력만으로 이루어지지 않는다. 변화를 만들어 내기 위해서는 다른 사람들과 함께 노력하여 인식을 확장하고 위험을 감수해야 한다. 막 노력하기 시작한 사람들은 다른 사람들과 책을 읽고 토론하며 특권과 억압에 대해 이해하고 같은 목적을 가진 사람들과 의견을 나눌 수 있다. 현대 여성운동은 문제에 대한 인식을 증진시키려는 작은 모임에서 시작되었다. 이 모임에서 여성들은 함께 모여서 자신들의 삶이 어떻게 가부장적 사회의 영향을 받았는지 알아내고자 했다. 당시에 이 모임은 그리 중요해 보이지 않았을 것이지만, 결국 이 모임이 이후 일어난 운동의 기반이 되었다. 마찬가지로 캠퍼스 내의 시위는 인터넷이나 SNS를 활용해서 전국적인 운동으로 이어졌으며, 변화를 위한 가장 효과적인 방식인 매뉴얼 제작 등의 전략으로 이어졌다.[24]

이 책을 누군가와 공유하고 토론의 도구로 활용하는 것 또한 그러한 경로로 가는 한 걸음일 것이다. 혹은 특권에 초점을 맞춘 지역사회 집단이나 조직을 통해 더 많은 정보를 얻을 수도 있다. 여러분이 교회나 유대교 회당, 회교사원 등에 속해 있다면 스터디 그룹을 알아보고, 이미 결성된 조직이 없다면 조직해 보자. 미팅에 참석하여 자신을 소개하고, 특권과 억압의 현실이 어떠한지 그리고 그 조직이 어떠한 방식으로 구성원들에게 정보를 제시하는지 알아보자.

좋아하는 책을 읽거나 기사를 읽은 후에 저자나 편집자에게 이메일을 보내는 것도 한 가지 방법이다. 대다수의 작가는 독자들의 반응을 환영하기 때문에, 독자들이 연락하면 작가들이 귀찮아할 것이라는 생각으로 머뭇거리지 말자. 온라인에서 같은 관심사를 가진 사람들과 교류하면서 자신이 혼자가 아니고 조직의 부분이라고 느끼는 것도 중요하다. 조직하고, 조직하고, 조직하라.

차이를 넘어 동맹을 형성하는 데 필요한 기술과 지식을 갖는 것은 중요하다. 폴 키벨(Paul Kivel)이 주장했듯이 좋은 동맹의 핵심은 다른 사람의 경험을 기꺼이 듣고 신뢰하는 것이다.[25] 듣는 것은 생각보다 쉬운 일이 아니다. 지배집단의 구성원들은 특권 때문에 가장 상처받은 사람들의 경험을 듣기 힘들어한다. 분노에 찬 이야기를 듣고 나 때문인 것 같은 개인화 반응을 하지 않기란 어렵지만, 동맹이 되는 과정에서 이러한 일들은 기꺼이 경험되어야만 한다. 마찬가지로 지배집단의 구성원들이 종속집단에게 얼마나 신뢰받지 못하는지 깨달았을 때, 이를 개인적인 잘못으로 받아들이지 않기란 상당히 어려운 것이다. 키벨은 인종에 있어서 효과적인 동맹이 되기 위해 기억해야 하는 목록으로 다음을 제시했다.

"존중하라."

"지지하라."

"판단하기 전에 먼저 우리에 대해 잘 탐색하라."

"경청하라."

"책임을 떠맡지 말라."

"예단하지 말라."

"정보를 제공하라."

"내 편이 되라."

"자원을 제공하라."

"나에게 가장 바람직한 것을 당신이 이미 알고 있다고 가정하지 말라."

"경제적으로 지원하라."

"위험을 감수하라."

"모든 것을 잃을 각오로 임하라."

"개인적으로 받아들이지 말라."

"실수하라."

"이해하라."

"정직하라."

"자녀들에게 인종차별주의에 대해 가르치라."

"다른 백인들에게 이야기하라."

"부적절한 농담과 말들에 딴지를 걸라."

"소리 내어 주장하라."

"내 분노를 무서워하지 말라."

"소수집단 구성원에게 소수집단을 대변해서 말해 보라고 요구하지 말라."

키벨의 목록에서 가장 중요한 항목 중 하나는 지배집단의 구성원이 종속집단의 구성원을 서둘러 돕기보다는 우선 지배집단 구성원끼리 함께 이야기하라는 것이다. 즉, 남성과 백인은 성차별주의나 인종차별주의적 행동이나 특권의 체계가 작동하는 현실에 대해 다른 백인 혹은 남성을 교육하고 백인이나 남성을 중심으로 동맹을 형성해 볼 수 있다. 같은 방식이 비장애인과 이성애자 시스젠더 집단에도 적용될 수 있다. 특권집단의 구성원이 동맹이 되기 위해서는 '권력은 요구 없이는 아무것도 내어 주지 않는다.'라는 조언을 기억해야 한다. 지배집단이 특권에 반기를 들 때, 하나의 목소리 이상의 무게감 있는 역할을 한다. 단순히 편협한 몇몇 관심종자 집단이 자신의 위치를 유리하게 만들려 한다는 식으로 일축시키기 어렵기 때문이다.

특권체계에 도전장을 내밀 때는 위험이 동반되고, 동맹은 그 위험을 해결하는 과정에서 중요한 역할을 한다. 특권과의 관계에서 우리가 어느 쪽에 해당하는지는 중요하지 않다. 종속집단은 가장 취약한 집단이지만, 남성, 백인과 그 외 다른 지배집단도 배척이나 소외에서 자유롭지 않다.

혼자 감내하려고 하지 말라. 다른 사람들과 협력하며 혼자 변화의 중심이 되지 않아야 한다. 개인적으로 해결책을 찾아 혼자 담아 두고, 혼자 처리하고 털어 버리는 것으로는 부족하다. 혼자서 자기 나름의 방법을 찾거나 가정에서 일어난 특권과 억압의 최악의 결과를 모면할 수 있는 방법을 찾은 후에 나는 책임을 다했다고 말하는 것 또한 충분하지 않다. 특권과 억압은 개인적인 해결책을 통해서 풀 수 있는 개인적인 문제 이상의 것이다. 다른 사람들이 여러분의 해결책이 효과적이라고 인식했을지라도, 책임은 그 이상의 것으로 큰 맥락에서의 움직임을 의미한다. 스스로 시작하는 것은 의미 있는 일이지만 혼자의 문제로 끝나지 않도록 만드는 것 또한 중요하다.

개인적인 변화를 더 큰 것으로 변환하기 위한 좋은 방법은 특권체계를 변화시키기 위해 결성된 조직에 가입하고 지지하는 것이다. 대부분의 대학에는 성, 인종, 성적 지향, 장애 등에서 변화를 옹호하기 위해 형성된 집단들이 존재한다. 또한 지역사회나 주 단위의 지사를 가지고 있는 전국적인 조직도 있다.[26] 원하는 집단을 발견하지 못한다면 다른 사람들과 함께 조직을 구성해 보는 것도 괜찮은 방법이다.

이 모든 방법이 감당하기 어려울 것 같다고 느껴진다면, 혼자서 이 모든 것을 감당해야 하는 것은 아님을 스스로 상기시킬 수 있는 방법을 찾으라. 혼자의 힘으로 사회를 변혁해야 한다는 불가능한 과제를 자신에게 부여해서는 안 된다. 우리 모두는 도움과 지지가 필요하다. 현재 우리가 할 수 있는 일은 우리가 가진 처지와 자원, 지식을 사용해서 다른 사람들도 자신이 할 수 있는 역할을 살펴보고 직접 여러 가지 방안을 시도하도록 돕는 것이다. 그래서 시작하기도 전에 좌절하기보다는, 거대하고 영웅적이고 불가능한 것에 앞서 작고 겸손하고 지금 시도해 볼 수 있는 것에 대해 생각해야 한다. 현재 절대 성취할 수 없는 것에 대한 기대들로 스스로를 무력하게 만들지 않기를 바란다. 변화를 이루어 내는 데에는 생각보다 작은 노력이 필요하다. 작은 행동들이 큰 결과를 만들어 낼 수 있다. 에드먼드 버크(Edmund Burke)는 악이 승리하기 위한 단 하나의 조건은 선한 사람들이 아무것도 하지 않는 것이라고 말했다. 이에 빗대어 보면, 우리에게 놓인 선택지는 방관하느냐, 아니면 뭐라도 노력해서 시도하느냐, 이 둘 중에 있다. 그렇지 않으면 악은 계속 힘을 떨치게 될 것이다.

겸손하라. 여러분이 지배집단에 속한다면, 대놓고 특권과 관련하여 잘못된 행동을 하거나, 특권에 대한 이해와 분석이 자신만큼 깊지 않은 사람보다 자신이 더 낫다고 여길 수 있다. 이때 유혹에 저항하고, 이미 잘 알고 있다고 생각하는 독선적인 오만에 빠지지 않도록 주의해야 한다. 최소저항경로에서 벗어났을 때 옳은 일을 하고 있다고 칭찬과 환호를 받을 것을 기대하지 않는 것이 좋다. 이러한 과정은 경쟁에서 이기거나 혹은 우리가 얼마나 선한 사람인가를 보여 줄 기회가 아니다. 자신이 특권이라는 문제의 일부분이 아

니라고 생각한다면 변화를 위해서 우리가 할 수 있는 일은 아무것
도 없다.

용기를 내어 기꺼이 시행착오를 경험하고, 역량의 한계를 경험
하면서 때로는 불편하고 옳지 않은 것이 아닌지 회의감이나 혼란
스러움을 경험하고 견뎌 보자. 비슷한 경험을 하는 동료들이 옆에
많으므로 여러분은 혼자가 아니다. 선의에 신뢰가 자동적으로 수
반될 것이라 예상한다면 너무 큰 것을 기대하는 것이다. 신뢰는 노
력해서 얻는 것이다.

두려움의 역할에 주목하라. 특권체계 안에 살면서 우리는 서로 두
려워해야 한다는 메시지를 받는다. 억압은 경찰의 폭력, 강간, 범
죄자나 테러리스트를 타자화하는 것, 직장을 잃거나 동네를 점령
하는 것 등의 다양한 형태를 가지나, 결국 두려움과 밀접히 관련된
다. 우리는 스스로 일어나 힘 있게 자신의 의견을 주장하고, 동의를
철회할 수 있는 자신의 권리를 두려워하도록 배웠다. 사람들은 흔
히 너무 바쁘다거나, 예산이 충분하지 않다거나, 충분한 인적 자원
이 없다거나, 관료적인 비효능성이나 조직적인 우선순위 같은 이
유로 "적기가 아니다."라고 변명하며 정의에서 점점 멀어진다. 이
같은 말들은 두려워하지 않는 것처럼 보이는 가면에 가려진 두려
움을 보여 준다.[27]

두려움은 지속적으로 발생하는 것이어서 모든 행동에는 용기가
요구된다. 따라서 특정한 성별, 인종, 계층, 장애 상태, 성적 지향뿐
만 아니라 인간으로서 우리가 왜 이러한 일을 하고 있는지 잘 알아
야 한다. 오드리 로드는 "우리가 위험을 무릅쓰면서도 스스로의 힘
을 인식하고 자신의 생각을 실현하기 위해 자신의 강점을 사용할
때, 두려움은 점점 사라진다."라고 했다.[28]

다른 사람들이 여러분에 대한 기준을 세우도록 허용하지 말라. 현재 할 수 있는 것부터 시작해서 앞으로 나아가라. 상상할 수 있는 일의 목록을 만들어 보자. 특권에 대한 책을 읽는 것부터 시작해서, 집단에 합류하거나, 집단을 조직해서 꾸려 나가 보는 것, 학교나 근무지에서 정책적 변화를 제안하는 것, 자본주의에 항거하는 것, 집에서 욕실 청소 당번에 대해 이의를 제기하는 것 등이 이 목록에 포함될 수 있다. 또한 가장 위험한 것부터 덜 위험한 것까지 순위를 정한 후, 덜 위험한 것부터 시작해서 '변화를 위해 나는 오늘 어떤 위험을 감수할 것인가?'와 같은 합리적인 목표를 정하는 것이 도움이 될 것이다. 여러분은 조금씩 위험을 감수해 보고, 타인과 동맹을 형성하면서, 점점 더 위험해 보이는 일을 시도해 볼 수 있다. 다음 단계가 무엇이든 감당할 수 있을 정도의 위험을 감수해 가며 저울에 무게를 더하여 보자. 여러분이 위험을 감수하고 노력하는 것 자체가 중요한 것이다.

책임을 다하는 과정에서 죄책감이나 비난이 개입되어서는 안 된다. 의무를 다한다는 것은 우리 모두가 공유하는 어려움을 해결할 수 있는 방법이나 의무를 이행할 수 있는 건설적인 방법을 발견하는 것이다. 변화는 극적이거나 세상을 흔드는 움직임을 요구하는 것이 아니다. 그 체계의 존재와 그로 인한 결과를 인정하는 것과 같은 단순한 것부터 시작해서 모두 함께 무언가를 계속 시도해 나간다면, 아무리 특권체계가 강력하다 할지라도 버티지 못할 것이다.

절대, 절대 포기하지 말라. 한 여성이 어느 날 싱크대 앞에 서 있다가 우연히 창밖 덤불 가지 위에 놓여 있는 철그릇을 보게 되었다. 어쩌다가 그 철그릇이 거기에 놓이게 되었는지 알 수 없었고, 철그릇은 그 후에도 몇 년 동안 거기에 놓여 있었다. 눈보라와 폭풍우가 여러 차례 지난 어느 날, 그녀는 다시 싱크대 앞에 서게 되었다. 창밖의 공기는 너무나 고요했다. 그리고 갑자기 그릇이 떨어졌다. 바로 그 순간 그녀는 그 그릇이 가지 위에 그대로 있었던 것이 얼마나 놀라운 일인지 깨닫게 되었다. 그 여성은 이내 그 오랜 세월 동안 그녀가 알아채지 못한 많은 일이 일어났고, 그 일들은 갑자기 일어난 것이 아니라 변화의 순간들이 모여 갑작스럽게 보이는 것뿐임을 알게 되었다.

이 이야기를 보며 나는 특권과 억압이 개인 수준의 문화적 고착이 아니라 더 큰 시각을 가지고 이해해야 하는 개념이라는 것을 알리기 위해 우리 동료들이 노력해 왔던 오랜 시간과 노력이 떠올랐다. 오랜 시간 동안 우리는 노력이 소용없다고 느끼기도 했고, 변화가 전혀 없는 것처럼 보이는 시간을 목도하기도 했다. 그러나 몇년 전 미주리주 퍼거슨에서 벌어진 경찰의 폭력에 대한 TV 토론이 열렸을 때, 나는 한 젊은 남성이 인종과 인종차별주의의 체계적인 성질에 대해 이야기하는 모습을 보았고, 체계적인 인종차별주의를 정의하기 위하여 미주리 주립대학교 총장에게 이의를 제기하는 젊은 여성도 보았다. 처음에는 너무 놀라 이런 일들이 왜 지금에서야 일어나야 하는지 오랫동안 설명하지 못했다. 그리고 가지 위에 놓여 있던 그릇이 언제 떨어질 것인지 우리는 절대 알 수 없다는 이야기가 떠올랐다. 이런 장면들을 실제로 보게 될 때까지 오랜 시간이 걸릴 수 있다.

나는 언젠가 여성에 대한 남성의 폭력을 주제로 대학 강연을 한 적이 있다. 그 강연은 학생들이 기획한 것으로, 이 학생들은 상당히 열정적이고 헌신적이지만, 대중의 마음을 어떻게 움직일지에 대해서는 아직 미숙했다. 강연장은 엄청나게 컸지만 청중은 많지 않아서 아마 훨씬 작은 강의실에서조차 사람들이 듬성듬성 있는 것처럼 보일 지경이었다. 마주하기 어려울 만큼의 허무함을 내 목소리만으로 채우기 어려워 보였지만, 나는 누가 오든 간에 열정적으로 강연을 하기로 결심했다.

나는 열심히 나의 말에 귀 기울이는 청중에 초점을 맞추었다. 청중은 저마다의 중요한 이유로 이 강연에 참석했을 것이므로 그에 부응하는 것을 얻어 갈 수 있었으면 하는 마음으로 노력했다. 강의 초반부에 무대에서 열몇 줄 뒤에 놓인 빈 휠체어 옆 복도 좌석에 앉아 있는 한 나이 든 남성이 눈에 띄었다. 그는 강의를 열심히 듣고 있었고, 질의 시간에 자신의 아들에 대해 질문했으며, 가부장제의 피해로부터 자신의 후손을 구하기 위해서 자신이 할 수 있는 일이 무엇인지, 실패한다면 피해로부터 후손을 보호할 수 있는 방법이 무엇인지 질문했다. 마지막에 사람들이 홀을 떠날 때 그 남성은 지팡이로 스스로를 지탱한 채 기다리고 있다가 혼자서 내가 서 있던 연단까지 올라왔다.

마침내 우리 둘만 남게 되었을 때, 그는 내가 강의하러 온 것에 대해 감사를 표현했다. 우리는 강의의 내용이나 남성들이 자신의 의견을 주장해야 한다는 점에 대해서 한동안 이야기를 나누었다. 그가 말하는 게 불편해 보였고 다소 발음이 뭉개져서 나는 뇌졸중 때문인가 하고 생각하고 있었다. 그는 나가려다가 자신이 지탱할 수 있는 힘껏 최대한 나에게 몸을 기울여 내 얼굴을 보았다. 인생의 선배로서 시간의 한계에 맞서 한 발 한 발 내딛는 것이 얼마나 어려운지 아는 진심 어린 강렬한 눈빛이었다. 그는 "지금 하고 있는 일을 멈추지 말고 계속 하세요."라고 말했고, 나도 그를 향해 "선생님도 멈추지 마세요."라고 말했다. 그는 잠시 멈췄다가 고개를 돌렸는

데, 얼굴을 보며 내 말에 담긴 의도를 생각하고 있다는 것을 알 수 있었다. "아마도 그럴 것 같네요."라고 그는 말했다.

나는 그때 느낀 아무도 없는 듯한 차분한 공기와 결심한 듯한 그 노인의 표정을 잊을 수가 없다. 그 노인이 대답하기 전에 살짝 고개를 끄덕일 때의 눈빛을 이제야 이해할 것 같다. 그 눈빛에는 확신, 결의, 평안이 담겨 있었다.

우리가 하는 일들이 효과가 있을지, 우리가 회의론자가 될지 또는 낙관론자가 될지 알 수 있는 사람은 없다.[29] 지금 믿을 수 있는 것은 신념뿐이다. 우리가 이 과정에서 맞닥뜨리게 될 두려움에 휩싸이지 않을 수 있다는 자신에 대한 신념, 변화를 도모하는 과정에서 다른 사람들과 함께할 수 있는 자신의 능력과 절대 회의감을 품지 않을 수 있다는 신념 말이다. 이것이면 충분하다.

계속 가 보자.

에필로그: 세계관은 변하기 어렵다

한 독자가 내게 보낸 이메일에서 내 책을 믿는 사람은 "멍청이거나 바보일 것"이라고 말한 적이 있다.[*] 이런 일이 흔히 일어나는 것은 아니지만 이러한 반응은 특권과 억압이 얼마나 강력하게 공격성을 유발하는지 잘 보여 준다. 또한 자신과 다른 의견을 가진 사람이 멀쩡하고 지적이며 예의 바를 리가 없고, 잘못되어도 한참 잘못되었다고 볼 수밖에 없다는 것을 잘 보여 준다. 사실 나 또한 내 말을 받아들이는 것이 그 독자에게 왜 그렇게 어려웠는지 이해하기 어려웠다. 더 솔직히 말하자면, 나는 그 이메일을 보고 그 독자에게 문제가 있다고 생각할 수밖에 없었다.

이 책을 마무리하며 이 같은 한계에 직면하면서 나는 우리가 서로 이해하기 위해서는 무엇이 필요한지 다시금 생각하게 된다. 우리의 견해는 우주의 현상부터 시작해서 사람들의 행동의 이유까지, 현상을 지각하고 해석할 때 자연스럽게 사용하는 가치체계, 신념, 이미지, 가정의 총체인 세계관과 밀접히 관련된다. 예를 들어, 중력에 대한 나의 신념은 과학적 사실에 근거하는 것이며, 동시에 일상생활의 경험을 통해 확인되는 것이기도 하다. 내 세계관에 근

---

[*] 멍청이나 바보는 사람들이 인지장애를 가진 사람에게 가하는 억압과 관련하여 사람들이 자신의 역할을 인식하지 않은 채 일상적으로 사용하는 말이다.

거하면 중력은 수많은 사실에 기반하여 보편적으로 수용되고 있어 더 이상 논쟁의 여지가 없는 것이며, 그로 인하여 나는 중력의 존재나 효과에 대해 의문을 품지 않은 채 살아간다.

물론 세상에는 명확하지 않은 지각도 있다. 예를 들어, 세상이 위험한 곳이라고 생각한다면, 나는 아직 일어난 적도 없고 일어날 가능성 또한 낮은 일들이 일어날 수도 있다고 생각하며 스스로를 보호하고자 할 수 있을 것이다. 반면, 세상이 안전하다고 생각한다면 스스로를 보호할 필요를 별로 느끼지 않을 것이다. 성폭력으로부터 안전을 보장받기 위해 여성들은 일상에서 조심해야 한다고 느끼는데, 무엇을 조심해야 하는지 나열하자면 너무나 길어서 남성들은 그에 놀라고 말 것이다. 이러한 차이는 세계관의 차이를 반영하는 것이다. 세계관의 차이는 특히 특권이나 억압, 갈등과 같은 사회적 현실을 지각할 때 흔히 일어난다. 다음 질문을 읽고 여러분의 의견을 한번 생각해 보았으면 한다.

- 각 개인은 자신의 삶에 어느 정도로 책임이 있는가? 가난한 사람들은 자신의 가난에 대해 스스로를 탓해야 하는 것인가? 부자들이 부를 일구어 낼 때 스스로의 노력만으로 가능했던 것일까?
- 미국의 모든 시민은 동등하게 '진정한' 미국인으로 인식되는가? 더 '진정한' 미국인으로 간주되는 미국인이 존재하는가?
- 자본주의는 무엇인가? 사회주의는 무엇인가? 각각은 민주주의에 어떤 식으로 기여하고 어떤 식으로 방해가 되는가?
- 기업은 사람인가?
- 한 집단이나 개인이 지나치게 많은 부를 소유하는 것이 가능한가?

- 가난은 왜 존재하는가? 부는 왜 존재하는가?
- 성적 지향이나 성 정체성은 개인의 선택의 문제인가?
- 결혼은 무엇인가? 결혼이 어떻게 정의되는지는 중요한 문제인가? 그렇다면 왜 그런가? 누구에게 중요한가?
- 장애 여부에 상관없이 사람들이 사회생활을 할 수 있도록 계획되어야 하는가?
- 여성은 (언제 임신을 할 것인지 등을 포함해서) 자신의 신체를 통제할 권리를 가지는가?
- 미국에서 태어난 시민은 미국 헌법의 보호를 받는가?
- 대부분의 폭력은 왜 남성에 의해 자행되는가?
- 조국이 옳지 않다고 생각되는 일을 할 때에도 조국을 사랑한다는 것은 무슨 의미인가?
- 인종은 생물학적인 사실인가, 생물학과 관계없는 문화적인 주제인가?
- 유색인종과 백인이 법을 어길 가능성은 유사한가?
- 미국에서 일어났던 노예제나 학살 등 과거에 일어났던 사건들은 단지 역사일 뿐인가, 아니면 현재까지 지속적으로 영향을 미치고 있는가?

이러한 질문에 대한 우리의 대답은 너무나 자명하고 의심할 여지가 없는 것이어서 반대되는 의견을 만나게 되었을 때 오히려 인지부조화(즉, 새로운 정보와 우리가 진실이라고 가정하는 것 사이의 불일치에 의해 일어나는 불편한 감정)를 경험하게 된다. 그 신념이 강할수록 정체성을 이루는 핵심이 되므로 반대 의견에 더 불편해질 것이다.

　　이러한 부조화를 없애는 방법 중 하나는 새로운 정보나 관련된 사람, 그들의 동기와 성격 등을 불신하는 것이다. 이 과정에서 우리는 세계관을 사용해서 우리와 너무나 다른 현실 속에 살고 있는 '그들'을 상상하게 된다. 우리는 상상력을 동원하여 관찰할 방법이 없고 확실히 알 방법이 없는 다른 사람들의 내적 경험과 같은 중요한 정보를 만들어 낸다. 이렇게 현실을 가공하여 알 수 없는 틈을 메우고 불확실성에서 오는 불안을 줄인다. 이때 우리가 가공해 낸 것이 우리의 생각이 아니라 실제 상황이나 사람, 집단이라고 믿을 때 문제가 된다. 그래서 우리는 2016년 미국 대통령 선거 이후 미국 사회에서 공공연해진 분노나 분개, 불신, 공포 등의 영향을 받아, 나는 옳고 너는 틀렸으며, 나는 선한 반면 너는 악하고, 나는 제정신이지만 너는 그렇지 않으며, 나는 명석하지만 너는 그렇지 않다고 생각하게 되었다.

　　이러한 태도는 우리가 한 걸음 물러서서 현실을 바라보고 대안적 사고를 할 수 있을 때까지 계속된다. 이 과정은 쉬운 것이 아니므로, 혹시 내 세계관이 왜곡되고 문제가 있는 것 같다고 느껴질 때에는 몇 가지를 신중하게 고려해 볼 필요가 있다. 첫째, 어떤 일들은 상상할 수도 없는 것이기 때문에 세계관에 포함되지 않고 우리는 그러한 일들에 더 취약해진다. 예를 들어, 2012년 코네티컷주 뉴타운 초등학교에서 일어난 총기 난사 사건 전에는 경찰이나 부모, 교사들을 포함한 모두가 그런 일이 일어날 거라고 생각해 본 적이 없으며, 이러한 일에 대비해야 할 필요성을 전혀 느끼지 않았다. 학교에서 그러한 대학살이 일어날 수 있다는 세계관 변화와 그로 인한 충격으로 인해 유사한 사건이 이후에도 충분히 일어날 수 있다고 인식하게 되었고, 사회는 예방에 만전을 기하게 되었다.

둘째, 사람들이 자신의 세계관을 독자적으로 만들어 내거나 의식적으로 선택하는 일은 매우 드물다. 예를 들어, 나는 백인 남성으로서 경찰이 나에게 과도한 무력을 사용할 것이라고 생각한 적이 없다. 실제로 별다른 이유 없이 경찰에게 폭행당하거나 총격당한 경험이 없으며, 나와 유사한 사람이 유사한 폭력을 당한 것을 본 적이 거의 없다. 이 때문에 내가 경찰의 지나친 무력에서 안전하다는 생각은 단순히 개인적인 의견이나 신념이 아니라 '다른 사람들도 알고 있는' 현실 그 자체이다.

셋째, 폭넓게 공유된 지각체계 및 믿음 뒤에 있는 권위는 거대한 문화에 근거한 것이다. 문화는 사람들이 공유하고 있는 신념들을 진실이라고 믿도록 만들 뿐 아니라 그러한 신념들을 애초에 인식하지 못하게 한다. 그래서 다른 견해를 가지고 있는 사람들이 문제가 있다고 생각하게 만들며, 그들의 생각이 현실에 기반하지 않는다고 믿게 만든다.

이 때문에 뉴타운 총기 난사 사건 같은 충격적인 사건에 대한 반응은 충격과 공포, 애도부터 시작해서 총기 규제에 대한 찬반 논쟁까지 양극화된다. 이러한 논쟁의 목적은 본질적인 문제인 아이들의 안전 문제를 넘어서서, 한쪽에서는 총기를 제한 없이 소지할 권리를 유지하기 위해, 다른 한쪽에서는 「미국수정헌법」 제2조를 없애고자 하는 정치적인 목적 달성을 위해 서로를 비난하게 된다.

사실 이러한 갈등은 늘 잠재해 있었던 것이다. 모두가 아동에 대한 살인에 충격을 받았지만, 이런 일이 왜 일어났고 어떻게 대응해야 할지에 대해서 합의를 도출하기는 어렵다. 미국은 항상 다양한 세계관의 집결지였고 다양성 위에서 나름대로 잘 지내 왔지만, 차이를 직면할 때에는 이처럼 갈등이 분출되기도 한다.

또한 하나의 세계관 속에는 교차하는 요소들이 셀 수 없이 많아서, 하나가 왜곡되면 다른 요소들에도 영향을 준다. 예를 들어, 경찰의 무기화나 경찰과 인종의 관계 및 총기 문제의 관련성은 단지 총기나 사회적인 규제, 인종 문제와 단편적으로 관련되는 것이 아니다. 이러한 문제는 미국인이 누구인가, 인류에 대한 문화적인 정의가 무엇인가, 각 개인이 사회에서 얼마나 안전하다고 느끼는가, 안전하지 않다고 느꼈을 때 각 개인이 어떤 권리를 요구할 수 있나, 시민의 삶에 관련하여 정부와 권력의 역할은 무엇인가, 문제의 원인이나 해결책으로서 폭력을 사용해야 한다는 신념을 어떻게 보아야 하는가, 공공의 선을 보장하기 위해 혹은 개인의 자유를 보장하기 위해 정부 권력을 사용하여 시민에게 폭력을 사용해도 되는가 등과 관련된다. 이 외에도 이방인 혹은 '우리'와 같지 않은 사람들에 대한 공포, 거친 사람들이 가진 남성 중심적인 사고, 다른 사람들에게 책임을 느끼는 정도, 시민권과 자유, 헌법의 의미 등 많은 주제는 서로 연결되어 있다. 세계관은 우리가 외부세계를 지각하는 방식에 영향을 미칠 뿐 아니라 개인의 정체성과 그에 대한 인식에도 깊게 관련된다.

이러한 복잡성의 결과, 세계관에 의구심을 가지고 비판적인 시각으로 살펴보고자 할 때에 우리는 상당한 수준의 저항을 경험하게 된다. 자신의 신념을 방어하고 변화하지 않으려는 이유는 단순히 습관이어서 혹은 우리의 신념을 선호해서가 아니라 우리가 현실을 인식할 때 세계관에 그만큼 많이 의존하기 때문이다. 내가 누구인지, 진실과 진실이 아닌 것이 무엇인지 구분할 때, 우리는 세계관과 분리되기 어렵고 결과적으로 자신의 세계관을 유지하게 된다.

나는 인간사의 어떤 것도 한 개인에만 국한되지 않는다는 사회학적 세계관의 관점에서 이 책을 썼다. 실제로 우리는 사회체계에서 참여자로서 살아가고 있고 우리의 생각, 감정, 행동은 사회와의 역동적 관계로부터 오는 것이기 때문에 고립된 개인은 존재할 수 없다. 이러한 견해는 오랜 시간을 걸쳐 다져진 것으로 내가 어떻게 이렇게 생각하게 되었는지, 내 생각이 사실이라고 확신하게 된 계기가 무엇인지 설명하기 어렵다. 주장을 하거나 증거를 인용할 수는 있겠지만, 나는 결국 여러 과정을 거쳐 이러한 신념에 다다랐다.

　사회학적인 견해를 가진 독자들은 내가 '남성의 폭력'과 같은 문구를 사용할 때 모든 남성이 폭력적이라고 비난하는 것이 아님을 알 것이다. 마찬가지로 내가 백인 특권의 현실을 지적할 때 모든 백인이 악행을 저질렀다고 비난하거나 백인들이 모두 같은 정도의 혜택을 받았다고 말하는 것이 아님을, 또한 모든 백인이 자신들의 삶에서 극복하고 지고 가야 할 짐이나 방해물이 없다고 말하는 것이 아님을 이해할 것이다. 반면, 이 책의 기반이 되는 세계관을 수용하지 않는 독자들은 아마도 내가 남성이나 백인에 대해 개인적인 원한이 있다거나 현실과 동떨어져 있다고 생각할 것이다.

　논쟁이 부정적인 방향으로 흘러가서 비난과 개인적인 공격이 오고 가는 현상은 이 현안이 더 크고 깊은 문제와 관련되어 있다는 것을 의미한다. 이러한 논쟁이 늘 그렇듯이, 실제로 갈등을 증폭시키는 세계관의 차이가 전면에 드러나서 본격적으로 논의되는 일은 거의 없다. 대부분의 경우 생산적이지 않은 방향으로 되풀이될 뿐이다. 그 결과, 지난 몇십 년 동안 미국 사회의 양극화는 지속적으로 악화되었고, 사람들은 자신과 다른 세계관을 가진 사람을 만날 가능성이 낮은 조직에 주로 소속되게 되었다.[1]

　이 책이 새로웠든 혹은 불쾌했든, 이 책의 내용은 대부분 원인에 대한 것이다. 이제 한발 물러나서 현재진행형인 사안들에 대해 몇 가지 중요한 질문을 던져 보려고 한다.

- 하나의 세계관이 진실이라고 믿는 근거는 무엇인가? 다량의 증거를 충분히 조사한 후 생겨난 것인가? 구전되는 이야기나 인상의 집합인가? 개인적인 경험인가? 뿌리 깊은 신념에 근거하는가? 진실임에 틀림없다는 직관적인 감정인가? 그렇지 않을 수 없다고는 상상할 수도 없는 일이기 때문에 그런 것인가?

- 자신과 의견이 다른 사람이 지적이고 사려 깊고 좋은 의도를 가지고 있다고 가정할 때 어떠한 경험을 하는가? 상대방의 이러한 특성이 의견의 불일치를 이해하고 불일치에 내가 기여하는 바가 무엇인지 이해하는 데 있어 어떠한 영향을 미치는가?

- 자신의 견해와 모순되는 의견이 진실일지도 모른다고 심각하게 고려할 때 어떠한 경험을 하는가? 그렇게 고려해 보기 위해서는 무엇이 필요한가?

- 반대되는 양측의 견해가 한쪽만 옳고 다른 한쪽은 그른 것이 아니라 양쪽 모두 어느 정도는 진실일 수도 있는 것인가? 양쪽의 견해 모두가 어느 정도의 진실성을 가지고 있다면, 이 가능성을 반영하기 위하여 우리의 세계관은 어떻게 변화해야 하는가?

- 우리의 신념이 옳지 않다고 드러나면 어떨 것 같은가? 그러면 갖고 있던 세계관 중 무엇이 바뀌어야 하는가? 즉, 어떠한 신념이 위협에 처할 것이고, 스스로 옳다고 생각한 것에 이제까지 쏟은 것이 무엇이며, 그것이 옳지 않을 때 잃게 되는 것이 무엇인가?

- 세계관 선택에 따라 어떤 차이가 만들어지는가? 앞에서 제기

되었던 문제들이 그 문화에서 어떻게 다루어지는가? 어떠한 효과가 누구에게 호의적으로 이루어지는가?

이러한 질문들은 사회적 현실에 대한 기본적인 가정부터 시작해서 우리가 서로에게 어떤 존재이며 인간의 의미가 무엇인지까지, 인식되고 조화를 이루어야 하는 차이에 초점을 맞추고 있다. 이러한 질문들은 혼란스럽고 위협적이며 경우에 따라 다소 공포스러울 수도 있지만, 분노에 찬 거부에 대한 대안으로서 서로 경청하고 조화를 이루는 과정에 도움이 될 것이다. 서로 화합하고 경청하는 방법을 찾을 때 반드시 서로의 세계관이 같아야 하는 것은 아니다. 같은 종류의 세계관을 갖는 것이 가능하지도 않을 것이고 바람직하다고 할 수도 없다. 다만, 우리는 서로의 세계관에 대해 개방적인 자세를 갖고 자신의 세계관이 유일한 것이 아니며 다른 견해가 반드시 미쳤다거나 바보 같거나 악랄한 것이 아님을 알아야 한다. 이러한 태도하에서 비생산적인 논쟁이 아니라 증거와 결과에 대해 이야기하고 한 사회에서 다양한 세계관이 공존할 수 있는지 논의할 수 있다.

미국은 남북전쟁을 통하여 이미 세계관 차이가 인식되지 않으면 어떻게 적대감, 공포, 폭력과 관련되는지를 경험했다. 이제 한발 물러서서 자신과 세계를 어떻게 지각하고 이해하는지 고민해 보고 타인의 세계관을 이해하기 위해 노력해야 한다. 우리는 지금보다 더 나아갈 수 있다. 현재 이 사회가 수많은 이슈로 얼마나 분열되어 있는지 감안하면, 이러한 노력은 계속되어야 한다. 결코 시기상조가 아니다.

미주

저자 서문

1. Lorraine Hansberry, *A Raisin in the Sun*. New York: Random House, 1950.

2. 미국 국립장애 및 저널리즘센터의 양식체계(http://ncdj.org/style-guide)를 참고하라. 3판이 2016년에 발행되는 시점에서 일부 장애인 권리 행동가들은 장애를 가진 사람이라는 용어에 대해 상이한 견해를 가지고 있으며, '장애인'이라는 단어를 사용하지 않게 되면서 장애가 사회적·개인적으로 무관한 것처럼 무시되게 되었다고 주장하기도 한다. 관련하여 바바라 J. 킹(Barbara J. King)의 2016년 2월 25일 라디오 프로그램 〈'Disabled': Just #SayTheWord〉(http://www.npr.org/sect ions/13.7/2016/02/25/468073722/disabled-just-saytheword)를 참고하라.

3. PBS 동영상 중 〈Race: the Power of an Illusion〉(http://www.pbs. org/race/000_General/000_00-Home.htm)은 인종이 생물학적 특징 이라는 흔한 미신에 대해 효과적으로 설명하고 있다. 관련하여 다니엘 페어뱅크스(Daniel J. Fairbanks)의 저서인 *Everyone Is African: How Science Explodes the Myth of Race*. New York: Prometheus Books, 2015; 재클린 존스(Jacqueline Jones)의 *A Dreadful Deceit: The Myth of Race from the Colonial Era to Obama's America*. New York: Basic Book, 2015를 참고하라.

4. 관련하여 다음을 참고하라.
   Theodore W. Allen, *The Invention of the White Race*, vols. 1 & 2,

2nd ed. New York: Verso, 2012; Audrey Smedley and Brian Smedley, *Race in North America: Origin and Evolution of a Worldview*, 4th ed. Boulder, CO: Westview Press, 2011; Nell Irvin Painter, *The History of White People*. New York: W. W. Norton, 2010; Basil Davidson, *The African Slave Trade*, rev. and exp. edition. New York: Atlantic Monthly Press, 1980.

5. Derald Wing Sue, *Microaggressions in Everyday Life: Race, Gender, and Sexual Orientation*. New York: Wiley, 2010.

제1장

1. Ryan Gabrielson, Ryann Grochowski, and Eric Sagara, "Deadly Force, in Black and White." *ProPublica*, Oct. 10, 2014, available online at http://www.propublica.org/article/deadly-force-in-black-and-white.

2. W. E. B. Du Bois, *The Souls of Black Folk*. New York: Penguin, 1989. First published in 1903.

3. Eduardo Bonilla-Silva, *Racism without Racists: Color-Blind Racism and the Persistence of Racial Inequality in the United States*, 4th ed. Lanham, MD: Rowman and Littlefield, 2013; *White Supremacy and Racism in the Post-Civil Rights Era*. Boulder, CO: Lynne Rienner, 2001; Ta-Nehisi Coates, *Between the World and Me*. New York: Spiegel and Grau, 2015; George Horse Capture, Duane Champagne, and Chandler C. Jackson. *American Indian Nations: Yesterday, Today, and Tomorrow*. Lanham, MD: AltaMira Press, 2007; Moon-Kie Jung, Joao Costa Vargas, and Eduardo Bonilla-Silva, *State of White Supremacy: Racism, Governance, and the United States*. Stanford, CA: Stanford University Press, 2011; James H. Carr and Nandinee Kutty (eds.), *Segregation: The Rising Costs for America*. New York: Routledge, 2008; Donald A. Barr, *Health Disparities in*

the United States: Social Class, Race, Ethnicity, and Health, 2nd ed. Baltimore, MD. Johns Hopkins University Press, 2014.

4. Michele Alexander, The New Jim Crow: Mass Incarceration in the Age of Colorblindness. New York: New Press, 2012.

5. Sean F. Reardon and Ann Owens, "60 Years after Brown: Trends and Consequences of School Segregation," Annual Review of Sociology, 40, 2014; Gary Orfield, "Schools More Separate: Consequences of a Decade of Resegregation," The Civil Rights Project, Harvard University, 2001. Online at http://www.civilrightsproject.harvard.edu/research/deseg/Schools_More_Separate.pdf.

6. Edward N. Wolff, The Asset Price Meltdown and the Wealth of the Middle Class. New York: National Bureau of Economic Research, Working Paper 18599, Nov. 2012; G. William Domhoff, "Who Rules America?" Feb. 2013. Accessed online at http://whorulesamerica.net/power/wealth.html.

7. Sylvia A. Allegretto, "The State of Working America's Wealth, 2011." Washington, DC: Economic Policy Institute, 2011; Beverly Moran, Race and Wealth Disparities: A Multidisciplinary Discourse. Lanham, MD: Rowman and Littlefield, 2008; U.S. Census Bureau, Current Population Reports, Series P-60, Money Income in the United States, 2012. Washington, DC: U.S. Government Printing Office, 2013; Statistical Abstract of the United States, 2012. Washington, DC: U.S. Government Printing Office, 2013; Valerie Wilson and William M. Rodgers III, "Black-White Wage Gaps Expand with Rising Wage Inequality." Washington, D.C.: Economic Policy Institute, 2016; Roland G. Fryer, Devah Pager, and Jörg L. Spenkuch, "Racial Disparities in Job Finding and Offered Wages." Journal of Law and Economics, 56(3), 633-689, 2013.

8. Bryce Covert, "Getting a College Degree Won't Protect Black

Workers from the Economy's Racial Barriers," in *ThinkProgress*, May 20, 2014. Available online at http://thinkprogress.org/economy/2014/05/20/3439739/black-college-graduates-unemployment/.

9. Celia Ridgeway, *Framed by Gender: The Persistence of Gender Inequality in the Modern World*. New York: Oxford, 2011; Susan J. Douglas, *Enlightened Sexism: The Seductive Message that Feminism's Work Is Done*. New York: Henry Holt, 2010; Barbara J. Berg, *Sexism in America: Alive, Well, and Ruining Our Future*. Chicago: Lawrence Hill, 2009; David Cotter, Joan Hermsen, and Reeve Vanneman, "The End of the Gender Revolution? Gender Role Attitudes from 1977-2008." *American Journal of Sociology* (117, 1) Jul. 2011; U.S. Census Bureau, Current Population Survey, Annual Social and Economic (ASEC) Supplement, Table PINC-05, "Work Experience—People 15 Years Old and Over by Total Money Earnings, Age, Race, Hispanic Origin, Sex, and Disability Status." Washington, DC: U.S. Government Printing Office, 2011; Kenneth Chang, "Bias Persists for Women in Science," *The New York Times*, Sep. 24, 2012; Shaila Dewan and Robert Gebeloff, "The New American Job: More Men Enter Fields Dominated by Women," *The New York Times*, May 20, 2012; "Women in Elective Office 2013," Center for American Women and Politics, Eagleton Institute of Politics, Rutgers University, 2013; Shira Offer and Barbara Schneider, "Revisiting the Gender Gap in Time-Use Patterns: Multitasking and Well-Being among Mothers and Fathers in Dual-Earner Families," *American Sociological Review*, Dec. 2011; Judith Treas and Sonja Drobnic, *Dividing the Domestic: Men, Women, and Household Work in Cross-National Perspective*. Stanford, CA: Stanford University Press, 2010.

10. Sanja Bahun-Radunović, *Violence and Gender in the Globalized*

World. Burlington, VT: Ashgate, 2008; "Unholy Alliance," *The New York Times*, Mar. 11, 2013; Siddharth Kara, *Sex Trafficking: Inside the Business of Modern Slavery*. New York: Columbia University Press, 2010.

11. Associated Press, "One Third of Women Assaulted by a Partner, Global Report Says," *The New York Times*, Jun. 20, 2013.

12. Anya Kamenetz, "The History of Campus Sexual Assault," Feb. 2, 2015를 참고하라. 이 자료는 전국공영방송 웹사이트 http://www.npr.org/sections/ed/2014/11/30/366348383/the-history-of-campus-sexual-assault?sc=ipad&f=1001에서도 이용 가능하다. 2013년 7월 30일 PBS Newshour의 여군이 처한 위험에 대한 방송 또한 도움이 될 것이다.

13. Pam Fessler, "Why Disability and Poverty Still go Hand in Hand 25 Years After Landmark Law." National Public Radio, Jul. 26, 2015. Available online at http://www.npr.org/sections/health-shots/2015/07/23/424990474/why-disability-andpoverty-still-go-hand-in-hand-25-years-after-landmark-law; Brewster Thackeray, "State of the Union for People with Disabilities," National Organization on Disability (www.comstocknod.org), 2003; Lennard J. Davis, *The Disability Studies Reader*, 4th ed. New York: Routledge, 2013; Harris & Associates, "N.O.D./Harris Survey of Americans with Disabilities." Washington, DC: National Organization on Disabilities, 2000; U.S. Census Bureau (2006), American Community Survey: Selected economic characteristics. Available online at http://www.census.gov/acs/www/index.html.

14. 나와는 달리 나의 동료가 처하게 되는 환경에 대해 자세한 설명이 필요하다면 다음 자료를 참고하라. Peggy McIntosh, "White Privilege and Male Privilege: A Personal Account of Coming to See Correspondences Through Work in Women's Studies." Wellesley,

MA: Wellesley Centers for Research on Women, 1988; Joe R. Feagin and Karyn D. McKinney, *The Many Costs of Racism*. Lanham, MD: Rowman and Littlefield, 2003.

15. Carol Brooks Gardner, *Passing By: Gender and Public Harassment*. Berkeley: University of California Press, 1995; "Why Telling a Woman to Smile Makes Her Want to Scream." National Public Radio, Apr. 9, 2016, available online at http://www.npr.org/sections/goat sandsoda/2016/04/09/473433505/why-telling-a-woman-to-smile-makes-her-want-to-scream.

제2장

1. Michael Kimmel, *Angry White Men: American Masculinity at the End of an Era*. New York: Nation Books, 2015.

2. Audrey Smedley and Brian Smedley, *Race in North America: Origin and Evolution of a Worldview*, 4th ed. Boulder, CO: Westview, 2011.

3. 개인 서신, Feb. 27, 2004.

4. Marilyn Loden and Judy B. Rosener, *Workforce America: Managing Employee Diversity as a Vital Resource*. New York: McGraw-Hill, 1991, p. 20.

5. Anne Fausto-Sterling, *Sexing the Body: Gender Politics and the Construction of Sexuality*. New York: Basic Books, 2000; Michel Foucault, *History of Sexuality*. New York: Vintage, 1980; M. Kay Martin and Barbara Voorhies, *Female of the Species*. New York: Columbia University Press, 1975; Anne Fausto-Sterling, "The Five Sexes: Why Male and Female Are Not Enough," *The Sciences* (Mar./Apr. 1993), pp. 20-24; Jamison Green, *Becoming a Visible Man*. Nashville: Vanderbilt University Press, 2004.

6. Jonathan Ned Katz, "The Invention of Heterosexuality." *Socialist Review* 20 (Jan.-Mar., 1990): 7-34; Neil Miller, *Out of the Past: Gay and Lesbian*

History from 1869 to the Present. New York: Vintage, 1995.

7. 이어지는 부분은 인종차별주의와 관련된 행동 유형을 중심으로 구성되었으며 다음 자료를 참고하라. Joe R. Feagin and Melvin P. Sikes, *Living with Racism: The Black Middle-Class Experience*. Boston: Beacon Press, 1994, pp. 21-22. 이 책에서는 보다 넓은 관점에서 적용하였음을 밝힌다.

8. James Baldwin, "On Being 'White' … and Other Lies," *Essence*, 1984. Reprinted in David R. Roediger (ed.), *Black on White: Black Writers on What It Means to Be White*. New York: Schocken, 1999, pp. 177-180.

9. Michael Omi and Howard Winant, *Racial Formations in the United States*. London: Routledge, 1986.

10. 실재의 사회적 구성에 대한 고전적인 설명을 얻고자 한다면 Peter L. Berger and Thomas Luckmann, *The Social Construction of Reality: A Treatise in the Sociology of Knowledge*, rev. ed. London: Allen Lane, 1967을 참고하라.

11. 실재의 사회적 구성에 관심이 있다면 다음 자료를 참고하라. Theodore W. Allen, *The Invention of the White Race*, vols. 1 & 2, 2nd ed. New York: Verso, 2012; Charles Gallagher, "White Racial Formation: Into the Twenty-First Century," in Richard Delgado and Jean Stefancic (eds.), *Critical White Studies*. Philadelphia: Temple University Press, 1997, pp. 6-11; Christopher Wills, "The Skin We're In," in Delgado and Stefancic, pp. 12-14; Reginald Horsman, "Race and Manifest Destiny: The Origins of American Racial Anglo-Saxonism," in Delgado and Stefancic, pp. 139-144; Kathleen Neal Cleaver, "The Antidemocratic Power of Whiteness," in Delgado and Stefancic, pp. 157-163.

12. Eli Clare, "Stolen Bodies, Reclaimed Bodies." *Public Culture* 13(3), 2001, pp. 359-365; Susan Wendell, *The Rejected Body*. New York: Routledge, 1996; Paul Jaeger and Cynthia Ann Bowman,

Understanding Disability: Inclusion, Access, Diversity, and Civil Rights. Wesport, CT: Praeger, 2005.

13. Adrian Piper, "Passing for White, Passing for Black," in *Critical White Studies*, in Delgado and Stefancic (eds.) Philadelphia: Temple University Press, 1997, pp. 425–431.

14. 특권에 대해 더 자세히 알고 싶다면 다음 자료를 참고하라. Peggy McIntosh, "White Privilege and Male Privilege: A Personal Account of Coming to See Correspondences Through Work in Women's Studies." Wellesley, MA: Wellesley Centers for Research on Women, 1988.

15. Ibid., p. 35.

16. Michell Fine and Adrienne Asch, "Disability beyond Stigma: Social Interaction, Discrimination, and Activism," in *Readings for Diversity and Social Justice*, Maurianne Adams, Warren J. Blumenfeld, Rosie Castnneda, Heather W. Hackman, Madeline L. Peters, and Ximena Zúñiga (eds.). New York: Routledge, 2000, pp. 330–339.

17. Robert Terry, "The Negative Impact of White Values," in Benjamin P. Bowser and Raymond Hunt (eds.), *Impacts of Racism on White Americans.* Newbury Park, CA: Sage Publications, 1981, p. 120; Jean Baker Miller, *Toward a New Psychology of Women*, 2nd ed. Boston: Beacon Press, 1987.

18. James Baldwin, "On Being 'White' … and Other Lies," *Essence*, 1984. Reprinted in David R. Roediger (ed.), *Black on White: Black Writers on What It Means to Be White.* New York: Schocken Books, 1999, pp. 177-180.

19. Ellis Cose, *Rage of a Privileged Class.* New York: HarperCollins, 1993, p. 48.

20. Lisa Heldke, "A Du Boisian Proposal for Persistently White Colleges." *Journal of Speculative Philosophy*, Vol. 18, No. 3, 2004, pp. 224– 238; George Lipsitz, *The Possessive Investment in Whiteness: How*

White People Benefit from Identity Politics, rev. ed. Philadelphia: Temple University Press, 2006.

21. Charlotte Bunch, "Not for Lesbians Only," *Quest* 11, no. 2 (Fall 1975).

22. Harry Brod, "Work Clothes and Leisure Suits: The Class Basis and Bias of the Men's Movement," in *Men's Lives*, Michael Kimmel and Michael A. Messner (eds.). New York: Macmillan, 1989, p. 280.

23. Ilana Yurkiewicz, "Study Shows Gender Bias in Science is Real," *Scientific American*, Sep. 23, 2012. Available online at http://blogs. scientificamerican.com/unofficial-prognosis/study-shows-gender-bias-in-scienceis-real-heres-why-it-matters.

24. Michael Schwalbe, *Manhood Acts: Gender and the Practices of Domination*. Boulder, CO: Paradigm, 2014.

25. Peggy McIntosh, "White Privilege and Male Privilege: A Personal Account of Coming to See Correspondences through Work in Women's Studies." Wellesley, MA: Wellesley Centers for Research on Women, 1988.

26. 이 장에서 소개하는 자료와 더불어 주제별 참고자료를 살펴보기를 바란다.

27. "The Racial Dimension of New York Police's Use of Force," National Public Radio, Oct. 1, 2015, online at http://www.npr.org/sections/thetwo-way/2015/10/01/445026910/the-racial-dimension-of-new-york-polices-use-of-force-in-1-graphic; Michele Alexander, *The New Jim Crow: Mass Incarceration in the Age of Colorblindness*. New York: New Press, 2012; Ryan Gabrielson, Ryann Grochowski, and Eric Sagara, "Deadly Force, in Black and White." *ProPublica*, Oct. 10, 2014 (http://www.propublica.org/article/deadly-force-inblack-and-white).

28. Celia Ridgeway, *Framed by Gender: The Persistence of Gender*

Inequality in the Modern World. New York: Oxford, 2011; Kenneth Chang, "Bias Persists for Women in Science." *The New York Times*, Sep. 24, 2012; Roland G. Fryer, Devah Pager, and Jörg L. Spenkuch, "Racial Disparities in Job Finding and Offered Wages." *Journal of Law and Economics* 56(3), 633−689, 2013; Marianne Bertrand and Sendhil Mullainathan, "Are Emily and Greg More Employable Than Lakisha and Jamal? A Field Experiment on Labor Market Discrimination." *American Economic Review* 94, 2004, pp. 991−1013; András Tilcsik, "Pride and Prejudice: Employment Discrimination against Openly Gay Men in the United States." *American Journal of Sociology*, Sep. 2011.

29. Kevin Hylton, *"Race" and Sport: Critical Race Theory*. New York: Routledge, 2009.

30. Ridgeway, *Framed by Gender: The Persistence of Gender Inequality in the Modern World*. New York: Oxford, 2011.

31. Vincent Roscigno, *The Face of Discrimination: How Race and Gender Impact Work and Home Lives*. Lanham, MD: Rowan and Littlefield, 2007.

32. Algernon Austin, "Whiter Jobs, Higher Wages. Occupational Segregation and the Lower Wages of Black Men." Economic Policy Institute, briefing paper 288, Feb. 25, 2011; Ariane Hegewisch, Hannah Liepmann, Jeffrey Hayes, and Heidi Hartmann, "Separate and Not Equal? Gender Segregation in the Labor Market and the Gender Wage Gap." Institute for Women's Policy Research, Sep. 2010; Rosalind S. Chou and Joe R. Feagin, *The Myth of the Model Minority: Asian Americans Facing Racism*. Boulder, CO; Paradigm, 2008.

33. Renea Merle, "Minority Homeowners More Affected by Home Foreclosures than Whites." *The Washington Post*, Jun. 18, 2010;

Tara Seigel Bernard, "Blacks Face Bias in Bankruptcy," *The New York Times*, Jan. 20, 2012; Jacob Rugh and Douglas S. Massey, "Racial Segregation and the American Foreclosure Crisis." *American Sociological Review*, Oct. 2010.

34. Ian Ayres and Peter Siegelman, "Race and Gender Discrimination in Bargaining for a New Car," *American Economic Review*, Jun. 1995; James H. Carr and Nandinee Kutty, *Segregation: The Rising Costs for America.* New York: Routledge, 2008; D. Henriques, "Review of Nissan Car Loans Explains Why Blacks Pay More." *The New York Times*, Jul. 4, 2001, p. 1.

35. 반대로, 흑인은 최첨단 치료의 비용을 지급할 수 있을 때조차 백인들보다 이러한 치료를 받을 가능성이 낮다. Augustus A. White, *Seeing Patients: Unconscious Bias in Health Care.* Cambridge: Harvard University Press, 2011을 참고하라.

36. Donald A. Barr, *Health Disparities in the United States: Social Class, Race, Ethnicity, and Health*, 2nd ed. Baltimore, MD: Johns Hopkins University Press, 2014; Augustus A. White, *Seeing Patients: Unconscious Bias in Health Care.* Cambridge: Harvard University Press, 2011.

37. Robert D. Bullard, "Confronting Environmental Racism in the Twenty-First Century," *Global Dialogue*, 4, 1, Winter 2002; Dorceta Taylor, *Toxic Communities: Environmental Racism, Industrial Pollution, and Residential Mobility.* New York: New York University Press, 2014; Carl Zimring, *Clean and White: A History of Environmental Racism in the United States.* New York: New York University Press, 2016.

38. "2015 Hollywood Diversity Report." Bunch Center for African American Studies, University of California at Los Angeles, Feb. 25, 2015. Available online at http://www.bunchecenter.ucla.edu/index.php/2015/02/2015-hollywood-diversity-report.

39. Mary M. Talbot, *Language and Gender: An Introduction*, 2nd ed. Cambridge: Polity Press, 2010; Laurie P. Arliss, *Women and Men Communicating: Challenges and Changes*, 2nd ed. Prospect Heights, IL: Waveland, 2000.

40. 시스젠더에 대한 예는 주로 "Everyday Feminism"(www.everyday feminism.com)에서 가져왔다.

41. Amanda K. Sesko and Monica Biernat, "Prototypes of Race and Gender: The Invisibility of Black Women," *Journal of Experimental Social Psychology* 46 (2010), 356-360; Michael Welp, "Vanilla Voices: Researching White Men's Diversity Learning Journeys," *American Behavioral Scientist* 45(8), Apr. 2002.

42. Paul Kivel, *Uprooting Racism: How White People Can Work for Racial Justice*, rev. ed. Gabriola Island, BC: New Society Publishers, 2002, p. 122.

43. Ruth Frankenberg, *The Social Construction of Whiteness: White Women, Race Matters*. Minneapolis: University of Minnesota Press, 1993.

44. Naomi Klein, "Why #BlackLivesMatter Should Transform the Climate Debate." *The Nation*, Dec. 12, 2014.

45. 억압에 대해서 더 알고 싶다면 다음 자료가 도움이 될 것이다. Marilyn Frye, *The Politics of Reality: Essays in Feminist Theory*. Trumansburg, NY: Crossing Press, 1983, pp. 1-16; Alison Bailey, "Privilege: Expanding on Marilyn Frye's 'Oppression,'" *Journal of Social Philosophy*, Winter 1998, pp. 104-119.

제3장

1. Theodore W. Allen, *The Invention of the White Race*, vols. 1 & 2, 2nd ed. New York: Verso, 2012; Audrey Smedley and Brian Smedley, *Race in North America: Origin and Evolution of a Worldview*, 4th

ed. Boulder, CO: Westview, 2011; Basil Davidson, *The African Slave Trade*, rev. and exp. edition. New York: Atlantic Monthly Press, 1980.

2. Basil Davidson, *The African Slave Trade*, rev. and exp. edition. New York: Atlantic Monthly Press, 1980; Audrey Smedley and Brian Smedley, *Race in North America: Origin and Evolution of a Worldview*, 4th ed. Boulder, CO: Westview Press, 2011.

3. 자본주의에 대해 더 알고 싶다면 다음을 참고하라. Richard C. Edwards, Michael Reich, and Thomas E. Weisskopf, *The Capitalist System*, 3rd ed. Englewood Cliffs, NJ: Prentice Hall, 1986; Joan Smith, *Social Issues and the Social Order: The Contradictions of Capitalism*. Cambridge, MA: Winthrop, 1981; Peter Saunders, *Capitalism*. Minneapolis: University of Minnesota Press, 1995. 다소 난해하지만 풍부한 정보로 가득 찬 자료로는 David Smith and Phil Evans, *Marx's "Kapital" for Beginners*. New York: Pantheon, 1982가 있으니 참고하라.

4. Thomas Piketty, *Capital in the 21st Century*. Cambridge: Belknap Press, 2014.

5. "The Families Funding the 2016 Presidential Election." *The New York Times*, Oct. 10, 2015. Online at http://www.nytimes.com/interactive/2015/10/11/us/politics/2016-presidential-election-super-pac-donors.html?_r=0.

6. Martin Gilens and Benjamin I. Page, "Testing Theories of American Politics: Elites, Interest Groups, and Average Citizens." *Perspectives on Politics*, 12, 3 (Sep. 2014), pp. 557-562.

7. David A. Stockman, *The Great Deformation: The Corruption of Capitalism in America*. New York: Public Affairs Books, 2013.

8. "House Passes Physician Bargaining Bill," Reuter's Online, Jun. 30, 2000; Robert A. Brooks, *Cheaper by the Hour: Temporary Lawyers and the Deprofessionalization of the Law*. Philadelphia, PA: Temple University Press, 2012.

9. Charles C. Ragin and Y. W. Bradshaw, "International Economic Dependence and Human Misery: 1938-1980: A Global Perspective," *Sociological Perspectives*, 35(2), 1992, pp. 217-247; Harold R. Kerbo, *Social Stratification and Inequality*, 8th ed. New York: McGraw-Hill, 2012, chps 14-16.

10. Edward N. Wolff, *The Asset Price Meltdown and the Wealth of the Middle Class*. New York: National Bureau of Economic Research, Working Paper 18599, Nov. 2012. Online at G. William Domhoff, "Who Rules America?" http://whorulesamerica.net/power/wealth.html.

11. 사회계층에 대해 더 알고 싶다면 다음 자료를 참고하라. Stanley Aronowitz, *How Class Works: Power and Social Movement*. New Haven: Yale University Press, 2004; Benjamin I. Cage and Lawrence R. Jacobs. *Class War? What Americans Really Think about Class Inequality*. Chicago: University of Chicago Press, 2009; Harold Kerbo, *Social Stratification and Inequality*, 8th ed. New York: McGraw-Hill, 2011, Chapters 6-9; E. O. Wright, *Classes*. New York: Schocken, 1985. 이 책 마지막의 주제별 참고자료에 있는 '사회계층'에 해당되는 자료들도 도움이 될 것이다.

12. Leonard Beeghley, *Living Poorly in America: The Reality of Poverty and Pauperism*. New York: Praeger, 1983; Frances Fox Piven and Richard A. Cloward, *Regulating the Poor: The Functions of Public Welfare*, updated ed. New York: Vintage Books, 1993; Jeffrey Reiman, *The Rich Get Richer and the Poor Get Prison: Ideology, Class, and Criminal Justice*, 10th ed. New York: Macmillan, 2012.

13. Martha R. Burt, *Over the Edge: The Growth of Homelessness in the 1980s*. New York: Russell Sage Foundation, 1992; Peter H. Rossi, *Down and Out in America: The Origins of Homelessness*. Chicago: University of Chicago Press, 1989; Jacob Rugh and Douglas S.

Massey, "Racial Segregation and the American Foreclosure Crisis." *American Sociological Review*, Oct. 2010.

14. 사회계층의 이동 가능성에 대해서는 Harold R. Kerbo, *Social Stratification and Inequality*, 8th ed. New York: McGraw-Hill, 2012, Chapter 11을 참고하라.

15. Sheldon Danziger and Peter Gottschalk, *Uneven Tides: Rising Inequality in America*. New York: Russell Sage Foundation, 1993.

16. 예를 들어, 2014년 조사에 의하면 하위 계층 9%, 노동자 계층 46%, 중산층 42%, 상위 계층 3%, 무응답 1% 이하로 나타나, 전반적인 계층의 하락이 나타났다. http://gssdataexplorer.norc.org/variables/568/vshow를 참고하라.

17. Barbara Ehrenreich, *Fear of Falling: The Inner Life of the Middle Class*. New York: HarperCollins, 1989; *Nickel and Dimed: On (Not) Getting By in America*. New York: Metropolitan Books, 2001; Juliet B. Schor, *The Overworked American: The Unexpected Decline of Leisure*. New York: Basic Books, 1993.

18. Lester C. Thurow, *The Zero-Sum Society: Distribution and the Possibilities for Economic Change*. New York: Basic Books, 2001.

19. Edward E. Baptist, *The Half Has Never Been Told: Slavery and the Making of American Capitalism*. New York: Basic Books, 2014.

20. U.S. Census Bureau, *Negro Population: 1790-1915*. Washington, DC: U.S. Government Printing Office, 1918.

21. Theodore W. Allen, *The Invention of the White Race*, 2nd edition. New York: Verso, 2012.

22. 이에 대한 생생한 자료를 원한다면 다음 자료의 8장을 보라. W. E. B. Du Bois, *The Souls of Black Folk*. New York: Penguin, 1989. (원전은 1903년에 출판됨), ch.8.

23. Ronald Takaki, *Iron Cages: Race and Culture in 19th-Century America*, rev. ed. New York: Oxford, 2000; *Strangers from a*

Different Shore, rev. ed. Boston: Back Bay Books, 1998.

24. Immanuel Wallerstein: *The Modern World System*. New York: Academic Press, 1976; *The Capitalist World-Economy*. Cambridge: Cambridge University Press, 1979; *The Modern World System II: Mercantilism and the Consolidation of the European World Economy, 1600-1750*. New York: Academic Press, 1980; *The Modern World System III: The Second Era of Great Expansion of the Capitalist World-Economy, 1730-1840*. New York: Academic Press, 1989. Howard Zinn, *A People's History of the United States*, 20th anniv. ed. New York: Perennial, 2003.

25. Dee Brown, *Bury My Heart at Wounded Knee: An Indian History of the American West*. New York: Henry Holt, 1991; Jack D. Forbes, *Columbus and Other Cannibals*, rev. ed. New York: Seven Stories Press, 1992.

26. Theodore Allen, *Racial Oppression and Social Control and The Origin of Racial Oppression in Anglo-America*. New York, Verso, 2002; Charles Gallagher, "White Racial Formation: Into the Twenty-First Century," in Richard Delgado and Jean Stefancic (eds.), *Critical White Studies*, pp. 6-11. Philadelphia: Temple University Press, 1997; Kathleen Neal Cleaver, "The Antidemocratic Power of Whiteness," in Delgado and Stefancic, pp. 157-163; Baldwin, "On Being 'White' ... and Other Lies." in *Essence*, 1984. Reprinted in David R. Roediger (ed.), *Black on White: Black Writers on What It Means to Be White*, pp. 177-180. New York: Schocken Books, 1999.

27. Reginald Horsman, "Race and Manifest Destiny: The Origins of American Racial Anglo-Saxonism," in Delgado and Stefancic, pp. 139-144.

28. David R. Roediger, *The Wages of Whiteness: Race and the Making*

of the American Working Class, new ed. London and New York: Verso, 2007.

29. 이러한 전략이 실패하기도 했던 강력한 예가 20세기 초반 광산 파업을 그린 영화 〈메이트원(Matewan)〉이다. 다음 자료도 도움이 될 것이다. Rebecca J. Bailey, Matewan Before the Massacre. Morgantown, WV: West Virginia University Press, 2008.

30. Reich, Michael. "The Political-Economic Effects of Racism," in Richard C. Edwards, Michael Reich, and Thomas E. Weisskopf (eds.), The Capitalist System, 3rd ed. Englewood Cliffs, NJ: Prentice Hall, 1986, pp. 304-311.

31. Pam Fessler, "Why Disability and Poverty Still go Hand in Hand 25 Years After Landmark Law." National Public Radio, Jul. 26, 2015. Available online at http://www.npr.org/sections/health-shots/2015/07/23/424990474/why-disability-and-poverty-still-go-hand-in-hand-25-years-after-landmark-law; Brewster Thackeray, "State of the Union for People with Disabilities," National Organization on Disability (www.nod.org), 2003; Oliver Friedman, Review of Situation of Goodwill Industries in Connection with Fair Labor Standards Act. Goodwill Industries International, Inc., Archives, Feb. 25, 1940.

32. Heidi I. Hartmann, "The Family as the Locus of Gender, Class, and Political Struggle: The Example of Housework," in Signs: Journal of Women in Culture and Society 6 (Spring 1981), pp. 366-394; Eli Zaretsky, Capitalism, the Family, and Personal Life. New York: Harper & Row, 1986; Rosemary Tong, Feminist Thought: A More Comprehensive Introduction, 4th ed. Boulder, CO: Westview Press, 2013.

33. Barbara Reskin, "Bringing the Men Back In: Sex Differentiation and the Devaluation of Women's Work," Gender and Society 2, no.

1 (Mar. 1988); Irene Tinker, *Persistent Inequalities: Women and World Development.* New York: Oxford, 1990; Sharon Ann Navarro, "Las Mujeres Invisibles/The Invisible Women," in *Women's Activism and Globalization: Linking Local Struggle and Transnational Politics.* Nancy A. Naples and Manisha Desai (eds.) New York: Routledge, 2002.

34. Marilyn Waring, *If Women Counted: A New Feminist Economics.* San Francisco: HarperCollins, 1990.

35. Cecila L. Ridgeway, *Framed by Gender: How Gender Inequality Persists in the Modern World.* New York: Oxford, 2011.

36. Patricia Hill Collins, *Black Feminist Thought: Knowledge, Consciousness, and the Politics of Empowerment*, 2nd ed. New York: Routledge, 2008, Ch. 11; Estelle Disch, *Reconstructing Gender: A Multicultural Anthology*, 5th ed. New York: McGraw—Hill, 2008; Bell Hooks, *Talking Back: Thinking Feminist, Thinking Black.* Boston: South End Press, 1989; Judith Lorber, *Paradoxes of Gender.* New Haven, CT: Yale University Press, 1995; Audre Lorde, *Sister Outsider: Essays and Speeches.* Freedom, CA: Crossing Press, 1984, especially pp. 114-123; Gerda Lerner, "Reconceptualizing Differences Among Women," in Alison M. Jagger and Paula S. Rothenberg (eds.), *Feminist Frameworks*, 3rd ed. New York: McGraw-Hill, 1993, pp. 237-248.

37. Rosalind S. Chou and Joe R. Feagin, *The Myth of the Model Minority: Asian Americans Facing Racism.* Boulder, CO; Paradigm, 2008; Ronald Takaki, *Strangers from a Different Shore: A History of Asian-Americans.* Boston: Little, Brown and Company, 1998, p. 474.

38. Kivel, *Uprooting Racism: How White People Can Work for Racial Justice*, rev. ed. Gabriola Island, BC: New Society Publishers, 2002, pp. 143-146.

제4장

1. John F. Dovidio and Samuel L. Gaertner (eds.), *Prejudice, Discrimination, and Racism*. Orlando, FL: Academic Press, 1986.

2. Claudia Goldin and Cecelia Rouse. "Orchestrating Impartiality: The Impact of "Blind" Auditions on Female Musicians." *The American Economic Review*, 90, no. 4 (2000): 715-741.

3. The classic work on prejudice is Gordon W. Allport, *The Nature of Prejudice*. New York: Anchor, 1958. Dovidio and Gaertner, *Prejudice, Discrimination, and Racism*; Daniela Gioseffi (ed.), *On Prejudice: A Global Perspective*. New York: Anchor, 1993.

4. 특권과 억압의 영향에 대해 더 알고 싶다면, 이 책의 마지막의 '주제별 참고자료'를 보라. 미묘한 차별에 대해서는 다음 자료를 보라. Derald Wing Sue, *Microaggressions in Everyday Life: Race, Gender, and Sexual Orientation*. New York: Wiley, 2010.

5. Joe R. Feagin and Melvin P. Sikes, *Living with Racism: The Black Middle-Class Experience*. Boston: Beacon Press, 1994, pp. 15-17; Ta-Nehisi Coates, *Between the World and Me*. New York: Spiegel and Grau, 2015; Edward E. Telles and Vilma Ortiz, *Generations of Exclusion: Mexican Americans, Assimilation, and Race*. New York: Russell Sage Foundation, 2008.

6. Banaji, Mahzarin R., *Blindspot: Hidden Biases of Good People*. New York: Delacorte, 2013. Barbara Trepagnier, *Silent Racism: How Well-Meaning People Perpetuate the Racial Divide*, 2nd ed. Boudler, CO: Paradigm Publishers, 2010.

7. "When Whites Get a Free Pass: Research Shows White Privilege Is Real." *The New York Times*, Febr. 24, 2015, p. A23.

8. 미묘한 차별과 관련해서 다음 자료를 참고하라. Derald Wing Sue, *Microaggressions in Everyday Life: Race, Gender, and Sexual*

Orientation. New York: Wiley, 2010.

9. Yara Mekawi and Konrad Bresin, "Is the Evidence from Racial Bias Shooting Task Studies a Smoking Gun?" *Journal of Experimental Social Psychology*, Vol. 61, Nov. 2015, pp. 120-130.

10. Walt Harrington, "On the Road with the President of Black America," *The Washington Post Magazine*, Jan. 25, 1987, p. W14.

11. Douglas S. Massey and Nancy A. Denton, *American Apartheid: Segregation and the Making of the Underclass.* Cambridge, MA: Harvard University Press, 1998; Kenya Downs, "Why Is Milwaukee So Bad for Black People?" National Public Radio, Mar. 5, 2015, available online at http://www.npr.org/sections/codeswitch/2015/03/05/390723644/why-is-milwaukee-so-bad-for-black-people; James H. Carr and Nandinee Kutty (eds.), *Segregation: The Rising Costs for America.* New York: Routledge, 2008.

12. "The Disproportionate Risks of Driving While Black." *The New York Times*, Oct. 24, 2015, p. A1.

13. Abby Goodnough, "Harvard Professor Jailed; Officer Is Accused of Bias." *The New York Times*, Jul. 20, 2009.

14. Claude M. Steele, "Race and the Schooling of Black Americans," *Atlantic Monthly*, Apr. 1992, p. 73.

15. Benjamin, Black Elite, p. 20; Joe R. Feagin and Melvin P. Sikes, *Living with Racism: The Black Middle-Class Experience.* Boston: Beacon Press, 1994, p. 25.

16. Associated Press, "U.S. Majority Have Prejudice Against Blacks." Oct. 27, 2012.

17. Marian Wright Edelman, *The Measure of Our Success: A Letter to My Children and Yours.* Boston: Beacon Press, 1992.

18. Joe R. Feagin and Melvin P. Sikes, *Living with Racism: The Black Middle-Class Experience.* Boston: Beacon Press, 1994, pp. 23-24에

서 인용되었다.

19. Michelle L. Meloy and Susan L. Miller, *The Victimization of Women: Law, Policies, and Politics.* New York: Oxford University Press, 2011; Laura L. O'Toole, Jessica R. Schiffman, and Margie L. Kiter Edwards, *Gender Violence: Interdisciplinary Perspectives*, 2nd ed. New York: New York University Press, 2007; C. Bohmer and A. Parrot, *Sexual Assault on Campus.* New York: Lexington, 1993; Carol Brooks Gardner. *Passing By: Gender and Public Harassment.* Berkeley: University of California Press, 1995; Marilyn French, *The War Against Women.* New York: Ballatine Books, 1992; Allan G. Johnson, "On the Prevalence of Rape in the United States," in *Signs: Journal of Women in Culture and Society* 6, no. 1 (1980), pp. 136-146; Diana E. H. Russell, *Sexual Exploitation: Rape, Child Sexual Abuse, and Workplace Harassment.* Beverly Hills, CA: Sage, 1984.

20. Joe R. Feagin and Melvin P. Sikes, *Living with Racism: The Black Middle-Class Experience.* Boston: Beacon Press, 1994, p. 213; Ellis Cose, *The Rage of a Privileged Class.* New York: HarperCollins, 1993, pp. 31, 32-33.

21. Bureau of Labor Statistics, "2016 Employment and Earnings Online," http://www.bls.gov/opub/ee/2016/cps/annual.htm#empstat.

22. U.S. Bureau of the Census, *Statistical Abstract of the United States, 2012.* Washington, DC: U.S. Government Printing Office, 2013, Table 627.

23. U.S. Bureau of the Census, *Statistical Abstract of the United States, 2012.* Washington, DC: U.S. Government Printing Office, 2013, Table 703; Bureau of Labor Statistics and U.S. Census Bureau, *Current Population Survey*, "2014 Person Income Statistics" Online at https://www.census.gov/hhes/www/cpstables/032015/perinc/pinc03_000.htm.

24. Harris & Associates, "N.O.D./Harris Survey of Americans with Disabilities." Washington, DC: National Organization on Disabilities, 2000; U.S. Census Bureau, American Community Survey: Selected economic characteristics, 2006. Online at http://www.census.gov/acs/www/index.html.

25. Harris and Associates, *ibid*.

26. Gary David Comstock, *Violence Against Lesbians and Gay Men*. New York: Columbia University Press, 1995; Brian McNaught, *Gay Issues in the Workplace*. New York: St. Martins Griffin, 1994; Suzanne Pharr, *Homophobia A Weapon of Sexism*. New York: Women's Project, 1997; James Woods and Jay H. Lucas, *The Corporate Closet: The Professional Lives of Gay Men in America*. New York: Free Press, 1993.

27. Suzanne Pharr, *Homophobia A Weapon of Sexism*. New York: Women's Project, 1997, pp. 19, 23-24.

28. Barbara Perry, "Doing Gender and Doing Gender Inappropriately: Violence Against Women, Gay Men and Lesbians." in *In the Name of Hate: Understanding Hate Crimes*. New York: Routledge, 2001; Michelle L. Meloy and Susan L. Miller. *The Victimization of Women: Law, Policies, and Politics*. New York: Oxford University Press, 2011; Laura L. O'Toole, Jessica R. Schiffman, and Margie L. Kiter Edwards, *Gender Violence: Interdisciplinary Perspectives*, 2nd ed. New York: New York University Press, 2007; Diana E. H. Russell, *Sexual Exploitation: Rape, Child Sexual Abuse, and Workplace Harassment*. Beverly Hills, CA: Sage, 1984; Peggy Reeves Sanday, *A Woman Scorned: Acquaintance Rape on Trial*. New York: Doubleday, 1996.

29. Suzanne Pharr, *Homophobia A Weapon of Sexism*. New York: Women's Project, 1997, p. 26.

30. 관련된 논의는 다음 자료에 근거한다. Joseph Barndt, *Dismantling*

Racism: The Continuing Challenge to White America. Minneapolis: Augsburg, 1991, Ch. 3; Paul Kivel, *Uprooting Racism: How White People Can Work for Racial Justice*, rev. ed. Gabriola Island, BC: New Society Publishers, 2002, pp. 46-71.

31. Ruth Frankenberg, *The Social Construction of Whiteness: White Women, Race Matters*. Minneapolis: University of Minnesota Press, 1993, pp. 60-61.

32. Joseph Barndt, *Dismantling Racism: The Continuing Challenge to White America*. Minneapolis: Augsburg, 1991, pp. 51-52; Cornel West, *Race Matters*. New York: Vintage, 1993, p. 19.

33. Anya Kamenetz, "The History of Campus Sexual Assault," Feb. 2, 2015를 참고하라. 이 자료는 전국공영방송 웹사이트 http://www.npr.org/sections/ed/2014/11/30/366348383/the-history-of-campus-sexual-assault?sc=ipad&f=1001에서도 이용 가능하며, 2013년 7월 30일 PBS Newshour의 여군이 처한 위험에 대한 방송 또한 도움이 될 것이다.

34. Joe R. Feagin and Melvin P. Sikes, *Living with Racism: The Black Middle-Class Experience*. Boston: Beacon Press, 1994, p. 53.

제5장

1. 더 자세한 내용은 Richard Delgado and Jean Stefancic, "Imposition," in Richard Delgado and Jean Stefancic (eds.), *Critical White Studies: Looking Behind the Mirror*. Philadelphia: Temple University Press, 1997, pp. 98-105를 참고하라.

2. R. Roosevelt Thomas, *Beyond Race and Gender: Unleashing the Power of Your Total Work Force by Managing Diversity*. New York: AMACOM, 1991, p. 41.

3. 다양성과 관련하여 그 명성을 얻게 된 대부분의 기업체는 주로 성적 지향 및 성 정체성 주제와 관련하여 성취를 이루었다. 남성이나 백인 특

권과 관련하여 성과를 낸 조직을 발견하기는 훨씬 어렵다.

제6장

1. Kivel, *Uprooting Racism: How White People Can Work for Racial Justice*, rev. ed. Gabriola Island, BC: New Society Publishers, 2002, p. 91.

2. David Thomas, "Racial Dynamics in Cross-Race Developmental Relationships," *Administrative Science Quarterly*, June 1993, pp. 169-194.

3. "Interview with Franklin McCain," in Clayborne Carson, David J. Garrow, Gerald Gill, Vincent Harding, and Darlene Clark Hine (eds.), *The Eyes on the Prize Civil Rights Reader*. New York: Penguin, 1991, pp. 114-116.

4. Kenneth Chang, "Bias Persists for Women of Science, A Study Finds." *The New York Times*, Sep. 24, 2012.

5. Charles Duhigg and David Barboza, "In China, Human Costs Are Built Into an iPad." *The New York Times*, Jan. 25, 2012, p. A1.

제7장

1. 가부장주의의 영향에 대해서 Allan G. Johnson, *The Gender Knot: Unraveling Our Patriarchal Legacy*, 3rd ed. Philadelphia: Temple University Press, 2014를 참고하라. 이 자료는 마릴린 프렌치(Marilyn French)의 기념비적인 저술 *Beyond Power: Men, Women, and Morals*. New York: Summit Books, 1985에 기반한 것이다.

2. Cecelia L. Ridgeway, *Framed by Gender: How Gender Inequality Persists in the Modern World*. New York: Oxford University Press, 2011, pp. 80-82; Erik Voeten, "Student Evaluations of Teaching Are Probably Biased. Does It Matter?" *Washington Post*, Oct. 2, 2013; Bernice Sandler et al., *The Chilly Classroom Climate: A Guide to Improve the Education of Women*. Washington, DC: National

Association for Women in Education, 1996, part 4.

3. Sandler, ibid., p. 60에서 인용되었다.

4. Katharine Q. Seelye and Julie Bosman, "Media Charged with Sexism in Clinton Coverage." *The New York Times*, Jun. 13, 2008; Sam Sanders, "#MemeoftheWeek: Megyn Kelly's Body Politic." National Public Radio, Jan. 29, 2016, online at http://www.npr.org/2016/01/29/464719435/-memeoftheweek-megyn-kellys-body-politic.

5. Michael Schwalbe, *Manhood Acts: Gender and the Practices of Domination.* Boulder, CO: Paradigm, 2014.

6. Deborah Tannen, *You Just Don't Understand: Women and Men in Conversation.* New York: Morrow, 1990, and Talking from 9 to 5. New York: Morrow, 1994.

7. Joe R. Feagin and Melvin P. Sikes, *Living with Racism: The Black Middle-Class Experience.* Boston: Beacon Press, 1994, p. 94.

8. R. L. G., "How Black to Be?" *The Economist*, Apr. 10, 2013, online at http://www.economist.com/blogs/johnson/2013/04/code-switching.

9. Joe R. Feagin and Melvin P. Sikes, *Living with Racism: The Black Middle-Class Experience.* Boston: Beacon Press, 1994, p. 229.

10. "America the Beautiful," by Katharine Lee Bates, 1893.

11. 사립여자대학인 웰즐리 대학 학생들은 〈America the Beautiful〉의 가사를 실제로 '자매애'로 바꾸어서 부르기도 한다.

12. Cynthia Leifer, et. al. "Gender Bias Plagues Academia." *The New Republic*, Aug. 5, 2015; Erik Voeten, "Student Evaluations: Of Teaching Are Probably Biased. Does It Matter?" Washington Post, Oct. 2, 2013; Marilyn Frye, "Oppression," in *The Politics of Reality: Essays in Feminist Theory.* Trumansburg, NY: Crossing Press, 1983.

13. Arlie Hochschild, *The Second Shift: Working Parents and the Revolution*

at Home, rev. ed. New York: Viking/Penguin, 2012; Ridgeway, Cecila L., *Framed by Gender: How Gender Inequality Persists in the Modern World.* New York: Oxford University Press, 2011.

14. Bunch Center for African American Studies, University of California at Los Angeles, "2015 Hollywood Diversity Report." February 25, 2015. Online at http://www.bunchecenter.ucla.edu/index.php/2015/02/2015-hollywooddiversity-report/; Jesse Washington, "Less Than 5% of actors in top films are Hispanic, new study finds." *The Washington Post,* Aug. 9, 2014.

15. Richard Butsch, "Class and Gender in Four Decades of Television Situation Comedy," *Critical Studies in Mass Communications,* 9 (1992), pp. 387-399; Gregory Mantsios, "Media Magic: Making Class Invisible." In Paul Rothenberg (ed.), *Race, Class, and Gender in the United States.* New York: Worth Publishers, 2013, pp. 510-519.

16. Parul Sehgal, "Memory Lapse." *The New York Times Magazine,* Feb. 2, 2016, pp. 15-17.

17. American Association of University Women, *How Schools Shortchange Girls.* Washington, DC: American Association of University Women, 1992; David M. Sadker and Karen Zittleman, *Still Failing at Fairness: How Gender Bias Cheats Girls and Boys in School and What We Can Do about It.* New York: Charles Scribner's Sons, 2009; Bernice Sandler et al., *The Chilly Classroom Climate: A Guide to Improve the Education of Women.* Washington, DC: National Association for Women in Education, 1996.

18. Kenneth Chang, "Bias Persists for Women in Science." *The New York Times,* Sep. 24, 2012; Bystydzienski, Jill M. and Sharon R. Bird. *Removing Barriers: Women in Academic Science, Technology, Engineering, and Mathematics.* Bloomington, IN: Indiana University Press, 2006; American Association of University Women, *How*

Schools Shortchange Girls; Sadker and Zittleman, *Still Failing at Fairness.*

19. Beverly Daniel Tatum, *Why Are All the Black Kids Sitting Together in the Cafeteria?* 5th ed. New York: Basic Books, 2003.

20. David T. Wellman, *Portraits of White Racism,* 2nd ed. New York: Cambridge University Press, 2012.

21. Jessie P. Guzman (ed.), *1952 Negro Yearbook.* New York: William H. Wise Co., 1952, pp. 275-279.

22. Amy Louise Wood, *Lynching and Spectacle: Witnessing Racial Violence in America, 1890-1940.* Chapel Hill: University of North Carolina Press, 2011; the Equal Justice Initiative, *Lynching in America: Confronting the Legacy of Racial Terror.* Washington, DC, Equal Justice Initiative, 2015. Online at http://www.eji.org/lynchinginamerica.

23. Paula J. Giddings, *Ida: A Sword among Lions: Ida B. Wells and the Campaign against Lynching.* New York: Amistad, 2008.

24. David T. Wellman, *Portraits of White Racism,* 2nd ed. New York: Cambridge University Press, 2012, p. 222.

25. Joel Kovel, *White Racism: A Psychohistory.* New York: Pantheon, 1970, p. 212.

26. Alexander Thomas and Samuel Sillen, *The Theory and Application of Symbolic Interactionism.* Boston: Houghton-Mifflin, 1977.

제8장

1. 이 장은 다음 저술의 지대한 영향을 받았다. Paul Kivel, *Uprooting Racism: How White People Can Work for Racial Justice,* rev. ed. Gabriola Island, BC: New Society Publishers, 2002, pp. 50-62; David T. Wellman, *Portraits of White Racism,* 2nd ed. New York: Cambridge University Press, 2012, pp. 207-209.

2. Christina Hoff Sommers, "The War Against Boys," *Atlantic Monthly*, May 2000, pp. 59-74.

3. Jonathan Haidt, *The Righteous Mind: Why Good People Are Divided by Politics and Religion*. New York: Vintage, 2013.

4. Stanley Cohen, *States of Denial: Knowing About Atrocity and Suffering*. Cambridge, UK: Polity Press, 2001.

5. 이 주제에 관한 고전적 저서인 William Ryan, *Blaming the Victim*. New York: Vintage, 1976을 참고하라.

6. 성폭력에 대해 더 알고자 한다면 다음 자료들을 참고하라. Carol Brooks Gardner. *Passing By: Gender and Public Harassment*. Berkeley: University of California Press, 1995; "Why Telling a Woman to Smile Makes Her Want to Scream." National Public Radio, Apr. 9, 2016, online at http://www.npr.org/sections/goatsandsoda/2016/04/09/473433505/why-telling-a-woman-to-smile-makes-herwant-to-scream.

7. Barrett A. Lee et. al., "Beyond the Census Tract: Patterns and Determinants of Racial Segregation at Multiple Geographical Sites." *American Sociological Review* 73 (Oct. 2008); James H. Carr and Nandinee Kutty, eds. *Segregation: The Rising Costs for America*. New York: Routledge, 2008; Douglas S. Massey and Nancy A. Denton, *American Apartheid: Segregation and the Making of the Underclass*. Cambridge, MA: Harvard University Press, 1998.

8. Allan G. Johnson, *The Gender Knot: Unraveling Our Patriarchal Legacy*, 3rd edition. Philadelphia: Temple University Press, 2014.

9. 이에 대한 매우 통찰력 있는 토론인 Beverly Daniel Tatum, *Why Are All the Black Kids Sitting Together in the Cafeteria?* 5th ed. New York: Basic Books, 2003를 참고하라.

10. Ruth Frankenberg, *Social Construction of Whiteness: White Women, Race Matters*. Minneapolis: University of Minnesota Press, 1993, p. 49.

11. Richard Delgado and Jean Stefancic, "Imposition," in Richard Delgado and Jean Stefancic (eds.), *Critical White Studies: Looking Behind the Mirror.* Philadelphia: Temple University Press, 1997, pp. 98-105.

12. Marian Wright Edelman, *The Measure of Our Success: A Letter to My Children and Yours.* Boston: Beacon Press, 1992.

제9장

1. Elizabeth Fisher, *Woman's Creation: Sexual Evolution and the Shaping of Society.* New York: McGraw-Hill, 1979; Gerda Lerner, *The Creation of Patriarchy.* New York: Oxford University Press, 1986.

2. 워렌 파렐(Warren Farrell)은 남성의 권력에 대한 믿음을 미신이라고 말했다. 관련하여 *The Myth of Male Power.* New York: Berkley Books, 1993을 참고하라. 더불어 Michael Schwalbe, *Manhood Acts: Gender and the Practices of Domination.* Boulder, CO: Paradigm, 2014도 도움이 될 것이다.

3. Michael Kimmel, *Angry White Men: American Masculinity at the End of an Era.* New York: Nation Books, 2015.

4. 간디(Gandhi)가 어떤 문헌에서 이런 표현을 했는지 알지 못한다. 다만, 몇 년 전 이러한 문구를 접했으며, 현명한 말들이 간디나 아인슈타인(Einstein) 같은 유명인의 표현이라고 잘못 알려지는 것처럼, 이 표현의 출처 또한 유사할 수 있다.

5. J. R. Wilkie, "Changes in U.S. Men's Attitudes Towards the Family Provider Role, 1972-989," *Gender and Society* 7, no. 2 (1993): 261-279.

6. "A Survey of LGBT Americans: Attitudes, Experiences and Values in Changing Times," Pew Research Center, Jun. 13, 2013, found online at http://www. pewsocialtrends.org/2013/06/13/a-survey-of-lgbt-americans/; "In Gay Marriage Debate, Both Supporters and Opponents See Legal Recognition as 'Inevitable,'" Pew Research

Center, Jun. 6, 2013, found online at http://www.people-press. org/2013/06/06/in-gay-marriage-debate-both-supporters-and-opponents-seelegal-recognition-as-inevitable.

7. 토마스 쿤(Thomas Kuhn)의 고전에 이 과정에 대한 설명이 있다. Thomas S. Kuhn, *The Structure of Scientific Revolutions*. Chicago: University of Chicago Press, 1970.

8. Bonaro W. Overstreet, *Hands Laid Upon the Wind*. New York: Norton, 1955, p. 15.

9. 크리스 크래스(Chris Crass)가 이 과정을 '정신의 탈식민화'라 표현했다. 다음을 참고하라. Chris Crass, *Towards the "Other America": Anti-Racist Resources for White People Taking Action for Black Lives Matter*. St. Louis: Chalice Press, 2015, p. 46.

10. 이 부분을 추가할 것을 조언해 준 조앤 캘러헌(Joanne Callahan)에게 감사의 말을 전한다.

11. Dena Samuels, "Sounds and Silences of Language," in Amy L. Ferber, Christina M. Jiménez, Andrea O'Reilly Herrera, and Dena R. Samuels (eds.) *The Matrix Reader: Examining the Dynamics of Oppression and Privilege*. New York: McGraw-Hill, 2009, pp. 502-508; Beverly Daniel Tatum, *Why Are All the Black Kids Sitting Together in the Cafeteria?* 5th ed. New York: Basic Books, 2003.

12. Audre Lorde, "The Transformation of Silence into Language and Action," in "*Sister Outsider: Essays and Speeches*." Berkeley: The Crossing Press, 1984.

13. Ward Churchill, "Crimes Against Humanity," *Z Magazine* 6 (Mar. 1993), pp. 43-47.

14. William A. Gamson, "Violence and Political Power: The Meek Don't Make It," *Psychology Today*, 8 (Jul. 1974), pp. 35-41.

15. Alice Echols, *Daring to Be Bad: Radical Feminism in America 1967-1975*. Minneapolis: University of Minnesota Press, 1989.

16. 시민운동에 대한 PBS 다큐멘터리 〈Eyes on the Prize〉를 참고하라.

17. Doug McAdam, *Political Process and the Development of Black Insurgency 1930-1970*. Chicago: University of Chicago Press, 1982.

18. "University of Missouri Protests Spur a Day of Change." *The New York Times*, Nov. 10, 2015, p. A1.

19. Frederick Douglass, speech before the West Indian Emancipation Society (Aug. 4, 1857), in *The Life and Writings of Frederick Douglass*, ed. Philip S. Foner. New York: International Publishers, 1950, p. 437.

20. Eileen T. Walsh, "Ideology of the Multiracial Movement: Dismantling the Color Line and Disguising White Supremacy?" in *The Politics of Multiracialism: Challenging Racial Thinking*, Heather M. Dalmage (ed.) New York: SUNY Press, 2004.

21. Gregory Mantsios, "Media Magic: Making Class Invisible," in Paul Rothenberg (ed.), *Race, Class, and Gender in the United States*. New York: Worth Publishers, 2013, pp. 510-519.

22. 이 주제에 대해 인식하게 해 준 조앤 캘러헌(Joanne Callahan)에게 감사의 말을 전한다.

23. Estelle B. Freedman, *No Turning Back*. New York: Ballantine, 2002.

24. Ibby Caputo, "Campus Protestors Across the Country Swap Ideas, Information." National Public Radio (WBUR), Dec. 13, 2015, online at http://www.wbur.org/npr/459514516/campus-protesters-across-the-countryswap-ideas-information.

25. Paul Kivel, *Uprooting Racism: How White People Can Work for Racial Justice*, rev. ed. Gabriola Island, BC: New Society Publishers, 2002, part 3, "Being Allies."

26. 변화를 추구하는 남성들의 지역사회, 전국 단위 혹은 국제적인 조직에 대한 유용한 사례를 얻고자 한다면 Rob Okun, *Voice Male: The Untold Story of the Pro-Feminist Men's Movement*. Amherst:

Interlink Publishing Group, 2014를 참고하라.

27. Chris Crass, *Towards the "Other America": Anti-Racist Resources for White People Taking Action for Black Lives Matter.* St. Louis: Chalice Press, 2015.

28. Audre Lorde, *The Cancer Journals.* San Francisco: Aunt Lute Books, 1997, p. 13.

29. 이 말을 처음 들은 것은 웨인 W. 다이어(Wayne W. Dyer)가 진행했던 공영 텔레비전 토론에서였다.

에필로그

1. Jonathan Haidt, *The Righteous Mind: Why Good People Are Divided by Politics and Religion.* New York: Pantheon, 2012.

용어사전

LGBTQ: 레즈비언(lesbian), 게이(gay), 양성애자(bisexual), 트랜스젠더
(transgender), 퀴어(queer)의 약어

nadle: 여성과 남성의 특징을 혼합하여 태어난 사람들을 지칭하는 아메
리카 남서부 나바호족의 용어

가부장제(patriarchy): 남성지배, 남성 중심성, 남성 동일시의 원칙을 중
심으로 조직된 사회체계를 의미하는 것으로, 통제는 남성적인 것이
라고 강박적으로 간주함

가치(value): 여러 대안 중에서 선택할 때 사용하는 상대적인 가치, 선,
바람직함 등에 대한 것. 가부장제에서 남성은 여성에 비해 상대적
으로 더 가치 있게 여겨지며, 통제권의 소유는 그렇지 않은 것보다
가치 있게 여겨짐

간성(intersex): 문화적으로 여성적 · 남성적이라고 정의되는 성적 특징
을 복합적으로 가지고 태어나는 것

개인주의(individualism): 사회에서 발생하는 모든 일이 개인의 사고와
감정에 온전히 기인한다고 믿는 사고방식

계층(class): '사회계층(social class)' 참고

고정관념(stereotype): 특정 집단이나 사회범주 구성원에 대한 엄격하고
지나치게 단순화된 부정적 혹은 긍정적 신념

교차성(intersectionality): 사회체계 내에서 한 개인은 성, 인종, 사회계

층 등에서 복합적인 사회적 지위를 가진다고 말하는 개념으로, 한 개인의 경험과 행동을 이해하기 위해서는 하나의 사회적 지위가 다른 사회적 지위와 어떻게 복합적인 방식으로 상호작용하는지 고려해야 한다는 것

규준(norm): 외양/행동과 보상/처벌을 연결 짓는 문화적 규칙

남성 동일시(male identification): 남성이 인류의 기준이라고 받아들이고 남성이 여성보다 우월하거나 가치 있다고 여기는 남성 특권체계의 조직 원리

남성 중심성(male centeredness): 최소저항경로가 남성에게 놓여 있고 남성이 하는 일에 주의가 집중되는 남성 특권체계의 조직 원리

남성성(masculinity): 남성의 본질을 정의하는 데 사용하는 문화적 개념

남성지배(male dominance): 남성이 권력의 위치에 있는 것이 기본이라고 받아들이게 만드는 남성 특권체계의 조직 원리

노력 없이 얻은 권리(unearned entitlement): 사회생활에서 바람직하게 작용하는 특성으로, 모든 사람에게 이용 가능해야 하는 권리

노력 없이 얻은 이익(unearned advantage): 사회생활에서 바람직하게 작용하는 특성으로, 모든 사람에게 노력 없이도 이용 가능해야 하는 기본적인 권리이지만 지배집단의 구성원에게만 이용 가능해지면서 일종의 특권이 된 것

다양성(diversity): 모집단에 존재하는 다양한 사회적 지위의 상대적 혼합을 지칭하는 용어(예: 백인과 유색인종, 여성과 남성의 상대적 수)

동성애공포증(homophobia): 동성에게 성적 매력을 느끼는 것에 대한 공포나 혐오

동일시(identification): 지배집단의 문화가 더 우월하거나 가치 있다고 여겨 지배집단의 문화를 사람의 기준으로 정의하는 특권체계의 특징

망각의 사치(luxury of obliviousness): 지배집단의 구성원이 특권과 억압의 범위, 원인, 결과를 인식할지 혹은 인식하지 않을지를 선택할 수 있도록 하는 특권체계의 일면. '인식론적 특권(epistemic privilege)'이라고 알려지기도 함

명백한 운명(manifest destiny): 19세기에 생겨난 개념으로, 미국은 신의 선택을 받았으므로 그 영향과 문화가 아메리카를 넘어 문명화되지 않은 열등한 사람들에게 확장되어야 한다는 이념

모델 마이너리티(model minority): 한 종속집단의 성취를 사용하여 다른 종속집단의 억압 상태에 대한 책임을 묻고 비난하는 데 사용되는 용어

문화(culture): 사회체계와 관련된 신념, 가치, 규준, 태도, 물질 대상을 모두 아우르는 것

미묘한 차별(microaggression): 지배집단은 무해한 것으로 간주하지만 실제로는 타인을 배제하고, 가치절하하며, 무시 및 모욕하고, 가치 없다는 메시지를 보내, 특권을 재연하는 결과로 이끄는 행동들

민주적 사회주의(democratic socialism): 사기업에 대한 정부 규제나 생산수단의 집단적 소유를 민주주의와 결합한 정치적 경제 형태로, 정부의 공공시설 운영, 노동자가 소유한 사업 등을 지칭

백인 동일시(white identification): 백인이 인간의 기준이며 유색인보다 우월하고 더 가치 있다고 간주하는 백인 특권체계의 조직 원리

백인 중심성(white centeredness): 최소저항경로가 백인에게 놓여 있고 백인의 행동이 관심의 중심이 되는 백인 특권체계의 조직 원리

백인 특권(white privilege): 사회적으로 백인으로 규정되는 사람들에게 배타적으로 주어지는 노력 없이 얻은 이익을 지칭하는 용어

백인지배(white dominance): 백인이 권력의 위치에 있는 것이 기본이라

고 받아들이게 하는 백인 특권체계의 조직 원리

부여된 지배(conferred dominance): 특권집단의 구성원이 사회적으로 지배적인 역할을 하는 것이 예측, 지지, 정당화되는 특권체계의 특징

분리(segregation): 서로 다른 집단을 물리적으로 분리하는 것

비장애 동일시(nondisability identification): 비장애인이 기준으로 여겨지고 장애인보다 우월하고 가치 있다고 간주되는 비장애 특권체계의 조직 원리

비장애 중심성(nondisability centeredness): 최소저항경로가 장애가 없는 사람들에게 놓여 있고 그들에게 관심을 집중하게 하는 비장애 특권체계의 조직 원리

비장애 지배(nondisability dominance): 비장애인이 권력을 가지는 것이 기본으로 설정되는 비장애 특권체계의 조직 원리

사회계층(social class): 일반적으로 부, 권력, 명성 등의 자원과 보상이 사회체계 안에서 불공정하게 분배되어 생기는 분열과 분리를 지칭. 마르크시스트 접근은 자본가와 노동자의 관계나 생산 수단이 어떻게 생겨나고 불공정을 유지시키는지에 초점을 두는 반면, 보다 주류의 접근들은 욕구와 필요를 만족시키는 사람들의 능력, 특히 명예와 권력의 사용이나 수입 등에 초점을 둠

사회범주(social category): 특정 사회적 지위를 가지는 모든 사람의 집합 (예: 대학생, 여성)

사회적 이동성(social mobility): 한 사회계층에서 다른 사회계층으로 이동하는 것

사회적 지위(social status): 직원, 자매, 남성 등과 같이 사회체계 내에서 한 사람 이상으로 구성되는 지위

사회체계[system(social)]: 사회적으로 구조화된 관계, 생태학적 배열, 문

화적 상징/사상/대상, 모집단의 역동 및 조건들이 하나의 전체를 형성하며 혼합된 상호 관련된 총체. 복합적 체계는 상호영향을 미치는 더 작은 체계로 구성되어 있고, 이 작은 체계들은 문화적·구조적·생태적 특성을 가지며 인구배치 및 역동을 통해 더 큰 체계와 연결됨

생득적 지위(ascribed status): 성별이나 인종 등과 같이 출생 시 부여되는 사회적 지위

생태계(ecosystem): 공동의 장소에서 서로 관계하며 살아가는 모든 형태의 생명체

성, 젠더(gender): 여성 혹은 남성 정체성을 가진 사람들에 대한 이미지와 기대를 구성하는 데 사용되는 문화적 개념

성차별주의(sexism): 성별에 근거하여 특권을 발생, 강요, 유지시키는 효과를 가지는 것

세계관(worldview): 신념, 가치, 태도, 상, 이야기, 기억이 상호 관련된 총합으로, 세계관 안에서 현실에 대한 감각이 구성·유지됨

수동적 억압(passive oppression): 부주의나 무감각, 무시, 인식의 부족으로 인하여 억압이나 특권이 지속되는 것

수입(income): 노동이나 투자 등의 대가로 받는 자원을 말하는 것으로, 주로 화폐의 형식으로 받으며 부로 전환될 수 있음

시스섹슈얼(cissexual): 생물학적으로 남성 혹은 여성으로 태어났고 내적으로도 그에 부합하는 경험을 하는 사람. '트랜스섹슈얼(transsexual)' 참고

시스젠더(cisgender): 한 사람의 성 정체성이 태어날 때 부여된 생물학적 성과 부합하는 상태. '트랜스젠더(transgender)' 참고

신념(belief): '남성 특권은 존재한다(혹은 존재하지 않는다).'처럼 진실

이거나 거짓으로 간주되는 현실에 대한 진술

실재의 사회적 구성(social construction of reality): 현실이라고 간주되는 지각체계를 구성하기 위하여 언어와 상징을 사용하는 과정

암묵적 편향(implicit bias): 한 범주에 속하는 사람들에 대해 우호적이거나 적대적인 무의식적인 편향

억압(oppression): 특권을 주장 및 방어하기 위해 한 집단이 다른 집단에 가하는 체계적인 종속, 착취, 학대를 지칭하는 용어

여성성(femininity): 여성의 본질을 정의하는 데 사용되는 일련의 문화적 개념

여성주의(feminism): 성 불평등이 존재하며 문제라는 신념에 근거하여 사람들의 삶을 분석하는 이념 혹은 틀

역설(paradox): 양측 모두가 진실임에도 서로 모순되는 것으로 보이는 두 개의 진술

이념(ideology): 현 상황 혹은 사회 변화를 위한 움직임을 설명하고 정당화하는 데 사용되는 일련의 문화적인 개념들

이성애 규범성(heteronormativity): 이성애가 정상적인 성적 지향이라고 규정하는 문화적 기준

이성애 동일시(heterosexual identification): 이성애자가 기준이 되어 레즈비언, 게이, 양성애자보다 우월하다고 간주하는 이성애자 특권체계의 조직 원리

이성애 중심성(heterosexual centeredness): 최소저항경로가 이성애자에게 있고 이성애자의 행동이 관심의 중심에 놓이는 이성애자 특권체계의 조직 원리

이성애자 지배(heterosexual dominance): 권력이 이성애자에게 주어지도록 설계된 이성애자 특권체계의 조직 원리

이성애중심주의(heterosexism): 이성애자의 특권을 발생, 강요, 유지한
    결과

이슬람공포증(Islamophobia): 무슬림을 향한 편견과 적대감을 의미하는
    것으로, 아랍이나 중동 출신으로 보이는 모든 사람에게 확대되어
    적용됨

이중구속(double bind): 무엇을 하든지 부정적인 결과를 피할 수 없는
    상황

인식론적 특권(epistemic privilege): '망각의 사치(luxury of obliviousness)'
    참고

인종(race): 피부색 등 신체적인 외양에 근거하여 사회적으로 구성화된
    일련의 범주들을 지칭하는 것으로 주로 특권이나 경제적 착취의 근
    거가 됨

인종차별주의(racism): 인종에 근거하여 특권의 체계를 발생, 강요, 유지
    하는 결과를 낳는 모든 것

자본주의(capitalism): 생산의 도구를 사적으로 소유하는 자본가와 임금
    을 대가로 그 생산 도구를 사용하여 물건이나 서비스를 생산하며
    자신의 시간을 사용하는 노동자로 구성되는 정치적 경제 형태

장애 상태(disability status): 정상적인 범위의 인간 능력을 정의할 때 사
    용되는 문화적 개념에 따라 사람들을 구분하는 일련의 사회범주

장애인 차별(ableism): 비장애 특권이 발생, 강요, 유지되도록 하는 모
    든 것

정상(normal): 행동, 외양, 인지, 정서, 신체적 능력 등에서 사회적으로
    수용받을 수 있는 범위를 문화적으로 정의한 것

정체성(identity): 타인이나 사회체계와 관련하여 자신이 누구라고 생
    각하는지 사고의 총합

정치경제학(political economy): 정치적·경제적 체계와 엘리트집단의
상호의존적 작용과 이익을 지칭하는 개념으로, 두 측면 사이의 관
계에 대한 고려 없이 각각에 대한 이해는 불가능함

정치적 올바름(political correctness): 사회운동가들이 자신의 가치, 신념,
정치적 원칙과 일관되게 행동하고 말하는지 감찰하는 데 사용하는
기준

제국주의(imperialism): 자국의 이익을 위해 타국을 지배하고자 하는 국
가 사상

제로섬 사회(zero-sum society): 누군가의 이익이 다른 사람의 손실로 상
쇄되는 사회체계

젠더퀴어(genderqueer): 남성 혹은 여성으로 스스로의 성을 규정하지
않거나 남성과 여성 모두를 통합한 정체성을 가진 사람을 지칭

조직(organization): 특정한 목적을 중심으로 조직화된 복잡한 체계를
말하는 것으로, 보통 몇 개의 서로 관련된 집단이나 하위체계로 구
성됨

중심성(centeredness): 최소저항경로가 지배집단 구성원에게 집중되도
록 만드는 특권체계의 특성

지배(dominance): 특권을 가진 사회범주에 속하는 구성원들이 권력을
갖도록 하는 특권체계의 원칙. '남성지배(male dominance)'와 '백
인지배(white dominance)' 참고

지배 행렬(matrix of domination): 다양한 형태의 특권과 억압이 교차하
여 한 형태의 특권이나 억압과 관련된 개인의 지위가 다른 형태와
관련하여 자신의 위치와 경험에 영향을 미치는 현상을 설명하는
것. 특권 행렬이라고 알려져 있기도 함. '교차성(intersectionality)'
참고

차별(discrimination): 특정한 사회범주에 소속되면서 받는 부정적 혹은 긍정적 처우

참조집단(reference group): 외모나 행동, 능력, 성취와 같은 특질들을 판단할 때 기준이 되는 집단

최소저항경로(path of least resistance): 특정 상황에서 각자의 사회적 위치에 근거하여 기대되는 행동이나 외양

퀴어(queer): 성소수자를 포괄하는 단어로, 성, 성 정체성, 성적 지향 및 성적 표현 등과 관련하여 정상적인 것으로 간주되는 경계를 거부하거나 테스트하거나 넘어서는 사람들을 지칭하는 용어

타자(other): 소외되고 배척받는 사회범주의 사람들을 말하는 것으로, 자신이나 지배집단이 억압과 배척 혹은 혜택을 받고 있다고 주장할 때 그 견해가 타당하게 받아들여지지 않으며 오직 지배집단과 관련된 경험에 한해서만 의미와 가치가 부여됨

태도(attitude): 사람, 사물, 상황에 대한 긍정적 혹은 부정적 평가를 의미하는 것으로, 긍정적이거나 부정적인 방식으로 느끼거나 행동하도록 이끄는 경향성

트랜스 남성(trans man): 출생 시 여성으로 태어났지만 스스로를 남성이라고 규정한 사람

트랜스 여성(trans woman): 출생 시 남성으로 태어났지만 스스로를 여성이라고 규정한 사람

트랜스섹슈얼(transsexual): 스스로 경험하는 성별과 자신의 신체를 일치하도록 하기 위해 의학의 도움을 받아 전환수술을 경험했거나 전환하고자 하는 사람

트랜스젠더(transgender): 출생 시 태어난 성별이 자신의 경험과 부합하지 않는 사람

특권 행렬(matrix of privilege): '지배 행렬(matrix of domination)' 참고

특권(privilege): 특정 집단이나 사회범주에 배타적으로 적용되는 노력 없이 얻은 권리를 말하는 것으로, 어떤 사람들에게는 사회적으로 부여됨

패러다임(paradigm): 현실을 관찰, 해석, 이해하기 위한 특정 접근을 정의할 때 사용되는 가설, 이론, 방법의 틀을 지칭

편견(prejudice): 특정 사회적 지위 때문에 생기는 부정적이거나 긍정적인 태도

한 방울의 법칙(one drop rule): 흑인계 조상이 있었다면 무조건 흑인이라고 인종을 규정했던 방식을 지칭하는 것으로, 개인적인 외양이나 자신이 동일시하는 바와 관계없이 적용되었음

환경적 인종차별주의(environmental racism): 주로 유색인종이 거주하는 공동체 주변에서 환경의 퇴보, 오염, 독성 등의 현상이 집중되게 하는 정책 및 실행

주제별 참고자료

억압 및 특권

Adams, Maurianne, Warren J. Blumenfeld, Rosie Castañeda, Heather W. Hackman, Madeline L. Peters, and Ximena Zúñiga (eds.) *Readings for Diversity and Social Justice*, 3rd ed. New York: Routledge, 2013.

Amott, Teresa L., and Julie A. Matthaei. *Race, Gender, and Work: A Multicultural Economic History of Women in the United States*, rev. ed. Boston: South End Press, 1996.

Andersen, Margaret L., and Patricia Hill Collins (eds.) *Race, Class, and Gender: An Anthology*, 9th ed. Belmont, CA: Wadsworth, 2015.

Anzaldúa, Gloria (ed.) *Making Face, Making Soul/Haciendo Caras: Creative and Critical Perspectives by Feminists of Color*. San Francisco: Aunt Lute Books, 1990.

Collins, Patricia Hill. *Black Feminist Thought: Knowledge, Consciousness, and the Politics of Empowerment*,. 2nd ed. New York: Routledge, 2008.

Davis, Angela. *Women, Race, and Class*. New York: Random House, 1981.

Disch, Estelle. *Reconstructing Gender: A Multicultural Anthology*, 5th ed. New York: McGraw-Hill, 2008.

Esty, Katharine, Richard Griffin, and Marcie Schorr Hirsch. *Workplace Diversity: A Manager's Guide to Solving Problems and Turning Diversity into a Competitive Advantage*. Holbrook, MA: Adams,

1995.

Ferber, Amy L., Christina M. Jiménez, Andrea O'Reilly Herrera, and Dena
R. Samuels (eds.) The Matrix Reader: Examining the Dynamics of
Oppression and Privilege. New York: McGraw-Hill, 2009.

Ganz, Marshall. Why David Sometimes Wins: Leadership, Organization,
and Strategy in the California Farm Worker Movement. Oxford: 2009.

Gioseffi, Daniela (ed.) On Prejudice: A Global Perspective. New York:
Anchor Books, 1993.

Harro, Bobbie. "The Cycle of Liberation," in Readings for Diversity
and Social Justice, Maurianne Adams, Warren J. Blumenfeld, Rosie
Castañeda, Heather W. Hackman, Madeline L. Peters, and Ximena
Zúñiga (eds.) New York: Routledge, 2000, pp. 463-469.

Higginbotham, Elizabeth. "Black Professional Women: Job Ceilings and
Employment Sectors," in Workplace/Women's Place, Dana Dunn
(ed.) Los Angeles: Roxbury, 1997, pp. 234-246.

Hooks, bell. Ain't I a Woman: Black Women and Feminism. Boston:
South End Press, 1981.

_____. Feminist Theory: From Margin to Center. Boston: South
End Press, 1984.

_____. Sisters of the Yam: Black Women and Self-Recovery.
Boston: South End Press, 1993.

_____. Talking Back: Thinking Feminism, Thinking Black. Boston:
South End Press, 1989.

James, Stanlie M., Francis Smith Foster, and Beverly Guy-Sheftall (eds.)
Still Brave: The Evolution of Black Women's Studies. New York: The
Feminist Press, 2009.

Johnson, Allan G. The Forest and the Trees: Sociology as Life, Practice,
and Promise, 3rd ed. Philadelphia: Temple University Press, 2014.

Kimmel, Michael S. and Amy L. Ferber (eds.). Privilege: A Reader, 3rd ed. Boulder: Westview, 2013.

Lerner, Gerda. "Reconceptualizing Differences Among Women," in Alison M. Jaggar and Paula S. Rothenberg (eds.), *Feminist Frameworks*, 3rd ed. New York: McGraw-Hill, 1993, pp. 237–248.

Loden, Marilyn, and Judy B. Rosener. *Workforce America: Managing Employee Diversity as a Vital Resource*. Homewood, IL: Business One Irwin, 1991.

Lorde, Audre. *Sister Outsider: Essays and Speeches*. Freedom, CA: Crossing Press, 1984.

Love, Barbara J. "Developing a Liberatory Consciousness," in Maurianne Adams, Warren J. Blumenfeld, Rosie Castañeda, Heather W. Hackman, Madeline L. Peters, and Ximena Zúñiga (eds.) *Readings for Diversity and Social Justice*. New York: Routledge, 2000, pp. 470–474.

McIntosh, Peggy. "White Privilege and Male Privilege: A Personal Account of Coming to See Correspondences Through Work in Women' Studies," in Anne Minas (ed.) *Gender Basics: Feminist Perspectives on Women and Men*, 2nd ed. Belmont, CA: Wadsworth, 2000.

Mills, Nicholas (ed.) *Debating Affirmative Action*. New York: Dell, 1994.

Moraga, Cherríe, and Gloria Anzaldúa (eds.) *This Bridge Called My Back: Writings by Radical Women of Color*, 4th ed. New York: Third Woman Press, 2015.

Ore, Tracy E. *The Social Construction of Difference and Inequality: Race, Class, Gender, and Sexuality*, 6th ed. New York: McGraw-Hill, 2013.

Pascale, Celine-Marie. *Making Sense of Race, Class, and Gender: Commonsense, Power, and Privilege in the United States*. New York: Routledge, 2006.

Potter, Hillary. *Battle Cries: Black Women and Intimate Partner Abuse*.

New York: New York University Press, 2008.

Roediger, David R. *The Wages of Whiteness: Race and the Making of the American Working Class,* new ed. New York: Verso, 2007.

Roscigno, Vincent. *The Face of Discrimination: How Race and Gender Impact Work and Home Lives.* Lanham, MD: Rowan and Littlefield, 2007.

Rosenblum, Karen E., and Toni-Michelle C. Travis (eds.) *The Meaning of Difference: American Constructions of Race, Sex and Gender, Social Class, and Sexual Orientation,* 7th ed. New York: McGraw-Hill, 2015.

Rothenberg, Paula S. (ed.) *Race, Class, and Gender: An Integrated Study,* 9th ed. New York: St. Martin's Press, 2013.

_____. *Invisible Privilege: A Memoir About Race, Class, and Gender.* Lawrence, KS: University Press of Kansas, 2000.

Ryan, William. *Blaming the Victim.* New York: Vintage, 1976.

St. Jean, Yanick, and Joe R. Feagin. *Double Burden: Black Women and Everyday Racism.* Armonk, NY: M. E. Sharpe, 1999.

Sue, Derald Wing. *Microaggressions in Everyday Life: Race, Gender, and Sexual Orientation.* New York: Wiley, 2010.

U.S. Census Bureau. *Current Population Reports, Series P-60, Money Income in the United States.* Washington, DC: U.S. Government Printing Office.

_____. *Statistical Abstract of the United States.* Washington, DC: U.S. Government Printing Office.

Zinn, Howard. *A People's History of the United States.* New York: Perennial, 2005.

성

Abramson, Joan. *Old Boys—New Women: Sexual Harassment in the*

Workplace. New York: Praeger, 1993.

American Association of University Women. *How Schools Shortchange Girls.* Washington, DC: American Association of University Women, 1992.

Andersen, Margaret L. *Thinking about Women: Sociological Perspectives on Sex and Gender,* 10th ed. New York: Macmillan, 2014.

Bahun-Radunovis, Sanja (ed.) *Violence and Gender in the Globalized World.* Burlington, VT: Ashgate, 2008.

Benokraitis, Nijole V. "Sex Discrimination in the 21st Century," in Nijole V. Benokraitis (ed.) *Subtle Sexism: Current Practice and Prospects for Change.* Thousand Oaks, CA: Sage, 1997, pp. 5-33.

_____, and Joe R. Feagin. *Modern Sexism: Blatant, Subtle, and Covert Discrimination,* New York: Pearson, 2009.

Blau, Francine S., Marianne A. Ferber, and Anne E. Winkler. *The Economics of Women, Men, and Work,* 7th ed. Englewood Cliffs, NJ: Prentice-Hall, 2014.

Bohmer, Carol, and Andrea Parrot. *Sexual Assault on Campus.* New York: Lexington, 1993.

Brod, Harry. "Work Clothes and Leisure Suits: The Class Basis and Bias of the Men's Movement," in Michael Kimmel and Michael A. Messner (eds.) Men's Lives. New York: Macmillan, 1989, p. 289.

Browne, A., and K. R. Williams. "Gender Intimacy and Legal Violence: Trends From 1976 Through 1987," in *Gender and Society* 7, no. 1(1993): 78-98.

Bunch, Charlotte. "Not for Lesbians Only." *Quest* 11, no. 2 (Fall 1975).

Burn, Shawn Meghan. *Women across Cultures: A Global Perspective*, 3th ed. New York: McGraw-Hill, 2010.

Bystydzienski, Jill M. and Sharon R. Bird. *Removing Barriers: Women in Academic Science, Technology, Engineering, and Mathematics.*

Bloomington, IN: Indiana University Press, 2006.

Center for Research on Women. *Secrets in Public: Sexual Harassment in Our Schools*. Wellesley, MA: Wellesley College Center for Research on Women, 1993.

Chernin, Kim. *The Obsession: Reflections on the Tyranny of Slenderness*. New York: Harper & Row, 1981.

Chesney-Lind, Meda, and Nikki Jones. *Fighting for Girls: New Perspectives on Gender and Violence*. Albany, NY: State University of New York, 2010.

Colwill, Nina L. "Women in Management: Power and Powerlessness," in Dana Dunn (ed.) *Workplace/Women's Place*. Los Angeles: Roxbury, 1997, pp. 186-197.

Corcoran-Nantes, Yvonne, and Ken Roberts. "'We've Got One of Those': The Peripheral Status of Women in Male-Dominated Industries," in Dana Dunn (ed.) *Workplace/Women's Place*. Los Angeles: Roxbury, 1997, pp. 271-287.

Crittenden, Ann. *The Price of Motherhood: Why the Most Important Job in the World Is Still the Least Valued*. New York: Owl Books, 2010.

Dagiewicz, Molly. *Equality with a Vengeance: Men's Rights Groups, Battered Women, and Antifeminist Backlash*. Boston: Northeastern University Press, 2011.

Douglas, Susan J., *Enlightened Sexism: The Seductive Message that Feminism's Work Is Done*. New York: Henry Holt, 2010.

Dunn, Dana (ed.) *Workplace/Women's Place*, 3rd ed. New York: Oxford University Press, 2006.

Dworkin, Andrea. *Woman Hating*. New York: Dutton, 1974.

Ehrenreich, Barbara, and Deidre English. *For Her Own Good: 150 Years of Experts' Advice to Women*, 2nd ed. New York: Anchor Books/ Doubleday, 2005.

_____, and Arlie Russell Hochschild. *Global Woman*. New York: Owl Books, 2004.

Epstein, Cynthia Fuchs. *Deceptive Distinctions: Sex, Gender, and the Social Order*. New Haven, CT: Yale University Press, 1990.

Faludi, Susan. *Backlash: The Undeclared War Against American Women*, 15th anniv. ed. New York: Crown, 2006.

Fausto-Sterling, Anne. "The Five Sexes: Why Male and Female Are Not Enough." *Sciences 33* (Mar./Apr. 1993): 20-24.

_____. *Myths of Gender: Biological Theories about Women and Men*, 2nd rev. ed. New York: Basic Books, 1992.

Federal Glass Ceiling Commission. *A Solid Investment: Making Full Use of the Nation's Human Capital*. Washington, DC: Federal Glass Ceiling Commission, 1995.

Fenstermaker, S., and C. West (eds.) *Doing Gender, Doing Difference: Inequality, Power, and Institutional Change*. New York: Routledge, 2002.

French, Marilyn. *Beyond Power: On Men, Women, and Morals*. New York: Summit Books, 1985.

_____. *The War Against Women*. New York: Summit Books, 1992.

Frye, Marilyn. *The Politics of Reality: Essays in Feminist Theory*. Trumansburg, NY: Crossing Press, 1983.

Gardner, Carol Brooks. *Passing By: Gender and Public Harassment*. Berkeley: University of California Press, 1995.

Gilbert, Paula Ruth, and Kimberly K. Eby (eds.) *Violence and Gender: An Interdisciplinary Reader*, 2nd ed. Englewood Cliffs, NJ: Prentice Hall, 2007.

Grewal, Inderpal, and Caren Kaplan (eds.) *Introduction to Women's Studies: Gender in a Transnational World*, 2nd ed. New York: McGraw-Hill, 2005.

Haslett, Beth Bonniwell, and Susan Lipman. "Micro Inequities: Up Close and Personal," in Nijole V. Benokraitis (ed.) *Subtle Sexism: Current Practice and Prospects for Change.* Thousand Oaks, CA: Sage, 1997, pp. 34–53.

Helgesen, Sally. "Women's Ways of Leading," in Dana Dunn (ed.) *Workplace/Women's Place.* Los Angeles: Roxbury, 1997, pp. 181–185.

Hernandez, Daisy and Bushra Rehman, (eds.) *Colonize This! Young Women of Color on Today's Feminism.* Seattle, WA: Seal Press, 2002.

Hochschild, Arlie. *The Second Shift: Working Parents and the Revolution at Home,* rev. ed. New York: Viking/Penguin, 2012.

Hosken, Fran P. *The Hosken Report: Genital and Sexual Mutilation of Females,* 4th rev. ed. Lexington, MA: Women's International Network News, 1994.

Jaggar, Alison M., and Paul Rothenberg (eds.) *Feminist Framework*, 3rd ed. New York: McGraw-Hill, 1993.

Jahren, Hope. *Lab Girl.* New York: Knopf, 2016.

Johnson, Allan G. *The Gender Knot: Unraveling Our Patriarchal Legacy*, 3rd ed. Philadelphia: Temple University Press, 2014.

_____. "On the Prevalence of Rape in the United States." *Signs: Journal of Women in Culture and Society* 6, no. 1 (1980).

Jones, Ann. *Next Time She'll Be Dead: Battering and How to Stop It.* Boston: Beacon Press, 2000.

Kaufman, Michael (ed.) *Beyond Patriarchy.* New York: Oxford, 1987.

Kerber, Linda K., and Jane Sherron De Hart (eds.) *Women's America: Refocusing the Past,* 8th ed. New York: Oxford University Press, 2015.

Kimmel, Michael. *Angry White Men: American Masculinity at the End of an Era.* New York: Nation Books, 2013.

_____. *Manhood in America: A Cultural History*, 3rd ed. New York: Free Press, 2011.

_____, and Amy Aronson (eds.) *The Gendered Society Reader*, 5th ed. New York: Oxford, 2013.

_____, R. W. Connell, and Jeff Hearn (eds.) *Handbook on Studies of Men and Masculinities.* Thousand Oaks, CA: Sage, 2004.

_____, and Michael Messner (eds.) *Men's Lives*, 9th ed. Boston: Allyn & Bacon, 2012.

Lederer, Laura (ed.) *Take Back the Night: Women on Pornography.* New York: Morrow, 1980.

Loden, Marilyn. *Feminine Leadership.* New York: Random House, 1985.

Lorber, Judith. *Gender Inequality: Feminist Theories and Politics*, 5th ed. Los Angeles: Roxbury, 2011.

_____. *Paradoxes of Gender.* New Haven, CT: Yale University Press, 1995.

MacKinnon, Catharine A. *Only Words.* Cambridge, MA: Harvard University Press, 1993.

Meloy, Michelle L. and Susan L. Miller. *The Victimization of Women: Law, Policies, and Politics.* New York: Oxford University Press, 2011.

Miller, Jean Baker. *Toward a New Psychology of Women,* 2nd ed. Boston: Beacon Press, 1987.

Minas, Anne (ed.) *Gender Basics: Feminist Perspectives on Women and Men*, 2nd ed. Belmont, CA: Wadsworth, 2000.

Moore, Lynda L. *Not As Far As You Think: The Realities of Working Women.* Lexington, MA: Lexington Books, 1986.

Morgan, Robin (ed.) *Sisterhood Is Global.* New York: Feminist Press, 1996.

Okun, Rob (ed.) *Voice Male: The Untold Story of the Profeminist Men's Movement.* Amherst, MA: Interlink, 2013.

O'Toole, Laura L., Jessica R. Schiffman, and Margie L. Kiter Edwards. *Gender Violence: Interdisciplinary Perspectives*, 2nd ed. New York: New York University Press, 2007.

Paludi, Michele A. *Sexual Harassment on College Campuses*. Albany: State University of New York Press, 1996.

Peterson, V. Spike, and Anne Sisson Runyan. *Global Gender Issues*, 4th ed. Boulder, CO: Westview Press, 2013.

Pharr, Suzanne. *Homophobia: A Weapon of Sexism*, expanded ed. Inverness, CA: Women's Project, 1997.

Reardon, Kathleen Kelley. "Dysfunctional Communication Patterns in the Workplace: Closing the Gap Between Women and Men," in *Workplace/Women's Place*, Dana Dunn, ed. Los Angeles: Roxbury, 1997, pp. 165-180.

_____. *They Don't Get It, Do They?* Boston: Little, Brown, 1995.

Rhode, Deborah L. *Speaking of Sex: The Denial of Gender Inequality*. Cambridge, MA: Harvard University Press, 1999.

Rich, Adrienne. *Of Woman Born*. New York: Norton, 1995.

Richardson, Laurel, Verta Taylor, and Nancy Whittier (eds.) *Feminist Frontiers*, 9th ed. New York: McGraw-Hill, 2011.

Ridgeway, Cecila L., *Framed by Gender: How Gender Inequality Persists in the Modern World*. New York: Oxford University Press, 2011.

Rosenberg, Janet, Harry Perlstadt, and William R. F. Phillips. "'Now That We Are Here': Discrimination, Disparagement, and Harassment at Work and the Experience of Women Lawyers," in *Workplace/Women's Place*, Dana Dunn (ed.) Los Angeles: Roxbury, 1997, pp. 247-259.

Rotundo, Anthony. *American Manhood: Transformations in Masculinity from the Revolution to the Modern Era*. New York: Basic Books, 1993.

Russell, Diana E. H. *Sexual Exploitation: Rape, Child Sexual Abuse, and Workplace Harassment.* Beverly Hills, CA: Sage, 1984.

_____ (ed.) *Making Violence Sexy: Feminist Views on Pornography.* New York: Teachers College Press, 1993.

_____, and Roberta A. Harmes. *Femicide in Global Perspective.* New York: Teachers College Press, 2001.

Sadker, David M. and Karen Zittleman, *Still Failing at Fairness: How Gender Bias Cheats Girls and Boys in School and What We Can Do about It.* New York: Charles Scribner's Sons, 2009.

Sanday, Peggy Reeves. *A Woman Scorned: Acquaintance Rape on Trial.* New York: Doubleday, 1996.

Sandler, Bernice, Lisa A. Silverberg, and Roberta M. Hall. *The Chilly Classroom Climate: A Guide to Improve the Education of Women.* Washington, DC: National Association for Women in Education, 1996.

Sapiro, Virginia. *Women in American Society: An Introduction to Women's Studies*, 5th ed. New York: McGraw-Hill, 2003.

Schultz, Vicki. "Reconceptualizing Sexual Harassment." *Yale Law Journal,* April 1998, pp. 1683–1805.

Schwalbe, Michael. *Manhood Acts: Gender and the Practices of Domination.* Boulder, CO: Paradigm, 2014.

Stone, Pamela. *Opting Out? Why Women Really Quit Careers and Head for Home.* Berkeley, CA: University of California Press, 2007.

Stoltenberg, John. *Refusing to Be a Man.* New York: Meridian, 1989.

_____. *The End of Manhood: A Book for Men of Conscience.* New York: Dutton, 1993.

Swerdlow, Marian. "Men's Accommodations to Women Entering a Nontraditional Occupation: A Case of Rapid Transit Operatives," in *Workplace/Women's Place*, Dana Dunn (ed.) Los Angeles: Roxbury,

1997, pp. 260-270.

Thistle, Susan. *From Marriage to Market: The Transformation of Women's Lives and Work.* Berkeley: University of California Press, 2006.

Thorne, Barrie. *Gender Play: Girls and Boys in School.* New Brunswick, NJ: Rutgers University Press, 1993.

Tong, Rosemarie. *Feminist Thought: A More Comprehensive Introduction,* 4th ed. Boulder, CO.: Westview Press, 2013.

Treas, Judith and Sonja Drobnic. *Dividing the Domestic: Men, Women, and Household Work in Cross-National Perspective.* (Stanford, CA: Stanford University Press, 2010.

Waring, Marilyn. *If Women Counted: A New Feminist Economics.* San Francisco: HarperCollins, 1990.

Wilkie, J. R. "Changes in U.S. Men's Attitudes Towards the Family Provider Role, 1972-1989." *Gender and Society* 7, no. 2 (1993): 261-279.

Williams, Christine L. *Still a Man's World: Men Who Do Women's Work.* Berkeley: University of California Press, 1995.

Wolf, Naomi. *The Beauty Myth: How Images of Beauty Are Used Against Women.* New York: Morrow, 1991.

인종

Alexander, Michele. *The New Jim Crow.* New York: New Press, 2012.

Allen, Theodore W. *The Invention of the White Race,* vols. 1-2, 2nd ed. New York: Verso, 2012.

Allport, Gordon W. *The Nature of Prejudice.* New York: Anchor, 1958.

Baldwin, James. "On Being 'White' ... and Other Lies." *Essence* 14 (April 1984): 90-92.

Barndt, Joseph. *Dismantling Racism: The Continuing Challenge to White America.* Minneapolis: Augsburg, 1991.

Barr, Donald A. *Health Disparities in the United States: Social Class,*

Race, Ethnicity, and Health, 2nd ed. Baltimore, MD. Johns Hopkins University Press, 2014.

Barrett, James R., and David Roediger. "How White People Became White," in *Critical White Studies,* Richard Delgado and Jean Stefancic (eds.) Philadelphia: Temple University Press, 1997, pp. 402–406.

Bell, Derrick. *And We Are Not Saved: The Elusive Quest for Racial Justice.* New York: Basic Books, 1987.

_____. *Faces at the Bottom of the Well: The Permanence of Racism.* New York: Basic Books, 1992.

Benjamin, Lois. *The Black Elite: Facing the Color Line in the Twilight of the Twentieth Century.* Chicago: Nelson-Hall, 1991.

Better, Shirley Jean. *Institutional Racism, A Primer on Theory and Strategies for Social Change,* 2nd ed. Chicago: Burnham, 2007.

Bonilla-Silva, Eduardo. *Racism without Racists: Color-Blind Racism and the Persistence of Racial Inequality in the United States*, 4th ed. Lanham, MD: Rowman and Littlefield, 2013.

_____. *White Supremacy and Racism in the Post-Civil Rights Era.* Boulder, CO: Lynne Rienner Publishers, 2001.

Brown, Dee. *Bury My Heart at Wounded Knee: An Indian History of the American West.* New York: Bantam, 1972.

Capture, George Horse, Duane Champagne, and Chandler C. Jackson. *American Indian Nations: Yesterday, Today, and Tomorrow.* Lanham, MD: AltaMira Press, 2007.

Carr, James H., and Nandinee Kutty (eds.) *Segregation: The Rising Costs for America.* New York: Routledge, 2008.

Carson, Clayborne, David J. Garrow, Gerald Gill, Vincent Harding, and Darlene Clark Hine (eds.) *The Eyes on the Prize Civil Rights Reader.* New York: Penguin, 1991.

Champagne, Duane. *Social Change and Cultural Continuity among*

Native Nations. Lanham, MD: AltaMira Press, 2008.

Chou, Rosalind S. and Joe R. Feagin. *The Myth of the Model Minority: Asian Americans Facing Racism*. Boulder, CO; Paradigm, 2008.

Churchill, Ward. "Crimes Against Humanity." *Z Magazine* 6, Mar. 1993: 43–47. Reprinted in Margaret L. Andersen and Patricia Hill Collins (eds.) *Race, Class, and Gender*, 3rd ed. Belmont, CA: Wadsworth, 1998, pp. 413–420.

Coates, Ta-Nehisi. *Between the World and Me*. New York: Spiegel and Grau, 2015.

Collins, Patricia Hill. *Black Feminist Thought: Knowledge, Consciousness, and the Politics of Empowerment*, 2nd ed. New York: Routledge, 2008.

Correspondents of *The New York Times*. *How Race is Lived in America*. New York: Times Books, 2001.

Cose, Ellis. *The Rage of a Privileged Class*. New York: HarperCollins, 1993.

Crass, Chris. *Towards the "Other America": Anti-Racist Resources for White People Taking Action for Black Lives Matter*. St. Louis: Chalice Press, 2015.

Davis, Angela Y. *Women, Race, and Class*. New York: Random House, 1981.

Delgado, Richard, and Jean Stefancic (eds.) *Critical White Studies*. Philadelphia: Temple University Press, 1997.

Doane, Ashley W., and Eduardo Bonilla-Silva (eds.) *White Out: The Continuing Significance of Racism*. New York: Routledge, 2003.

Dovidio, John F., and Samuel L. Gaertner (eds.) *Prejudice, Discrimination, and Racism*. Orlando, FL: Academic Press, 1986.

Du Bois, W. E. B. *The Souls of Black Folk*. New York: Penguin, 1996.

Edelman, Marian Wright. *The Measure of Our Success: A Letter to My*

Children and Yours. Boston: Beacon Press, 1992.

Farrow, Anne, Joel Lang, and Jenifer Frank. *Complicity: How the North Promoted, Prolonged, and Profited from Slavery*. New York: Ballantine, 2006.

Feagin, Joe R. *Systemic Racism: A Theory of Oppression*. New York: Routledge, 2006.

_____, and Karyn D. McKinney. *The Many Costs of Racism*. Lanham, MD: Rowman and Littlefield, 2003.

_____, and Eileen O'Brien. *White Men on Race*. Boston: Beacon Press, 2004.

_____, and Melvin P. Sikes. *Living with Racism: The Black Middle-Class Experience*. Boston: Beacon Press, 1995.

Frankenberg, Ruth. *The Social Construction of Whiteness: White Women, Race Matters*. Minneapolis: University of Minnesota Press, 1993.

Evelyn Nakano Glenn. *Shades of Difference: Why Skin Color Matters*. Stanford, CA: Stanford University Press, 2009.

Forbes, Jack D. *Columbus and Other Cannibals*, rev. ed. New York: Seven Stories Press, 1992.

Gomez, Laura E. *Manifest Destinies: The Making of the Mexican American Race*. New York: New York University Press, 2007.

Hacker, Andrew. *Two Nations: Black and White, Separate, Hostile, Unequal*. New York: Scribner, 1992.

Hartman, Chester and Gregory D. Squires (eds.) *The Integration Debate: Competing Futures for American Cities*. New York: Routledge, 2010.

Howard, Gary. *We Can't Teach What We Don't Know: White Teachers, Multiracial Schools*, 3rd ed. New York: Teachers College Press, 2016.

Hurtado, Aida. *The Color of Privilege*. Ann Arbor: University of Michigan Press, 1999.

Hylton, Kevin. *"Race" and Sport: Critical Race Theory*. New York: Routledge, 2009.

Johnson, Allan G. "Sociology as Worldview: Where White Privilege Came From," in *The Forest and the Trees: Sociology as Life, Practice, and Promise*, 3rd ed. Philadelphia: Temple University Press, 2014, pp. 147-157.

Jung, Moon-Kie, Joao Costa Vargas, Eduardo Bonilla-Silva. *State of White Supremacy: Racism, Governance, and the United States*. Stanford, CA: Stanford University Press, 2011.

Katznelson, Ira. When Affirmative Action Was White: The Untold History of Racial Inequality in Twentieth Century America. New York: W. W. Norton, 2006.

Kendi, Ibram X. *Stamped from the Beginning: The Definitive History of Racist Ideas in America*. New York: Nation Books, 2016.

Kivel, Paul. *Uprooting Racism: How White People Can Work for Racial Justice*, 3rd ed. Philadelphia: New Society Publishers, 2011.

Kovel, Joel. *White Racism: A Psychohistory*. New York: Pantheon, 1970.

Lewis, Amanda. *Race in the Schoolyard*. Piscataway, NJ: Rutgers University Press, 2003.

Lipsitz, George. *The Possessive Investment in Whiteness: How White People Profit from Identity Politics*, rev. & exp. ed. Philadelphia: Temple University Press, 2006.

Lynch, Michael J., E. Britt Patterson, and Kristina A. Childs. *Racial Divide: Racial and Ethnic Bias in the Criminal Justice System*. New York: Criminal Justice Press, 2008.

MacLeod, Jay. *Ain't No Makin' It*, 3rd ed. Boulder: Westview, 2009.

Marable, Manning, and Leith Mullings (eds.) *Let Nobody Turn Us Around: Voices of Resistance, Reform, and Renewal*. Lanham, MD: Rowman and Littlefield, 2000.

_____. "Racism, Prisons, and the Future of Black America," in *Along the Color Line: Explorations in the Black Experience*, August Meier and Elliot Rudwick (eds.) Chicago: University of Illinois Press, Nov. 2002.

Massey, Douglas S., and Nancy A. Denton. *American Apartheid: Segregation and the Making of the Underclass*. Cambridge, MA: Harvard University Press, 1998.

Moran, Beverly. *Race and Wealth Disparities: A Multidisciplinary Discourse*. Lanham, MD: Rowman and Littlefield, 2008.

Muhammad, Khalil Gibran. *The Condemnation of Blackness: Race, Crime, and the Making of Modern Urban America*. Cambridge, MA: Harvard University Press, 2010.

"On Views of Race and Inequality, Blacks and Whites Are Worlds Apart." Pew Research Center, June 27, 2016. Found online at http://www.pewsocialtrends.org/files/2016/06/ST_2016.06.27_Race-Inequality-Final.pdf

Painter, Nell Irvin. *The History of White People*. New York: W. W. Norton, 2010.

Peek, Lori. *Behind the Backlash: Muslim Americans after 9/11*. Philadelphia: Temple University Press, 2011.

Perry, Imani. *More Beautiful and More Terrible: The Embrace and Transcendence of Racial Inequality in the United States*. New York: New York University Press, 2011.

Piper, Adrian. "Passing for White, Passing for Black," in Richard Delgado and Jean Stefancic (eds.) *Critical White Studies*, Philadelphia: Temple University Press, 1997, pp. 425-431.

Prager, Devah. *Marked: Race, Crime, and Finding Work in the Era of Mass Incarceration*. Chicago: University of Chicago Press, 2007.

Reséndez, Andrés. *The Other Slavery: The Uncovered Story of Indian*

Enslavement in America. New York: Houghton Mifflin Harcourt, 2016.

Rothenberg, Paula (ed.) *White Privilege: Essential Readings on the Other Side of Racism*, 5th ed. New York: Worth, 2015.

Shapiro, Thomas M. *The Hidden Cost of Being African-American: How Wealth Perpetuates Inequality*. New York: Oxford University Press, 2005.

Shrag, Peter. *Not Fit for Our Society: Immigration and Nativism in America*. Berkeley: University of California Press, 2010.

Smedley, Audrey, and Brian Smedley. *Race in North America: Origin and Evolution of a Worldview*, 4th ed. Boulder, CO: Westview, 2011.

Smedley, Brian, Adrienne Y. Smith, and Alan R. Nelson (eds.) *Unequal Treatment: Confronting Racial and Ethnic Disparities in Health Care*. Washington, DC: The National Academies Press, 2003.

Steele, Claude M. "Race and the Schooling of Black Americans." *Atlantic Monthly*, Apr. 1992, p. 73.

Suarez, Ray. *Latino Americans: The 500-Year Legacy that Shaped a Nation*. New York: Celebra Trade, 2013.

Sullivan, Shannon. *Good White People: The Problem with Middle-Class White Anti-Racism*. State University of New York Press, 2014.

Takaki, Ronald. *Strangers from a Different Shore: A History of Asian-Americans*, rev. ed. Boston: Back Bay Books, 1998.

Tatum, Beverly Daniel. *Why Are All the Black Kids Sitting Together in the Cafeteria?* 5th ed. New York: Basic Books, 2003.

Telles, Edward E. and Vilma Ortiz. *Generations of Exclusion: Mexican Americans, Assimilation, and Race*. New York: Russell Sage Foundation, 2008.

Terry, Robert. "The Negative Impact on White Values," in *Impacts of Racism on White Americans*, Benjamin P. Bowser and Raymond

Hunt (eds.) Newbury Park, CA: Sage, 1981.

Thomas, Alexander, and Samuel Sillen. *Racism and Psychiatry*. New York: Brunner/Mazel, 1972.

Thomas, David. "Racial Dynamics in Cross-Race Developmental Relationships." *Administrative Science Quarterly*, Jun. 1993, pp. 169-194.

Thomas, Roosevelt R. *Beyond Race and Gender: Unleashing the Power of Your Total Work Force by Managing Diversity*. New York: AMACOM, 1991.

Trepagnier, Barbara. *Silent Racism: How Well-Meaning People Perpetuate the Racial Divide*, 2nd ed. Boudler, CO: Paradigm Publishers, 2010.

Van Ausdale, Debra, and Joe R. Feagin. *The First R: How Children Learn Race and Racism*. Lanham, MD: Rowman and Littlefield, 2002.

Wellman, David T. *Portraits of White Racism*, 2nd ed. New York: Cambridge University Press, 2012.

West, Cornel. *Race Matters*. New York: Vintage, 1993.

Western Prison Project. "The Prison Index." Online at http://www.safetyandjustice.org/story/prison-index-fact-sheet-disenfranchisement.

Yancy, George. *Look, a White! Philosophical Essays on Whiteness*. Philadelphia: Temple University Press, 2012.

Zimring, Carl. *Clean and White: A History of Environmental Racism in the United States*. New York: New York University Press, 2016.

성 정체성 및 성적 지향

Abelove, Henry, Michele Aina Barale, and David M. Halperin (eds.) *The Lesbian and Gay Studies Reader*. New York: Routledge, 1993.

Baker, Dan, and Sean Strub. *Cracking the Corporate Closet*. New York: HarperCollins, 1993.

Blumenfeld, Warren. *Homophobia: How We All Pay the Price*. Boston: Beacon Press, 1992.

Bornstein, Kate, and S. Bear Bergman, *Gender Outlaws*. New York: Seal Press, 2010.

Comstock, David Gary. *Violence Against Lesbians and Gay Men*. New York: Columbia University Press, 1991.

Elliot, Patricia (ed.) *Debates in Transgender, Queer, and Feminist Theory*. Burlington, VT: Ashgate Publishing Company, 2010.

Fausto-Sterling, Anne. *Sexing the Body: Gender Politics and the Construction of Sexuality*. New York: Basic Books, 2000.

Galupo, M. Paz (ed.) *Bisexuality and Same-Sex Marriage*. New York: Routledge, 2009.

Gilreath, Shannon. *The End of Straight Supremacy*. New York: Cambridge University Press, 2011.

Girshick, Lori B. *Transgender Voices: Beyond Women and Men*. Hanover, NH: University Press of New England, 2009.

Gross, Larry P., and James D. Woods (eds.) *The Columbia Reader on Gays and Lesbians in Politics, Society, and the Media*. New York: Columbia University Press, 1999.

Heath, Melanie, *One Marriage under God: The Campaign to Promote Marriage in America*. New York: NYU Press, 2012.

Holmes, Morgan (ed.) *Critical Intersex*. Burlington, VT: Ashgate, 2009.

McNaught, Brian. *Gay Issues in the Workplace*. New York: St. Martin's, 1993.

Miller, Neil. *Out of the Past: Gay and Lesbian History from 1869 to the Present*, rev. ed. New York: Vintage, 2008.

Pascoe, C. J. Dude, *You're a Fag: Masculinity and Sexuality in High School*. Berkeley, CA; University of California Press, 2007.

Pharr, Suzanne. *Homophobia: A Weapon of Sexism*, expanded ed.

Inverness, CA: Women's Project, 1998.

Schilt, Kristen. *Just One of the Guys? Transgender Men and the Persistence of Gender Inequality*. Chicago: University of Chicago Press, 2011.

Shrage, Laurie J. *"You've Changed": Sex Reassignment and Personal Identity*. New York: Oxford, 2009.

Warner, Michael. *The Trouble with Normal*. Cambridge, MA: Harvard University Press, 2000.

Woods, James, and Jay H. Lucas. *The Corporate Closet: The Professional Lives of Gay Men in America*. New York: Free Press, 1993.

사회계층

Aronowitz, Stanley. *How Class Works: Power and Social Movement*. New Haven, CT: Yale University Press, 2004.

Cage, Benjamin I. and Lawrence R. Jacobs. *Class War? What Americans Really Think about Class Inequality*. Chicago, IL: University of Chicago Press, 2009.

Danziger, Sheldon, and Peter Gottschalk. *Uneven Tides: Rising Inequality in America*. New York: Russell Sage Foundation, 1993.

Domhoff, G. William. *Who Rules America?* 7th ed. New York: McGraw-Hill, 2013.

Ehrenreich, Barbara. *Fear of Falling: The Inner Life of the Middle Class*. New York: HarperCollins, 1990.

_____. *Nickel and Dimed: On (Not) Getting By in America*. New York: Metropolitan Books, 2001.

Gilbert, Dennis. *The American Class Structure in an Age of Growing Inequality*, 9th ed. Belmont, CA: Wadsworth, 2014.

Halpern, Greg. *Harvard Works Because We Do*. New York: W. W. Norton, 2003.

Hooks, bell. *Where We Stand: Class Matters*. New York: Routledge,

2000.

Johnson, Allan G. "Why Is There Poverty: Putting the 'Social' Back into Social Problems," in *The Forest and the Trees: Sociology as Life, Practice, and Promise*, 3rd ed. Philadelphia: Temple University Press, 2014, pp. 134-141.

Kerbo, Harold R. *Social Stratification and Inequality*, 8th ed. New York: McGraw-Hill, 2012.

Neubeck, Kenneth J., and Noel A. Cazenave. *Welfare Racism: Playing the Race Card Against America's Poor*. New York: Routledge, 2001.

Reiman, Jeffrey. *The Rich Get Richer and the Poor Get Prison: Ideology, Class, and Criminal Justice*, 10th ed. Upper Saddle River, NJ: Routledge, 2012.

Roediger, David R. *The Wages of Whiteness: Race and the Making of the American Working Class*, new ed. New York: Verso, 2007.

Royce, Edward. *Poverty and Power: The Problem of Structural Inequality*, 2nd ed. Lanham, MD: Rowman and Littlefield, 2015.

Schor, Juliet B. *The Overworked American: The Unexpected Decline of Leisure*. New York: Basic Books, 1993.

Sennett, Richard, and Jonathan Cobb. *The Hidden Injuries of Class*. New York: W. W. Norton, 1993.

Shipler, David K. *The Working Poor: Invisible in America*. New York: Knopf, 2005.

장애

Charlton, James I. *Nothing About Us Without Us: Disability Oppression and Empowerment*. Berkeley: University of California Press, 2000.

Condeluci, A. *Interdependence: The Route to Community*, 2nd ed. New York: St. Lucie Press, 1995.

Davis, Lennard J. *The Disability Studies Reader*, 4th ed. New York:

Routledge, 2013.

Fine, Michelle, and Adrienne Asch. "Disability beyond Stigma: Social Interaction, Discrimination, and Activism," in *Readings for Diversity and Social Justice,* Maurianne Adams, Warren J. Blumenfeld, Rosie Castañeda, Heather W. Hackman, Madeline L. Peters, and Ximena Zúñiga (eds.) New York: Routledge, 2000, pp. 330–339.

Jaeger, Paul, and Cynthia Ann Bowman. *Understanding Disability: Inclusion, Access, Diversity, and Civil Rights.* Wesport, CT: Praeger, 2005.

Johnson, Mary. *Make Them Go Away: Clint Eastwood, Christopher Reeve and the Case Against Disability Rights.* The Advocado Press, 2003.

Lane, Harlan L. *The Mask of Benevolence: Disabling the Deaf Community.* Chicago: Independent Publishers Group, 2000.

National Women's Studies Association Journal 14 (3), Fall 2002, issue devoted to Feminist Disability Studies.

Shapiro, Joseph. *No Pity.* New York: Three Rivers Press, 1993.

Smith, Bonnie, and Beth Hutchinson (eds.) *Gendering Disability.* Piscataway, NJ: Rutgers University Press, 2004.

Wendell, Susan. *The Rejected Body: Feminist Philosophical Reflections on Disability.* New York: Routledge, 1996.

찾아보기

저자 소개

앨런 G. 존슨(Allan G. Johnson)은 특권 및 억압에 대한 저술로 알려진 저명한 사회학자이자 소설가, 수필가, 연설가이다. 그는 『The Gender Knot: Unraveling Our Patriarchal Legacy, 3e』(2014), 『The Forest and the Trees: Sociology as Life, Practice, and Promise, 3e』(2014), 『Not From Here』(2015) 등의 저자로, 그의 저서들은 세계 전역에서 번역되었으며 다양한 작품에서 인용되었다. 저자에 대해 더 알고자 한다면 www.agjohnson.com과 agjohnson.wordpress.com을 참고할 수 있다.

역자 소개

최가희(Choi Gahee)

University of Tennessee, Knoxville, Counseling Psychology, Ph.D.
현 계명대학교 심리학과 조교수

〈주요 저서〉
다문화상담의 실제(공저, 학지사, 2021)

〈주요 논문〉
Developing a Comprehensive Scale to Assess College Multicultural Programming(2014)
Effects of International Student Counselors' Broaching Statements about Cultural and Language Differences on Participants' Perceptions of the Counselors(2015)
사회정의와 상담심리의 역할(2018)
사회계층에 따른 군집유형: 우울, 불안, 정신적 웰빙, 대처 전략 및 심리상담 이용경험과의 관계(2021)

특권과 억압 그리고 사회정의
Privilege, Power, and Difference (Third Edition)

2022년 6월 15일 1판 1쇄 인쇄
2022년 6월 25일 1판 1쇄 발행

지은이 • Allan G. Johnson
옮긴이 • 최가희
펴낸이 • 김진환
펴낸곳 • ㈜**학지사**

04031 서울특별시 마포구 양화로 15길 20 마인드월드빌딩
대표전화 • 02-330-5114   팩스 • 02-324-2345
등록번호 • 제313-2006-000265호

홈페이지 • http://www.hakjisa.co.kr
페이스북 • https://www.facebook.com/hakjisabook

ISBN 978-89-997-2717-7 93180

정가 16,000원

역자와의 협약으로 인지는 생략합니다.
파본은 구입처에서 교환해 드립니다.

이 책을 무단으로 전재하거나 복제할 경우 저작권법에 따라 처벌을 받게 됩니다.

출판미디어기업 학지사

간호보건의학출판 **학지사메디컬** www.hakjisamd.co.kr
심리검사연구소 **인싸이트** www.inpsyt.co.kr
학술논문서비스 **뉴논문** www.newnonmun.com
교육연수원 **카운피아** www.counpia.com